남북통일체육의 정치적 과제

민족통일체육연구총서 2

남북통일체육의 정치적 과제

간행사

  그 동안의 남북체육관계는 상호 대결시기와 화해·협력시기로 구분 될 수 있다. 1990년 이전까지는 정치분야와 마찬가지로 체육관계도 첨예한 대결 양상을 띠고 있었다. 국제경기에서의 승패가 곧 이념과 체제의 우열로 평가되어졌던 것이 당시의 분위기였다.

  그러나 1990년 베이징 아시안게임 단일팀 구성을 위한 회담을 기점으로 점차 호전되기 시작하다가 1990년의 평양·서울 통일축구대회, 1991년 지바 세계탁구선수권대회와 포르투갈 세계청소년축구선수권대회에의 남북 단일팀 참가로 대화의 물꼬가 트이기 시작했다. 그 후 남북노동자축구대회와 남북통일농구대회를 평양에서 개최하게 되었고, 드디어 2000시드니올림픽 개막식에는 남북이 손에 손을 마주잡고 동반입장 함으로써 한층 더 남북간의 화해분위기를 고조시켰다. 특히 올해에는 2002남북통일축구대회가 열렸고, 뒤이어 부산아시아경기대회에 북한 선수단이 응원단과 함께 참가함으로서 민족대화합의 장을 연출했다. 이는 남한에서 개최된 국제대회에 북한이 처음 참가한 것으로, 남북체육교류사에 한 획을 그은 성과이자 6·15남북정상회담 이후 활발히 진행된 남북간 교류협력의 결정판이라고 할 수 있다.

  그러나 지금까지의 남북체육관계는 진정한 의미의 화해·협력이라기보다는 정치적 목적과 그 필요성에 의해 이루어져 왔다는 비판적 시각이 있다. 1990년대 초에 있었던 축구와 탁구 등 남북 단일팀도 따지고 보면 동서 냉전종식에 따르는 북한의 정치적 위기상황과 무관하지 않았고, 1990년대 말에 있었던 일련의 체육교류도 남북정상회담 분위기 조성이라는 정치적 작용과 무관하지 않았다는 해석이 있다. 이와 같이 그 동안의 남북체육회담 또는 교류는 남북간, 특히 북한의 정치적 필요에 의해 제의·성사되었다가 그들의 필요성이 끝나면 다시 제자리로 되돌아온 온 것이 사실이다.

그러나 이제는 달라져야 한다. 반세기 이상의 동서냉전이 종식되었고 한반도에도 분단 55년만에 두 정상들이 만나 민족의 화해와 협력, 그리고 평화통일을 위한 의견을 나누었으며, 그 자리에서 합의된 내용들을 공동선언문에 담아 7천만 민족 앞에 내놓았다. 특히 공동선언문 중에는 남북체육교류의 중요성도 명시되어 있다. 따라서 이제는 상호간 정치적 목적만을 위한 도구로서가 아니라 진정한 민족애를 토대로 한 조국통일의 뜻이 담겨져 있는 체육교류가 되도록 해야 한다. 즉, 이제부터는 정치적 종속물로서가 아니라 체육 본연의 입장에서 남북체육교류가 이루어지도록 해야 한다.

이와 같은 전향적인 남북체육관계를 추진하는 데에는 사전에 정리해야 할 적지 않은 과제들이 있다고 생각된다. 우선 다양하고 복잡한 법적 과제와 정치적 과제들이 그것이다. 대결적 성격을 띄고 있는 엘리트스포츠 교류의 정례화는 물론, 학교체육과 생활체육의 교류, 그리고 체육시설의 공동건설을 포함한 스포츠 산업 공동개발, 체육지도자들의 상호교류 및 체육프로그램의 공동개발 등에 따르는 국제법, 환경법, 노동법, 보험문제 등 복잡한 법적 문제와 정치적 종속으로부터 자유로워져야 하는 큰 과제들이 산적해 있다.

바로 이러한 과제들을 풀어가는 데 다소나마 도움이 되었으면 하는 바람에서 민족통일체육연구원은 2001년에『민족통일체육의 법적과제』를 첫 번째 총서로 펴낸 데 이어, 이번에 두 번째로『민족통일체육의 정치적 과제』를 펴낸다. 이 책에서는 그 동안의 남북체육관계가 정치논리에 종속되어 왔던 사례들을 면밀히 분석하고 그에 대한 대응방안을 모색하고 있으며, 향후 남북체육관계가 기존의 정치적 종속으로부터 탈피하여 어느 정도 순수한 관계로 전환될 수 있다는 것을 전제로 남북간 스포츠산업 교류의 가능성 여부를 분석하고 평가하는 데 초점을 맞추었다.

아울러 앞으로의 남북체육교류는 대결적·과시적 성격의 스포츠경기 일변도에서 탈피하여 상호 이해와 협력, 그리고 동질성 회복에 실질적으로 도움이 되는 학술교류도 함께 병행할 때가 되었다는 점에서 남북한 체육학술교류를 위한 재외동포학자들의 역할을 조명한 몇 편의 글을 실었다. 남북의 체육관련 자료 공유, 민족체육사의 공동 집필, 미래의 통일체육 발전전략 모색 등은 체육분야의 교류협력을 활성화하고 민족체육 균형발전방안 모색에 큰 도움이 될 것으로 사료된다.

끝으로 이 책을 펴내는 데 적극 지원해준 국민체육진흥공단 이종인 이사장과 후원단체 여러분에게 뜨거운 감사를 드린다. 그리고 좋은 원고를 제출해주신 필자 여러분들과 학술회의에서 참가하여 열띤 토론을 펼쳐준 많은 분들에게도 감사드린다.

참고로 이 책은 2001년 9월 18일 '민족통일체육의 정치적 과제'를 주제로 열린 제2차 민족통일체육 기반조성을 위한 세미나와, 2002년 9월 17일 '남북통일 기반 조성을 위한 한민족 체육학술대회의 기본방향'을 주제로 열린 학술대회 원고를 정리한 것임을 밝힌다.

민족통일체육연구원 이사장   이학래

차 례

민족통일체육의 정치적 과제 ｜ 송영대

남북체육교류의 정치적 종속성과 대응논리 ｜ 정용석

민족통일체육의 과제와 스포츠산업 ┃ 김 종

통일기반 조성과 한민족체육학술교류의 기본방향 ┃ 변진흥

남북한 체육학술교류의 의의와 추진과제 | 이인숙

연변조선족 체육운동 산생과 발전으로 본 남북체육교류의 필요성 | 김용철

민족통일체육의 정치적 과제

송 영 대*

Ⅰ. 머리말

스포츠는 이념과 종교, 국경간의 장벽을 허물고 상호 이해와 화합을 증진하는 보편적 가치를 지니고 있다. 남북체육교류는 분단 50여년간 쌓인 냉전적 대결과 불신의 장벽을 허물고 화해와 협력의 길을 트는 요인의 하나이다. 남북체육교류가 신뢰와 민족의 동질성을 회복하고, 나아가 민족통일의 물꼬를 트는 원동력의 하나라는 점에서는 의심의 여지가 없다.

과거 분단독일이 통일을 성취하고 '죽의 장막' 중국이 국제무대로 나오기까지는 동·서독 체육교류와 '핑퐁외교'라고 불리는 스포츠의 역할이 큰 기여를 했다는 사실을 우리는 잘 알고 있다.

우리 나라 역시 1963년 1월, 스위스 로잔느에서 동경올림픽 단일팀을 구성하기 위해 첫 남북체육회담을 가진 이래, 수차례에 걸친 남북체육회담과 남북통일축구대회를 비롯하여 탁구 및 청소년축구

---

* 전 통일원차관, 숙명여대 겸임교수

단일팀 출전, 농구종목 교환경기, 시드니올림픽 공동입장 등에서 보는 바와 같이 괄목할 만한 체육교류를 진행시켜 왔다.

그러나 2001년 3월 이후 남북체육교류는 중단되고 국제경기에도 남북한이 개별팀으로 출전하는 등 남북정상회담 이전 상태로 회귀하는 모습을 보이고 있다. 그 이유는 무엇일까. 그리고 현재의 경색국면을 타개하여 남북체육교류의 물꼬를 다시 트기 위한 방안은 어떤 것이 있는가. 이 물음에 답하기 위한 입장에서 이 글을 쓰게 된 것이다.

대안모색에 앞서, 남북체육교류에 관한 북한의 진의를 파악하기 위해 남북체육회담의 전개과정을 돌이켜 보고 또 체육교류에 영향을 미치는 외적 요인을 살펴보기 위해 정부의 대북정책 추진관계를 분석해 보고자 한다.

Ⅱ. 남북체육회담의 전개과정

1. 1960년대 남북체육회담

북한은 1962년 6월 제59차 국제올림픽위원회 총회가 소련에서 개최된 것을 기회로 삼아 소련 등 공산국가의 협조를 얻어 1964년의 제18회 도쿄올림픽대회에 남북한이 단일팀을 구성하도록 하고, 그것이 불가능할 경우에는 북한을 개별팀으로 참가시킨다는 조건부 승인을 얻어냈다.

이에 대해 대한올림픽위원회는 국제여론을 의식하여 도쿄올림픽대회에 남북한 단일팀을 구성, 출전할 것을 권고한 제59차 국제올림픽위원회 총회 결정에 동의했지만 북한을 직접 상대하지 않고 국제올림픽위원회 본부를 통해서만 접촉한다는 입장을 국제올림픽위원회 사무총장에게 통보했다.

이에 따라 남북한 단일팀 구성문제는 국제올림픽위원회가 직접 중재하는 국제적 이슈로 등장해 남북체육회담이 성사되었다. 제1차 회담에서는 양측이 남북단일팀 구성원칙에 합의해 단기, 단가, 선수 선발 원칙 등 일부 사항에 구체적인 진전을 보였다. 1963년 5월 17일부터 6월 1일까지 홍콩에서 개최된 제2차회담에서도 남북한은 국제심판 배정 요청, 예선경기의 국제공인구 사용, 예선경기의 쌍방경기단체별 합의에 의거 실시, 재정문제 각기 부담 등에 합의했다.

그러나 7월 26일에 다시 홍콩에서 개최된 제3차회담에서는 제2차회담에서 미해결된 사항, 즉 단일팀 명칭, 예선 일시와 장소, 선수의 훈련문제, 임원 구성문제, 올림픽 참가에 필요한 행정적 절차문제 등을 해결하기 위한 실무접촉 필요성이 제기되었으나 북측의 남측 대표단에 대한 비방문제에 대한 사과 거부 등 정치적 상황의 악화로 분단 후 처음으로 개최된 남북체육회담은 결국 실질적인 성과를 보지 못한 채 결렬되고 말았다.

북한의 입장에서 본다면, 도쿄올림픽대회 단독 출전이 가능해졌고, 이런 분위기 속에서 1963년에 개최된 서독 바덴바덴 제60차 국제올림픽위원회 총회에서 끝내 회원국 가입을 승인 받게 되어 상당한 성과를 거두게 되었다.

2. 1970년대 남북체육회담

1970년대 남북체육회담의 실질적 계기를 마련한 것은 1979년 2월의 남북탁구회담이었다. 북측은 1979년 2월 20일, 남측에 대해 같은 해 4월 25일 평양에서 개최되는 제35회 세계탁구선수권대회에서 남북한이 단일팀을 구성하여 출전하는 문제를 협의하기 위해 판문점에서 남북탁구회담을 가질 것을 제의했다.

이를 남측이 수락함으로써 남북한 탁구협회간의 첫 회의가 2월 27일 열리게 되었으며 이를 기점으로 하여 남북탁구회담은 네 차례 (2월 27일, 3월 5일, 3월 9일, 3월 12일) 진행되었다. 그러나 북한의 단일팀 구성 제의는 한국선수단의 평양대회 참가 기득권을 저지하는데 목적이 있었기 때문에 회담은 진전 없이 벽에 부딪치고 말았다.

1979년 3월 12일 제4차 남북탁구회담에서 북한은 대한탁구협회가 제35회 세계탁구선수권대회에 참가할 기득권을 갖고 있다는 것을 인정하겠으나 이러한 기득권 인정은 쌍방이 단일팀 구성 합의서에 서명한 때부터 효력을 가지는 것으로 하자고 주장했다.

이에 대해 대한탁구협회는 한국선수단이 제35회 세계탁구선수권대회에 출전할 수 있는 기득권을 먼저 보장한다는 공동성명에 합의할 것을 요구했다. 그러나 북한이 이를 거부함으로써 4차회담에서도 아무런 합의가 이루어지지 못했다.

3. 1980년대 남북체육회담

1980년대 남북체육회담은 1984년의 LA올림픽과 1988년의 서울올림픽, 그리고 1990년의 베이징아시안게임을 앞두고 남북단일팀 구성을 위해 이루어졌다.

1983년 10월 9일 아웅산사건 등으로 인해 남북한간에 긴장이 고조되고 있는 상황에서, 북한은 제23회 국제올림픽경기대회와 그 후에 있게 될 아시아 및 세계선수권대회에 남북이 단일팀을 구성하여 출전할 것을 제의하고 빠른 시일 내에 판문점에서 회담을 가질 것을 제의해 왔다.

이에 대한체육회는 제23회 LA올림픽대회 참가선수 명단 제출 마감일이 불과 2개월밖에 남지 않은 시점에서 단일팀 구성문제를 협의·해결하는 것이 기술적으로나 시간적으로 실현가능성이 희박했으나 이를 남북간의 인적·물적 교류와 협력 증대의 계기로 삼기 위해 단일팀 구성문제를 논의하자고 제의함으로써 1980년대 들어 새로이 남북체육회담이 성립되었다.

판문점 남북체육회담은 세 차례(4월 9일, 4월 30일, 5월 25일) 개최되었으나 아웅산 테러사건과 최은희 납치사건 등을 둘러싼 정치적 공방만 계속되다가 북측의 4차회담 거부로 막을 내리고 말았다. 북측이 이때 남북체육회담을 제의한 것은 아웅산 테러사건으로 인해 국제적으로 낙인찍힌 폭력집단이라는 이미지를 희석시키기 위한 평화공세 목적에 그 원인이 있었던 것으로 보인다.

1981년 9월, 바덴바덴 제84차 국제올림픽위원회 총회에서 제24회 올림픽대회 개최지가 서울로 결정되자 북한은 동 대회 개최지 변경에 전력을 기울여 왔다. 북한은 '한반도에 긴장이 상존하고 있으며 올림픽경기의 서울 개최는 한반도의 분단고정화를 초래하고 이는 올림픽의 기본이념과도 배치된다'는 등의 이유를 들어 서울이 대회 개최지로 부적당하다고 주장했다. 이러한 상황 속에서 사마란치 IOC위원장이 남북체육회담 개최문제를 제기했다. 이에 남측은 동의를 표시했으나 북측은 장소를 변경해야 한다는 종래의 주장을 되풀이하면서 이 제의를 외면해 오다가 1985년 7월, 태도를 바꾸어 회담에 참석할 의사를 밝혔다.

그 결과, 로잔느 남북체육회담이 1985년 10월 8일부터 1987년 7월 15일까지 4차례에 걸쳐 스위스 로잔느 IOC본부에서 비공개리에 개최되었다. 이 자리에서 북측은 제24회 올림픽대회를 남북한이 공동으로 주최하고 이 경기에 남북한이 단일팀으로 출전할 것을 제의했다. 이에 대해 남측은 제24회 올림픽대회 조직 권한을 서울시에 부여한 1981년 IOC총회의 결정을 움직일 수 없는 사실로 지적하고 다만 핸드볼 등 2~3개 종목의 예선경기를 북한측에 배정하고 개·폐회식에 남북공동으로 입장하는 문제를 고려할 용의를 표명했다.

결국 IOC는 최종적인 중재안으로 탁구, 양궁, 여자배구, 축구예선 1개조, 사이클 남자 개인도로경기 조직을 북한NOC에 부여한다고 제시하였으나 북한측이 공동주최 요구와는 거리가 멀다고 거부함으로써 5차회담은 개최되지 못했다.

88서울올림픽이 성공리에 끝난 후인 1988년 12월, 북한이 90년 베이징아시아경기대회에 남북한 단일팀 구성문제를 논의하자고 제의해 옴으로써 남북체육회담이 1989년 3월 9일부터 1990년 2월 7일까지 9차례에 걸쳐 열리게 되었다. 이 회담에서 쌍방은 단일팀의 단가, 단기, 선수단 호칭, 선수단장 등 여러 가지 사항에 합의를 보았다. 그러나 북한측은 제9차회담에서 ① 개별팀으로는 북경아시아경기대회에 참가하지 않을 것임을 내외에 선포할 것 ② 합의사항 이행보장방안을 전면 철회할 것 ③ 책임있는 체육인사의 북경대회 개별팀 참가 발언을 취소할 것 등 3개항을 회담 진행의 전제조건으로 내걸고 이를 우리측이 받아들이지 않는 한 더 이상 회담을 계속할 필요가 없다고 하면서 일방적으로 회담 결렬을 선언했다.

4. 1990년대 단일팀 참가 및 체육교류

1990년 9월에 개최된 베이징아시아경기대회에서 남북한 선수들을 함께 응원하는 공동응원의 계기가 마련되고 이러한 화합의 분위기가 남북체육장관회담으로까지 이어지면서 남북통일축구 평양대회가 1990년 10월 9일에, 그리고 서울대회가 10월 21일에 각각 열렸다. 남북통일축구대회는 짧은 일정에도 불구하고 진정한 의미의 민족적 잔치 분위기를 이끌어 내면서 남북 주민들에게 통일의 열기를 피부로 느끼게 했다.

이러한 분위기 속에서 남북체육회담이 1990년 11월 29일 판문점에서 다시 개최되어 4차례에 걸친 회담을 가진 끝에 쌍방은 제41회 세계탁구선수권대회에 단일팀을 구성 출전시키기로 합의했다. 그리하여 분단사상 처음으로 국제경기대회에 남북단일팀이 참가하게 된 것이다.

1992년에 발효된 '남북기본합의서'의 제3장 남북교류·협력부문을 보면 "남과 북은 과학, 기술, 교육, 문학, 예술, 보건, 체육, 환경과 신문, 라디오, 텔레비전 및 출판물을 비롯한 출판, 보도 등 여러 분야에서 교류와 협력을 실시한다"고 규정되어 있다. 사회·문화부문의 일환으로 남북체육교류가 명시되어 있는 것이다.

그러나 북한은 이 기본합의서가 발효된 지 몇 개월도 되지 않아서 한미합동군사훈련 중지 등 정치적 이유를 내세워 그 이행을 거부함으로써 기본합의서는 사문화되고 말았다. 그 결과, 침체기에 접어들었던 남북체육교류는 90년대 말 남측의 현대와 북측의 '아·태평화위원회'간의 합의에 의한 남북통일농구대회가 개최됨으로써 다시 활기를 찾게 되었다. 북한농구팀이 1999년 12월 22일 서울에 와서 남측 선수들과 더불어 친선경기를 가진 것이다.

이상과 같이 1990년대에 들어와서는 남북축구 및 탁구단일팀이 성사되고 통일축구대회와 통일농구대회가 서울과 평양에서 열리게 됨으로써 그 이전과는 달리 인적교류가 가능한 '교류 있는 대화시대'의 막을 열어 놓게 되었다. 그리고 이것은 2000년 남북정상회담 개최를 계기로 한 본격적인 교류·협력시대의 개막을 알리는 신호였다고 볼 수 있다.

Ⅲ. 김대중 정부의 대북정책과 남북체육교류 환경

1. 통일환경의 변화

1980년대 말 동구공산권의 민주화 진행과 구 소련 해체로 국제적 냉전질서가 종식된 후 지난 10년 동안 세계는 정보화, 개방화, 상호협력의 큰 흐름 속에서 새로운 국제질서를 모색하여 왔다. 이러한 국제정세의 변화는 세계 속에 '냉전의 고도'로 남아 있는 우리에게 냉전적 대결구도를 지양하고 개방과 협력의 새로운 국제적 흐름에 동참할 것을 요구했다. 어쩌면 국제질서는 우리 민족에게 분단을 극복하고 평화공존, 민족번영, 통일의 기반을 닦을 수 있는 기회를 제공했다고 볼 수 있는 것이다.

한편, 분단 이후 체제경쟁을 벌여 온 남북한간에는 1970년대 후반 이후 심한 국력격차 현상이 나타나기 시작했다. 남한이 북한보다 경제적으로는 비교할 수 없을 만큼 우위를 점하게 되었고 군사적으로도 질적인 면에서 충분한 억지력을 보유하고 있으며 외교적으로도 유리한 입장에 처하게 되었다. 2000년 중 경제규모 대비 약 27배, 1인당 국민소득 대비 약 13배, 무역규모 대비 약 1백69배라는 수치(2000년 한국은행 통계)는 남한의 국력이 북한에 비해 얼마만큼 우위에 서있는가를 잘 보여주는 것이라고 할 수 있다. 또한 남한의 성숙된 민주의식과 개방된 사회구조는 한반도 평화유지와 남북관계 개선을 선도할 수 있는 기반을 닦아놓았다.

북한은 1990년 이후 연이은 마이너스 경제성장과 에너지, 식량, 외화난에 직면하고 이탈 주민이 증가하는 등 체제이완의 어려움 속에서도 사회주의체제를 유지하여 왔다. 그러나 1990년대 중반 이후 '무역법' 제정(1998년 3월)을 통해 무역 활성화, 헌법 개정(1998년 9월)

을 통해 가격, 수익성 등 시장경제요소의 부분적 도입, 금강산 관광 사업의 개시(1998년 11월), 그리고 관료, 학자들의 서방 파견을 통한 자본주의 경영방식 학습 등 여러 조치를 취함으로써 조심스럽게 변화의 조짐을 보이기 시작했다. 다시 말해 북한도 냉엄한 대내외 환경 속에서 체제유지를 위해 새로운 국제질서에 대한 적응을 모색하고 있다고 볼 수 있다.

북한은 핵문제를 매개로 미국과 협상을 통해 '제네바 기본합의서' 타결(1994년 10월) 이후 대미·일 관계 개선을 위한 외교적 노력을 지속해 왔다. 그들은 국제통화기금(IMF), 세계은행(IBRD), 아시아개발은행(ADB) 등 국제금융기구와의 접촉도 활발히 전개하여 왔다.

이러한 환경 변화에 부응하여 김대중 정부는 출범 이후 한반도의 냉전적 대결구도를 화해·협력구도로 전환시키기 위하여 대북 포용정책을 추진하여 왔다. 대북정책 추진에 있어 ① 평화를 파괴하는 일체의 무력도발 불용 ② 흡수통일 배제 ③ 화해·협력의 적극 추진이라는 3대 원칙에 입각하여 남북관계 개선에 주력하여 왔다. 대결과 반목의 남북관계를 화해와 협력의 남북관계로 전환시키려는 우리의 노력은 사실상 1970년대부터 시작된 것이다. 김대중 정부는 과거 정권부터 있었던 화해·협력 노력을 계승, 대북정책을 새로운 환경변화에 맞게 정립한 것이라고 볼 수 있다.

2000년 3월 9일 김대중 대통령은 민간차원의 교류·협력만으로는 남북관계 개선에 한계가 있다고 보고 정부차원에서 남북교류협력을 본격적으로 추진하기 위한 방안을 제시하고 이를 위한 남북대화 재개를 북측에 제의했다(베를린선언).

김 대통령의 베를린선언 이후 북측은 우리측에 특사접촉을 제의, 이 접촉에서 남북정상회담 개최에 합의를 보았다(2000년 4월 8일 베이징). 2000년 6월 13~15일 김대중 대통령은 평양을 방문, 김정일 국방위원장과 정상회담을 개최했다. 2000년 6월 15일 두 정상은 다음과 같은 내용의 '6·15공동선언'을 발표했다.

① 통일문제의 자주적 해결 ② 남북통일방안의 공통성 인정 ③ 이산가족 등 인도적 문제 해결 ④ 민족경제의 균형발전 및 사회·문화·체육·보건·환경 등 제반 분야의 협력과 교류 활성화 ⑤ 남북당국간 회담 개최와 김정일 국방위원장의 서울 방문.

이 '6·15선언'은 쌍방이 그 이행을 아직도 다짐하고 있어 남북관계개선의 중요한 틀의 역할을 하고 있다.

2. 남북정상회담 후의 변화

남북정상회담이 끝난 후 지난 9개월간은 남북간에 과거에 볼 수 없었던 획기적인 변화가 일어났다. 우선 이산가족문제 해결에 다소의 진전이 있었다. 남북이산가족문제 해결은 가장 기본적인 인권문제인 동시에 남북간 화해·협력의 상징적 징표이다.

남북정상회담에서 이산가족방문단 교환에 합의한 이후 세 차례에 걸쳐 남과 북 각각 1백 명씩의 이산가족방문단 교환이 성사됨으로써 총 3천6백 명의 이산가족 상봉이 이루어졌다. 또 3차례의 방문단 교환을 통해 총 7천9백46명이 생사확인을 했고 두 차례의 생사, 주소 확인작업을 통해 총 2천2백67명이 혈육의 생사를 알게 되었다. 아울러 서신교환도 남북 각 3백 명씩 6백 건이 이루어졌다.

남북은 이산가족면회소 설치에 원칙적으로 합의하였으나 설치장소에 대한 이견으로 면회소가 아직 설치되지 못하고 있는 실정이다. 더욱이 2차, 3차 이산가족방문단 교환시 국군포로 및 납북된 동진호 선원과 KAL기 승무원 가족이 혈육을 상봉할 수 있는 기회를 가졌다.

다음으로 남북한은 경제협력과 관련하여 경의선 철도-도로 연결에 합의했다. 쌍방은 서울-신의주 사이의 철도 연결과 문산-개성간 도로 개설에 합의했다. 우리측은 경의선 철도 연결 기공식을 갖고 지뢰제거 등 공사에 착수했다.

경의선 철도-도로 연결공사는 군사적으로 민감한 비무장지대(DMZ) 및 군사분계선상에서 진행되게 되므로 남북은 군사당국자간 협의를 갖고 지뢰제거 범위 등 군사적 실무문제에 대해서도 합의한 바 있다. 그러나 현재 '군사적 보장합의서'에 대해 북측이 합의서 서명을 미루고 있어 비무장지대에서의 공사가 이루어지지 못하고 있는 상황이다.

이와 함께 쌍방은 임진강 공동수해 방지사업에도 합의해 놓고 있는 상태이다. 남북경협에서 주목되는 것은 경협에 관련된 4개 합의서가 채택되었다는 사실이다. 남북경협 실무접촉에서 대북경협 활성화에 필요한 투자보장, 청산결재, 이중과세 방지, 상사분쟁 해결 등 4개 합의서를 채택한 것이다. 이들 합의서 타결로 남북경제교류·협력을 안정적으로 추진할 수 있는 제도적 장치가 마련되었다고 할 수 있다.

남북정상회담 이후 또 다른 변화는 인적왕래가 급증했다는 사실이다. 작년 6월부터 2001년 5월까지 금강산 관광객을 제외하고 남북을 오고간 사람은 7천9백65명에 이른다. 인적왕래는 사회, 문화, 체육분야의 교류를 중심으로 추진되었다.

남북정상회담에서 사회, 문화, 체육, 보건, 환경 등 제반 분야의 협력과 교류 활성화를 합의한 이래 언론분야에서는 언론사 사장단이 방북하여 남북언론교류에 관한 합의서를 채택하고, KBS의 백두산 현지 생방송, SBS의 평양 현지 생방송, MBC의 방북 취재 등이 성사되었다.

문화분야에서 작년에 남북교향악단 서울합동연주회 개최, 영화 '공동경비구역' 필름 북측에 전달, 그리고 2001년에 우리측 창극단의 춘향전 평양 공연, 우리측 가수 김연자의 함흥 공연 등이 성사되었다. 관광분야에서는 2000년에 우리측 관광단 1백9명이 백두산을 관광했다. 체육분야에서는 작년에 남북선수단의 시드니올림픽 공동 입장, 금강산에서 자동차질주경주대회 개최 및 전국체전 성화 채화, 그리고 평양에서 통일탁구경기대회 개최 등이 성사되었다.

이러한 사회·문화분야의 교류협력은 남북 주민간의 상호 이해의 폭을 넓히고 민족동질성을 회복해 나가는데 기여했다. 특히 시드니올림픽에서 남북선수단은 한반도기를 앞세우고 'KOREA' 이름으로 공동입장했다. 이는 국제스포츠행사에서 남북이 협력하고 있음을 보여주었고 한반도에 넘치는 화해의 분위기와 남북이 한민족임을 전 세계인에게 상징적으로 보여준 사례였다고 할 수 있다.

3. 남북체육교류의 환경

남북정상회담 이후 숨 가쁘게 진전되던 남북관계가 2001년 3월 중순 이후 갑자기 정체상태에 빠지게 되었다. 북한은 그해 3월 13일 쌍방이 이미 합의한 제5차 남북장관급회담을 연기할 것을 요청해 왔다. 북한은 3월 28일 남북간에 약속한 제46회 세계탁구선수권대회 단일팀 불참을 일방적으로 통보해 왔다.

그러나 이 기간을 전후해 민간부문의 경제교류 및 문화교류는 지속되었고 4월 26일 우리 정부가 20만 톤의 대북 비료 지원을 발표했으며 5월 1일 남측의 민주노총과 북측의 직총 간에 금강산에서 노동자대회가 개최되었다, 또 5월 19일에는 KBS의 방북 취재에 이어 8월 15일에는 평양에서 열린 '8.·15민족통일대축전' 행사에 남측

인사들이 참가했다.

북한은 남북당국 대화단절 등 정체상태의 원인이 미국 부시행정부의 대북 강경정책 때문이라고 주장했다. 부시행정부는 2001년 6월 6일 북한에 대화를 제의하면서 회담의제로 ① 제네바 합의의 이행·개선 ② 북한의 미사일 개발금지 ③ 재래식 무력감축 등 세 가지를 제시했다. 북한은 이에 대해 반북대결 및 압살정책이라고 비난하면서 세 가지 의제를 철회할 것과 주한미군 철수 및 북·미 평화협정체결을 북·미대화의 전제조건으로 내세우고 있다.

북한은 이처럼 미국을 비난하면서 남북대화가 지지부진한 책임까지 미국에 돌렸다. 북한은 2001년 8월 8일 금강산관광사업의 북측 주체인 '조선아시아태평양평화위원회' 대변인 성명을 통해 "미국이 금강산 관광사업을 집요하게 방해하고 있다"고 비난하면서 사업지연 책임을 미국에 전가했다.

북한이 금강산 관광사업 부진 책임을 미국에 전가한 것은 미국의 대북정책이 강경한 태도를 취하는데 대한 불쾌감 표출과 함께 북·미관계가 어느 정도 궤도에 오르기까지 금강산 관광사업을 포함한 남북한관계 진전 속도를 조절하겠다는 의도로 보인다. 그러나 북한이 대남관계를 전반적으로 속도조절 하려는 징후는 이미 클린턴행정부 시절부터 나타났다. 북한은 '6·15선언' 이후 여러 약속을 했지만 그 동안 지킨 것보다는 의도적으로 안 지킨 게 더 많다.

남북장관급회담에서 약속한 경의선 복원공사는 착공조차 하지않은 상태이고 적십자회담에서 수차례 합의한 이산가족면회소 설치약속도 질질 끌면서 회피해 왔다. 백두산·한라산 교차관광도 합의했지만 우리만 백두산에 갔지 북쪽에선 오지 않았고, 서울에 보내겠다던 경제시찰단도 감감무소식이다. 이 모든 것이 부시 행정부 이전 시절에 약속했고 실행됐어야 하나 북한이 일방적으로 무산시킨 사안들이다.

또 남북관계 정체가 진정 부시행정부 탓이라면 미·북관계가 악화 일로이던 2001년 6월 8일 갑자기 북한이 현대와 협상에 나서 금강산 관광사업 활성화에 관한 합의서에 도장을 찍은 건 어떻게 설명해야 하나? 현대가 북한에 미수금 2천2백만 달러를 주는 대신 북한은 금강산 육로관광을 허용하고 이 지역을 관광특구로 지정한다는 내용을 골자로 한 이 합의서는 이미 알려진 대로 반쪽짜리가 되어 버렸다.

남북대화 재개를 기대한 정부가 공기업인 한국관광공사를 이 사업에 참여시키고 남북협력기금에서 돈을 꺼내 북한에 미수금을 주도록 했지만 북한은 돈만 챙기고 자기들이 지켜야 할 두 가지 약속에 대해서는 입을 싹 씻어버린 것이다. 그러다가 대뜸 '모든 게 미국 때문'이라고 큰소리치고 나선 게 바로 북한인 것이다.

이러한 맥락에서 볼 때, 북한이 남북관계 정체상태의 원인을 부시행정부에 돌리고 있는 것은 하나의 핑계일 뿐 그 의도는 다른데 있다고 보아야 한다

첫째로 북한은 김정일 위원장의 서울 답방을 앞두고 남쪽으로부터 전력지원 등 대규모 경제지원을 기대하고 있으나 이것이 뜻대로 되지 않자 이에 대한 불만의 표시로 남북당국대화를 중단시켰다. 북한은 작년 말 우리 정부에 대해 전력 50만 킬로와트 지원을 요청했으며 이를 지원하기 위해서는 5천억 원의 재원이 소요되고 국민적 동의가 뒤따라야 한다. 그러나 현실적으로 이 요건 충족이 어려운 상황에서 대북 전력지원문제가 난관에 봉착되자 북한당국은 김대중 정부로부터 더 이상 얻을 것이 없다는 판단에서 남북관계를 정체상태로 몰아넣은 것으로 보인다.

둘째로 북한은 남북교류협력 확대가 자기들 체제유지에 부정적

영향을 가져올 것을 우려하여 남북관계 개선에 제동을 걸었다. 남북 당국간 대화 지속은 김정일 위원장의 서울 답방으로 연결되며, 제2차 남북정상회담 결과는 교류협력의 확대재생산을 가져오게 된다.

무엇보다 남쪽의 요구에 따라 이산가족 상봉이 계속되고 이미 약속된 사회, 문화분야의 협력이 지속될 경우에 두 가지 문제를 북측에 안겨주게 된다. 하나는 자유화의 바람이 남쪽에서 북쪽으로 흘러들어가는 것이고 또 다른 하나는 인도적, 사회·문화적 교류에 대비할 수 있는 인적자원이 북한에게는 제한되어 있다는 사실이다. 북한 당국이 마음 놓고 남쪽으로 내보낼 수 있는 사람들이 그리 많지 않다는 얘기이다.

이러한 상황에서 북한은 사회주의체제 유지를 위해 남북관계 개선에 속도조절을 하지 않을 수 없고 그것이 2000년 가을부터 합의 불이행으로 나타나면서 마침내는 2001년 들어와 당국간대화 중단으로 이어지게 된 것이다. 그러던 북한이 2001년 9월 20일 돌연히 남북당국자간 대화를 재개하자고 제의했다. 북한이 갑작스럽게 방송을 통해 대화를 제의한 것은 그해 9월 3일 있었던 국회의 임동원 통일부장관 해임결의안 표결과 연관이 있었던 것으로 보인다.

현 단계에서 북한의 대남정책은 다음과 같은 몇 가지 특징을 지니고 있다.

첫째, 북한은 '선 남북대화, 후 미·북대화' 입장을 견지하고 있다. 북한은 부시행정부가 남북한간에 찬물을 퍼붓고 있기 때문에 그것을 버리지 않는 한 남북관계를 진전시킬 수 없다는 입장을 바꾸어 남북대화에 호응할 뜻을 밝혔다. 북한은 미국의 대북태도 변화를 유도하기 위해 김대중 정부에 대해 미국의 강경 자세를 누그러뜨리라는 신호를 보내고 있고 김 대통령도 미국이 북한과 사이좋게 지내기를 희망한다는 입장을 밝히고 있다.

동시에 북한은 2001년 8월 4일 김정일 위원장의 러시아 방문시 발표한 공동선언 속에 주한미군 철수문제를 포함시키고 푸틴 대통령도 이를 이해한다고 함으로써 양국의 대미 견제 입장을 분명히 했다. 북한은 그해 9월 3일 평양을 방문한 장쩌민 중국 국가주석과도 만나 미국의 MD에 반대하는 쌍방 입장을 토대로 대미 견제·공조체제를 구축했다.

둘째, 북한은 대남통일전선전술을 집요하게 추진하고 있다. '6·15선언' 이후 남북간에는 북한지역을 무대로 연달아 '정치협상회의' 형태의 모임이 마련되고 있다. 200년 10월 노동당 창건기념일에 남측 정당·사회단체 참관단의 평양 방문을 시작으로 2001년 5월의 남북노동단체 공동행사(금강산), 6월의 '6·15민족통일대토론회'(금강산), 7월의 남북농민 공동행사(금강산) 등이 그것이다.

특히 2001년 '8·15민족통일대축전' 행사에 참가하기 위해 평양에 들어간 남측인사 일부가 '통일탑' 행사에 참가하고 김일성 생가인 만경대와 백두산 등지를 방문하는 과정에서 친북행동을 한 것은 북측 통일전선전술이 성과를 거두고 있는 상징적 사건이라고 하겠다.

셋째, 북한은 반미투쟁을 선동하고 있다. 북한은 남한당국에 대해 한미공조를 버리고 민족공조에 나오도록 촉구하는 한편 남한 주민들을 대상으로 "미제침략군을 몰아내기 위한 투쟁을 과감히 벌여야 한다"고 선동하고 있다.

이 같은 북한의 태도는 남한 내부와 국제사회에서의 반미 분위기를 확산시켜 미국의 태도 변화를 이끌어 내는 한편 궁극적으로 미국과의 대화 재개에 본심이 있는 것으로 평가된다.

그리고 현 단계 북한의 대남정책은 남북당국간 대화 및 남한당국에 대한 비난 자제를 제외한 여타 분야에서는 사실상 '6·15선언' 이전 상태로 회귀한 인상을 주고 있다.

Ⅳ. 남북체육교류에 대한 북한 태도

2000년 남북선수단의 시드니올림픽 공동입장은 남북체육교류에 관한 기대감을 부풀게 한 상징적 사건이었다.

'6·15선언' 제4항에서, 남과 북은 경제협력을 통하여 민족경제를 균형적으로 발전시키고 사회, 문화, 체육, 보건, 환경 등 제반 분야의 협력과 교류를 활성화하여 서로의 신뢰를 다져 나가기로 했다. 제4차 남북장관급회담(2000년 12월 12~16일, 평양)에서 서울·평양 정기친선축구대회 개최의 필요성과 함께 남북 태권도단체간 접촉을 권고하는 합의를 이끌어냈다.

김한길 문화관광부 장관은 2001년 3월 10일 북한을 방문하여 송호경 아태평화위원회 부위원장과 강능수 문화상 및 박명철 체육지도위원장 등을 만나 남북문화·관광·체육장관회담을 갖고 그해 4월 23일 오사카에서 개최되는 제46회 세계탁구선수권대회에 출전할 남북단일팀 구성을 성사시키고, 금강산에 이어 개성에도 관광특구를 지정하여 이르면 그해 9월부터 관광을 시작하기로 합의했다. 그러나 북측이 2001년 3월 28일 제46회 세계탁구선수권대회 단일팀 불참을 통보한 이후 기존의 남북 합의사항들은 전혀 지켜지지 않고 있다. 다만 3월 28일 조총련계 북한국적 축구선수 양규사가 현대프로축구단에 입단했을 뿐이다.

이처럼 남북체육교류도 남북 정치환경의 영향을 받아 정체상태에 들어간 모습을 보이고 있다. 이에 따라 남북한이 서울과 평양에서 국제경기를 따로 개최하는 상황으로 되돌아갔다. 북한은 지난 8월 13일 평양에서 제15차 '평양국제탁구초청경기대회'를 개최했다. 이 대회에는 일본, 중국 등 7개국이 참가했으나 한국은 참가하지 못했다.

남북한은 국제경기에도 개별팀으로 참가하고 있다. 지난 8월 22일 중국 베이징에서 개막된 하계유니버시아드대회에도 남북한은 개별팀으로 참가했다. 여기서 우리는 남북체육교류에 관한 북한의 기본 입장이 무엇인지 살펴볼 필요가 있다.

1. 체육교류의 정치적 이용

앞에서 설명한 바와 같이, 1963년의 로잔느 남북체육회담은 북한이 동경올림픽에 참가하기 위한 구실을 마련하기 위해 추진했다. 1979년의 남북체육회담은 평양 세계탁구선수권대회에의 한국팀 참가를 봉쇄하기 위한 목적에서 진행했다. 북경 아시아경기대회 단일팀 구성 출전을 위한 1989년의 남북체육회담에서도 북한은 한국팀의 대회 참가를 허용하지 않으려는 전략으로 일관했다.

88서울올림픽과 관련, 북한은 당초 개최지 변경을 요구하다가 나중에는 공동주최 및 단일팀 출전을 명분으로 내세우면서 사실상 올림픽 개최 방해에 주력했다. 북한은 88서울올림픽이 성공리에 끝날 경우, 정치·외교·경제면에서 나타날 자기들의 국제적 고립상황을 모면하기 위해 올림픽 저지에 총력을 기울였다.

이처럼 북한은 표면적으로 단일팀 구성을 명분으로 내세움으로써 대내외적으로 통일의지를 과시하는 한편, 내면적으로는 국제스포츠계에서 남한의 입지를 약화시키고 북한의 위상을 높이려는 정치적 목적을 갖고 체육교류문제를 취급하여 왔다. 그리고 그 배경에는 북한의 공세적 대남전략이 한 몫을 한 셈이다.

1970~80년대의 남북체육회담은 북한의 대남무력 및 폭력도발의 급증에 직면한 남한의 정치·심리적 위축과 피해의식을 배경으로 하여 북한이 남한의 반공체제 철폐, 주한미군 철수, 남한 현정권 퇴진,

고려연방제 통일방안 실현 등 공세적 주장을 펴면서 유리한 정치적 환경을 조성하려는 협상이었다.

그러나 1990~2000년의 남북체육회담은 공산권의 붕괴로 인한 체제위기 의식, 남한에 의한 흡수통일 공포증, 국제적 고립과 경제 침체 심화 등을 배경으로 북한이 수세적 입장에서 체제생존을 보장받기 위해 선택한 협상이었다. 이 기간 동안, 북한의 국가목표는 체제유지 안정에 있었기 때문에 체육교류를 포함한 남북교류·협력도 이 틀 안에서 추진되었다. 그리하여 남북체육회담에서 체제공존의 남북관계를 정립하기 위한 일환으로 90년 남북탁구 및 축구단일팀 구성을 성사시켰고 그 후 통일축구대회와 통일농구대회도 서울과 평양에서 열리게 된 것이다.

그리고 이 같은 연장선상에서 남북 선수들의 시드니올림픽 공동입장이라는 극적 이벤트가 발생하게 되었는데, 이는 북한이 남북정상회담의 효과를 극대화시키고 통일열기를 고조시키기 위한 고도의 정치적 목적에서 취한 조치라고 할 수 있다.

2. 체육교류를 통한 경제적 실리 추구

북한은 '6·15선언' 제4항에 남북체육교류에 관한 합의를 해놓고 이 문제를 협의 이행하기 위한 남북 당국간 대화나 남북 체육단체간 대화는 외면하고 있다.

2002년 월드컵축구대회의 분산개최 또는 2002년 부산아시아경기대회의 단일팀 구성을 요구했어야만 했음에도 불구하고 요구를 하기는커녕 우리측 제의에 부정적으로 대답했다. 그런데도 북한은 현대그룹과의 경협사업에서 엉뚱하게 평양 실내종합체육관 건설을 합의하고, 그것도 체육계 인사가 아닌 기업인과의 사이에 몇몇 실내경기종목의 교환경기를 추진하기로 합의, 남북농구대회가 개최된 바 있다.

또 북한은 제46회 세계탁구선수권대회 단일팀 불참을 통보한 같은 날, 조총련계 북한국적 축구선수 양규사의 현대프로축구단 입단을 허용했다. 이것은 무엇을 의미하는가?

그들이 공식적인 남북체육교류는 회피하면서도 남북경협과정에서 경제적 실리를 목적으로 하는 이벤트성 체육행사는 허용하고 있음을 보여주는 것이다. 한마디로 제사에는 관심이 없고 젯밥에만 생각이 있다는 거나 다름이 없다.

3. 체육교류와 북한사회 개방

북한은 소련 및 동구공산권이 붕괴된 1990년 이후 사회개방은 곧 체제붕괴를 가져올 수 있다는 위기의식을 가져왔다. 그리하여 경제 회생을 위해서는 중국식의 개방개혁이 필요한 것을 잘 알면서도 그것을 피하면서 제한되고 통제된 개방정책을 추진하여 왔다. 이와 같은 북한의 입장은 남북정상회담과 '6·15선언'에 관계없이 지속되고 있으며 더욱이 정상회담 직후 점증된 남북교류협력이 북한사회에 미치는 부정적 영향을 우려하여 남북관계를 정체국면에 몰아넣은 것이다.

이와 같은 상황에서 그들이 남북체육교류를 추진할 경우, 외부사조 유입에 의한 체제 손상을 가져올 것은 뻔한 일이다. 바로 여기에 북한의 남북체육교류에 관한 정치적 한계가 놓여져 있다. 남북체육회담의 역사가 말해주듯이, 북한은 이제 남북체육교류를 대내외 정치목적으로 이용할만한 수요를 느끼지 못하고 있다. 또 북한체제가 어느 정도 안정화되어 있는 만큼 90년대처럼 체제유지를 위한 평화적 환경조성의 일환으로서의 체육교류 효능도 크게 떨어져 있는 상태이다.

V. 민족통일체육의 기반 조성 방향

민족통일체육의 개념에 관해서 이학래 교수는 '민족통일체육 기반조성의 과제와 전망'이라는 논문(2001년 3월 29일)에서 다음과 같이 정의하고 있다.

민족통일체육이란 비정치적 문화 영역에 속하는 체육의 고유기능 구현 활동을 통해 민족공동체 형성을 도모하며, 궁극적으로 한반도 평화통일 실현에 기여함을 그 주된 내용으로 삼게 된다. … 민족통일체육 기반조성에 대한 접근은 그 동안 남북체육교류라는 좁은 범위에서 이루어지던 논의를 통일민족공동체적 삶의 구현이라는 넓은 마당으로 이끌어내는 작업이다.

필자도 이 개념 정의에 동의하면서, 현재 정체상태에 있는 남북체육교류를 어떻게 다시 부활시키고 궁극적으로 민족사회의 복지를 구현하는 단계로까지 연결시킬 수 있는가를 살펴보고자 한다.

1. 남북간 정치적 환경 조성

남북체육교류가 정상화되기 위해서는 우선 북한이 호응하지 않으면 안 된다. 그러기 때문에 우리로서는 북한 스스로 남북체육교류의 필요성 내지 유용성을 느끼게 하는 정치적 환경을 조성해야 한다. 그 방법으로 두 가지를 상정해 볼 수 있다.

첫째는 미·북관계 개선이다. 북한은 남북한관계를 사실상 미·북관계에 종속시키는 태도를 보이고 있다. 그런데 미·북관계는 회담의 제를 놓고 쌍방 입장이 정면으로 대립해 있다. 미국은 핵, 미사일, 재래식 무기라는 세 가지 의제를 계속 주장하고 있고 북한은 러시아와 중국을 등에 업고 주한미군철수 등을 요구하면서 대미협상 입지를 강화하고 있다.

그런데 중요한 것은 북한의 강렬한 대미 비난에도 불구하고 그들이 체제안전보장을 받아내기 위해 내심으로는 미국과의 대화를 통한 관계개선 의지를 갖고 있다는 사실이다. 따라서 북한의 대미비난은 부시행정부의 대북 강경정책을 완화시키기 위한 압박용이라고 할 수 있다. 이 같은 상황에서 쌍방간에 대화의 접점 마련을 위해서는 서로가 한발씩 물러나는 자세가 필요하다.

둘째는 남북한이 평화공존체제를 구축하는 일이다. 우리의 대북정책과 관련하여 세 가지 정책대안을 상정할 수 있다. 즉, 북한 봉쇄정책(Containment Policy), 대북 무관심정책(Denign Neglect Policy), 남북 평화공존정책(Peaceful Co-existance Policy) 등이다.

이 중 현 남북관계 상황에 비추어 선택할 수 있는 현실적 대안은 평화공존정책으로서, 남북한이 통일 이전 평화공존체제하에서 민족공동체를 회복해 나가는 것이 가장 현실적이고 합리적인 방법이다. 평화공존을 위해서는 남북한이 통일될 때까지 상대방 체제에 대한 인정 및 존중, 내정불간섭, 군사적 긴장완화, 교류협력 등의 조치를 취해야 한다. 이와 관련, 남한의 북한흡수통일 배제와 북한의 대남 적화통일노선 포기가 함께 이루어져야 함은 두말할 필요도 없다. 한국은 북한을 흡수통일 할 의사도 능력도 없다는 입장을 분명히 했다. 그렇다면 북한도 이에 상응하게 군사적 긴장완화 조치를 비롯하여 대남도발과 남한체제 와해를 목적으로 한 통일전선전술을 포기해야 한다. 이러한 정신을 담은 것이 92년에 발효된 '남북기본합의서'이며 2000년에 합의한 '6·15선언'이므로 지금부터라도 쌍방이 이를 성실히 이행해야 한다.

2. 북한의 경제적 수익성 개발

우리의 대북 체육지원은 북한으로 하여금 남북체육교류에 나오게 할 수 있는 하나의 유인요인이 된다. 북한은 현대그룹과의 경협 과정에서 평양실내체육관 건설지원을 얻어낸 대가로 남북농구대회 개최에 호응했다. 이것은 북한이 체육교류를 통한 경제적 이익 챙기기에 관심이 있다는 얘기이다.

대한양궁협회는 시드니올림픽 직후 양궁 1백 벌을 북한에 보냈다. 최근 북한에서 개최되는 국제경기에 자본주의 상징인 상품 광고판이 등장하고 또 북한스포츠계에 프로 개념이 싹트는 현상은 우리가 눈여겨볼 대목이다. 이 같은 상황에서 우리가 북한의 체육활동에 있어 절대적으로 부족한 각종 운동기구, 자재 등을 포함한 스포츠산업 지원은 남북체육교류에 대한 북한의 호응을 이끌어 낼 수 있는 하나의 방법이 될 수 있다. 그리고 이것은 남북간에 상호이해를 증진하고 북한주민들의 스포츠활동 욕구를 충족시킴은 물론 궁극적으로 민족통일체육의 기반을 조성하는 계기가 될 것이다.

3. 북한의 개방개혁 유도

북한은 체제유지를 위해 제한되고 통제된 개방정책을 추진해 오고 있다. 그러면서도 경제회생과 국제적 탈냉전질서에 부응하기 위해 조심스럽게 변화를 모색하고 있다. 북한이 2001년에 들어와 '신사고'를 표명한 것을 비롯하여 김정일 위원장이 중국의 상해 포동지구를 방문, 중국식 개방개혁정책의 성공사례를 적시한 것, 서방국가에 경제시찰단을 파견하고 있는 것, 그리고 EU 등 서방국가와 관계개선을 하고 국제기구 가입을 시도하고 있는 것 등이 그 대표적 사례이다.

이처럼 북한이 대외개방 노력을 지속하면서도 대남개방에 관해 엄격한 한계를 긋는 것은 남북 국력격차에서 오는 체제 불안감 때문이다. 남북 국력격차가 현격하게 벌어지고 있는 상황에서 우리가 북한사회를 개방시키겠다고 서두르면 서두를수록 그들은 남한에 의해 흡수통일될 것을 우려하여 더욱 움츠릴 수밖에 없을 것이다.

따라서 우리로서는 남북평화공존체제 구축과 북한사회 개방을 대북정책의 중간목표로 설정하되, 북한사회 개방과 관련해서는 장기적 안목에서 인내심을 갖고 서서히 유도해야 한다. 이러한 점에서 정부가 햇볕정책이라는 이름 하에 대북정책을 너무 서두르는 것은 재검토해야 하며 속도조절이 필요하다고 생각된다

4. 한국의 '정·체(政體)분리원칙' 추진.

남한 내에서 체육교류의 주체가 정부차원에서 민간차원으로 바꾸어야 한다. 통일문제가 민족문제라는 점을 고려할 때 남북교류협력문제도 이제는 남북당국관계와 민간관계를 구분해야 한다. 남북간에 정치·외교·군사 등 특수분야에서는 그 성격상 쌍방당국 주도로 문제를 협의 해결해 나가야 하지만, 경제·사회·문화분야에서는 민간영역을 확대해 나가야 한다.

정부가 대북정책에 있어 '정경분리(政經分離)원칙'을 추진하는 마

당에 정치이데올로기나 군사력과 직접 관련이 없는 체육분야에 대해서도 이제는 정부관계와 민간관계를 분리 운영하는 것이 바람직하다. 이 점에 관해서는 이학래 교수가 '남북체육교류의 추진과제와 실천방안(1998년 11월 16일, 13면)에서 적절히 지적한 바와 같이, 북한이 체육교류를 정치적 목적으로 이용한다 해서 우리도 체육교류를 정부 주도로 추진한다면 스포츠를 정치적 논리에 종속시키는 또 하나의 정치일방주의적 사고를 범하기 때문이다.

VI. 맺는 말

이상에서 살펴본 바와 같이, 오늘의 남북체육교류는 북한의 정치논리에 의해 철저히 지배당하고 있다. 그렇다고 해서 남북체육교류의 가능성이 전혀 없는 것만은 아니다. 북한은 과거에도 그랬듯이 앞으로도 정치적·경제적 수요가 발생하면 갑자기 태도를 바꾸어 체육교류협력에 나올 것이며 그 속도와 폭은 체제유지 정도를 봐가면서 조절할 것이다.

따라서 우리로서는 큰 틀에서 남북한관계 개선과 북한사회 개방개혁이라는 체육교류의 정치적 환경 조성에 주력하는 한편 북한에게 필요에 따라 체육적 이익도 부여하는 유연한 자세를 보임으로써 남북체육교류를 추진해 나가야 할 것이다. 그리고 체육교류가 지향하는 목표는 단순한 신뢰회복, 상호 이익증진이라는 단기적 차원이 아니라 민족공동체 회복 발전이라는 장기적 차원에 두어야 할 것이다. 이를 위해서는 체육교류를 포함한 대북정책에 관한 국민적 공감대를 튼튼히 다지면서 남북교류협력을 가능한 분야부터 서두르지말고 신중하고 질서 있게 추진해 나가야 할 것이다.

남북체육교류의 정치적 종속성과 대응논리

정 용 석*

I. 인간은 정치적 동물

아리스토텔레스는 그의 저서 『정치학』에서 '국가는 자연의 창조물이고 인간은 본질적으로 정치적 동물'이라고 규정했다. '모든 인간은 선천적으로 사회적 본능을 타고났으므로 국가에 소속하지 않는 인간은 짐승이거나 신(神)일 뿐'이라고 했다.[1]

인간은 국가에 소속하지 않을 수 없는 '정치적 동물'이라는 데서 신이 아닌 이상 국가간의 체육교류 또한 대체로 '정치적' 성격에서 벗어날 수 없다. 여기에 스포츠는 경우에 따라 국가간의 관계에서 '정치적 논리에 종속'[2]되지 않을 수 없는 선천적 속성을 타고났다. 그래서 고대그리스의 도시국가들이 상호불신과 의구심을 씻어내고 화합과 협력을 도모하기 위해 기원전 776년부터 시작한 올림피아의

---

* 단국대 교수

1) Robert Maynard Hutchins, Editor in Chief, AristotelⅡ: Great Books of the Western World(Chicago: Encyclopaedia Britanica, Inc. 1952), p.446.
2) 이학래, 남북체육교류의 추진과제와 실천방안, 민주평화통일자문회의 체육청소년분과위원회 세미나 주제발표문(서울 : 1998년 11월 16일), 13쪽.

경기도 각기 도시국가의 명예와 국력을 겨루는 정치적 경쟁마당으로서의 속성을 피할 수 없었다.[3)]

올림픽경기 중에는 도시국가들간의 분쟁이나 전쟁조차도 중단시키고 참가했지만 각기 도시국가의 힘과 기량을 스포츠를 통해 뽐낼 수 있는 제전이었다. 이것은 국력과시의 체력과 기술전쟁이기도 했다. 마케도니아의 알렉산더 대왕은 무예를 숭상한 나머지 직접 올림픽대회에 참가하는 등 스포츠를 장려했으나 그도 인간으로서 '정치적 동물'의 근성을 버리지 못했다. 그는 자신이 싫어하는 정적들에게는 올림픽 참가기회를 박탈해 버렸다는데서 그렇다.[4)]

그런가하면 로마의 네로 황제는 올림픽을 자신의 우상화를 위해 이용했다. 그는 황제로서 올림픽 선수로 참가하여 우승한 다음 월계관 쓰기를 좋아했다. 그는 올림픽경기가 그리스 신들 중의 으뜸 신인 제우스를 위한 축제라는 데서 올림픽에서 우승함으로써 제우스와 같이 '왕 중의 왕'이요 전지전능한 황제로 부각시키려 했다. 이 때문에 그는 우승하기 위해 쌍두마차 경기규정을 4두마차와 10두마차로 뜯어고쳤는가 하면, 우승자의 월계관을 뺏기도 했으며 우승자를 아예 죽여 버리기도 했다.[5)] 그는 올림픽경기를 자신의 일인 우상화 수단으로 이용했던 것이다. 역시 인간으로서의 '정치적 동물' 감각이 발동한 셈이다.

1896년 다시 태어난 근대올림픽경기도 때때로 정치적 종속성을 벗어날 수는 없었다. 근대올림픽 부활의 산파 역할을 했던 피에르 드 쿠베르탱은 올림픽대회를 부활함으로써 인류의 선(善)을 증폭시

---

3) Albert Hyma, Ancient History(NewYork: Barnes & Noble, Inc., 1959), pp.66, 85, 86.
4) 이학래, 歷史를 통해서 본 스포츠 道德性의 諸問題, 한국체육학회지 제34권 제2호(서울 : 1995년). 3쪽.
5) 위의 글.

킬 수 있다고 믿었다. 그는 세계의 모든 나라 스포츠인들이 4년마다 국가간의 경쟁심, 시기심, 정치적 대결, 종교, 인종, 빈부격차, 사회적 신분 등을 떠나 아마추어 스포츠인으로서 한 자리에 모인다면 인류의 선을 증진할 수 있다고 기대했던 것이다.6)

그러나 '정치적 동물'인 인간이 뛰는 올림픽대회는 이상과 기대와 달리 정치에 종속되기 일쑤였고 인류의 선만을 추구할 수는 없었다. 물론 모든 스포츠경기가 하나같이 정치에 종속될 수밖에 없다는 것은 아니지만 인간은 국가에 소속하고 '정치적 동물'이라는 데서 소속국가의 정치적 상황에 따라 정치에 종속될 수 있음을 뜻한다.

국제올림픽위원회(IOC) 헌장 제1조는 올림픽이 '인류의 평화와 화합의 대제전'이라고 규정했다. 또 제24조는 가맹 국가올림픽위원회(NOC)에 대해 정치적인 압력에 대항하여 '완전한 자치단체'로서의 성격을 유지해야 한다고 규정하고 있다. 이 대목들은 스포츠가 정치에 종속되어서는 아니 되고 쿠베르탱의 바람대로 국가간의 경쟁이나 정치적 대결 또는 인종차별을 떠나 독자성을 유지해야 하며 오직 인류의 선을 위하여 기여해야 한다는 이상을 규정한 것이다. 탈정치화를 뜻한 것이기도 하다.

하지만 국제올림픽위원회의 탈정치화 이상은 그렇게 쉽지 않았다. 올림픽이 부활된 뒤 오늘에 이르기까지 인류의 국제스포츠제전은 때때로 '정치적 동물'감각에 의해 얼룩져 왔다.

올림픽대회는 1896년부터 1912년(1~3회)까지만 해도 미국, 대영제국, 유럽국가들만의 잔치로 그쳤다. 1916년 개최키로 되어 있었던 4회 올림픽은 세계 1차대전으로 연기돼 1920년에야 벨지움의 안트워프에서 열릴 수 있었다. 1920년부터 1932년까지 올림픽은 미국과

---

6) Olympic Games, Encyclopaedia Britanica, vol.16(Chicago: Encyclopaedia Britanica, Inc., 1968), p.944.

유럽 외의 지역으로 확대되어갔고 1936년 베를린대회에 이르러 명실상부한 세계적인 올림픽으로 자리 잡았다. 2차대전 발발로 올림픽은 12년 동안이나 열리지 못하기도 했다.

1908년 런던올림픽에서는 각국 선수단으로 하여금 국기를 선두로 알파벳순으로 입장케 했다.7) 국가대 국가간의 경쟁마당임을 표출한 것이었다. 이어 1920년 안트워프올림픽에서는 올림픽선서를 통해 '조국의 명예와 스포츠의 영광을 위해'라고 선서했다.8) 이쯤 되면 쿠베르탱이 기대했던 대로 올림픽경기는 국가간의 경쟁심을 벗어나 인류의 평화와 화합의 대제전으로만 그치지 않고 '조국의 명예'를 위한 처절한 민족우월성 경쟁마당으로 자리했음을 웅변하기에 족한 것이다.

실상 1936년 베를린올림픽에 이르러서 아돌프 히틀러에 의해 게르만민족 우월성 과시의 기회로 이용되었다. 히틀러는 게르만민족이 비록 1차 세계대전에선 패배하였지만 유럽을 지배할 수 있는 우수 민족임을 증명해 보일 수 있는 제전으로 올림픽대회를 유감없이 활용했던 것이다. 어찌 보면 인간은 '정치적 동물'로서 올림픽을 자신의 정치적 목적 달성을 위해 매개체로 이용하는 것이 인간으로서 피할 수 없는 본성일지도 모른다.

1964년 도쿄올림픽은 독일이 1차대전 항복 이후 그랬듯이 2차대전에서 패망한 일본이 경제적으로 다시 일어났고 자유민주와 시장경제체제로 발전한 새 모습을 세계에 선보이는 기회로 이용되었다. 1972년 뮌헨올림픽도 일본이 도쿄올림픽을 통해 그랬던 것처럼 다시 태어난 패전국의 발전 모습을 각인시키려 유치되었다. 그러나 이

---

7) 정동성, 스포츠와 政治(서울 : 사람과 사람, 1998년), 97쪽.
8) 임번장, 스포츠사회학 개론(서울 : 동화문화사, 1994년), 115쪽, 이학래, 歷史를 통해서 본 스포츠 道德性의 諸問題, 22쪽에서 재인용.

대회는 아랍과 이스라엘 민족간의 유혈전장으로 돌변했다. 기관총 등으로 무장한 팔레스타인 게릴라들이 선수촌으로 난입하여 테러를 자행하는 바람에 이스라엘 선수 11명, 팔레스타인 게릴라 5명, 경찰 1명 등이 피살되었다.

1980년의 모스크바올림픽은 최초로 공산국가에서 주최하는 대회로서 공산주의 국가의 어둡고 음습하며 비인간적 전체주의체제라는 이미지를 벗고자 유치되었던 것이다. 그러나 모스크바올림픽은 공산주의 선전장으로 이용되기 전에 지미 카터 미국 대통령에 의해 역으로 이용되고 말았다. 소련이 1979년 말 아프가니스탄을 침공하여 거기에 공산괴뢰정권을 세우자 카터 미국대통령은 그에 대한 보복으로 서방국가들의 모스크바 보이콧을 단행했기 때문이다.

여기에 놀란 킬라닌 IOC위원장은 "올림픽을 정치적 도구로 이용해서는 안 된다. 22회 올림픽은 소련이라는 국가가 아니라 모스크바라는 도시에 주어진 것이고, 모스크바올림픽조직위원회가 IOC헌장에 위배되지 않는 한 모스크바올림픽을 중단시킬 수 없다"고 항변했다.[9] 하지만 모스크바올림픽은 서방국가들의 보이콧으로 반쪽짜리로 축소되고 말았다. 모스크바올림픽 보이콧은 올림픽이 정치적 압력수단으로 공공연히 이용된 전형적 사건이기도 했다. 동시에 모스크바올림픽은 개최국이 국가적 이미지 개선을 위한 도구로 이용해 왔고 그것이 또 다시 정치적 압력수단으로 역이용됐다는 사실을 실증해 주기도 했다.

공교롭게도 그 다음 차례로 1984년 로스앤젤레스올림픽은 기다렸다는 듯이 소련에 의해 모스크바올림픽 보이콧에 대한 보복으로 보이콧 되고 말았다. 소련의 보이콧 명분은 그라나다 침공이었다.

---

9) 위의 글, 24쪽.

이제 올림픽은 IOC헌장 1조에 기록된 대로 '인류의 평화와 화합의 대제전'이 아니라 국가대 국가의 정치적 도구로 전락되곤 했음을 명백히 드러냈다. 동시에 IOC헌장 24조는 국가올림픽위원회가 정치적 압력에 대항하여 '완전한 자치단체'로서 성격을 유지해야 된다고 명기해 놓고 있으나 소속 국가의 정치에 종속되어 있음을 실증하기도 했다. 미국의 모스크바올림픽 보이콧에 미국올림픽위원회는 종속적으로 따라야 했고 소련의 로스앤젤레스올림픽 거부에도 소련올림픽위원회 또한 그저 거기에 종속적으로 복종해야 했다는데서 그렇다.

1981년의 88서울올림픽 유치는 전두환 신군부에 의한 12·12쿠데타와 광주사태 등으로 일그러진 집권 이미지 개선과도 무관할 수 없다. 이 또한 정치적 계산이 컸던 것이고 북한은 배가 아파 보이콧 했었다. 정치적 의도에 의한 올림픽 유치였고 이데올로기에 의한 보이콧이었다.

2008년 베이징올림픽을 위한 2001년 7월의 유치도 마찬가지로 정치적 계산이 큰 비중을 차지했다. 중국은 올림픽을 주최함으로써 지난 수세기의 고립과 궁핍의 대명사에서 벗어나 새로 뻗어 가는 '사회주의적 시장경제국가'로서의 면모를 자랑하며 공산주의독재체제 학정의 어두운 이미지를 벗어 던질 수 있는 기회로 삼고자 했다. 또한 중국에 대한 새로운 인식 고는 새로운 외국인 투자와 시장개척으로 이어져 실리도 챙길 수 있다고 기대케 했다. 동시에 중국은 올림픽을 유치함으로써 연간 1천만 명에 달하는 외국 관광객 수를 2천만 내지 3천만으로 늘릴 수 있는 수익금도 챙길 수 있다고 관망하기도 했다.10) 중국의 적극적인 올림픽 유치 목적도 '인류의 평화

---

10) Despite Worries Over Rights, It wins on 2d Round of Voting, International Herald Tribune(Paris), July 14-15, 2001.

와 화합'을 위한 것이라기보다는 자국의 정치·경제적 욕망을 채우기 위한 데 있다.

한편 조지 W. 부시 미국행정부는 중국을 '잠재적인 경쟁자'로 경계하면서도 베이징올림픽 유치는 적극 거부하지 않고 묵인하기로 했다. 그 이유 또한 정치적 고려에서였다. '유럽의회'를 비롯하여 '국제사면위원회' '인권을 위한 법률위원회' '인권 지킴이', 그리고 미국 내 보수파 인사 등이 중국 정부의 인권침해를 거론하며 베이징 유치를 반대했었다. 하지만 부시행정부는 반대하지 않았다. 반대하지 않은 연유는 중국이 올림픽을 유치함으로써 서방국가들의 보이콧을 두려워한 나머지 앞으로는 2008년 올림픽이 개최되는 날까지 인권을 개선하고 대만에 대한 무력사용 등을 자제할 것을 반대급부로 기대했기 때문이다. 뿐만 아니라 중국은 베이징올림픽을 위해 국가개발과 경제성장에 더욱 매몰됨으로써 좀더 개방될 수 있는 것도 기대했다.[11] 결국 중국에 2008올림픽을 허가한 서방국가들의 계산도 '정치적 동물'로서의 손익 산출에 준거했음을 일러주었다.

Ⅱ. 남북한의 종속적 체육정책

지금까지 살펴본 바와 같이 올림픽경기들이 고대사회로부터 근대를 거쳐 현대에 이르기까지 정치적으로 얼룩져 왔음을 상기할 때, 남북한 체육교류의 경우 더 말할 필요도 없다. 남북한이 다른 나라들보다 더 '정치적 동물'이어서 그런 것은 아니다. 남북한은 분단된 후 6·25기습남침을 계기로 상호 증오와 대결 그리고 불신의 대상으

---

11) U.S. Sees Advantage To Olympics in China, International Herald Tribune(Paris), July 12, 2001.

로 맞서왔고 언젠가는 둘 중 하나가 소멸되어야 통일될 수 있다는 불안 속에 잠겨 있다는데서 그렇다.

1998년 개정된 북한헌법은 제3장 '문화'란에서 문화활동의 목적을 명시하고 있다. 제41조는 "제국주의의 문화적 침투와 복고주의적 경향에 반대하며 민족문화 유산을 보호하고 사회주의 현실에 맞게 계승 발전시킨다"고 했다. 북한의 문화활동이 제국주의 문화를 침투시키는데 노출되어서는 아니 되고 사회주의인간 형성에 기여해야 한다는 뜻이다.

제43조는 "후대들을 사회와 인민을 위하여 투쟁하는 견결한 혁명가로, 지(智) 덕(德) 체(體)를 갖춘 공산주의적 새 인간으로 키운다"고 했다. 체육도 '견결한 공산주의혁명가'로 양성하는데 있음을 적시한 대목이기도 하다. 또한 제55조는 "국가는 체육을 대중화, 실용화하여 전체인민을 노동과 국방에 튼튼히 준비시키며"라고 지적했다.[12] 체육활동이 국방준비의 일환임을 밝힌 대목이기도 하다.

이미 김일성은 1969년 체육활동도 주체사상 무장의 연속이어야 함을 강조한 바 있다. 그는 "모든 체육인들은 우리 당의 주체사상으로 튼튼히 무장하여 체육사업에서 나서는 모든 문제를 자주적 입장에서 풀어나가도록 하여야 한다"고 역설했다.[13] 실상 북한의 『정치용어사전』은 체육을 신체단련 외에도 "집단주의정신과 혁명적 동지애, 그리고 공산주의 건설을 성과적으로 수행하는데 이바지하기 위한 것"이라고 못박고 있다.[14]

북한은 1954년부터 아예 '국방체육'이라는 용어를 만들어 내 주민들의 일상적인 스포츠활동도 국방에 필요한 특기 함양과 연결시키

---

12) 통일부 정보분석국, 북한개요 2000(서울 : 통일부 정보분석국, 1999년), 612~613쪽.
13) 李學來, 韓國體育百年史(서울 : 한국체육학회, 2000년), 640쪽.
14) 북한사회과학출판사, 정치용어시전(평양 : 사회과학출판사, 1970년), 604쪽.

기 시작했다. 북한은 근로자와 학생들에게 사격, 활쏘기, 행군, 활공기, 모형항공, 밧줄 당기기, 트랙터 운전, 사다리 오르기, 마을지형 익히기 등을 권장한다. 유사시 전투에 쓸 수 있는 실기훈련이다.[15]

뿐만 아니라 북한은 스포츠를 직접 김일성·김정일 우상화 수단으로 이용하고 있다. '위대한 수령 김일성 동지께 드리는 충성의 편지 전달 이어달리기' '배움의 천리길 이어달리기' '조국통일달리기' 등이 그것이다. 북한『조선중앙연감』은 "해마다 500만~550만여 명의 근로자들과 청소년학생들이 참가하여 매 한 사람당 300킬로미터씩 달림으로써 근로자들과 청소년 학생들의 체력을 크게 단련시켰다"고 기록하고 있다.[16]

이와 같은 북한의 헌법 조문, 김일성의 교시, 국방체육, 충성의 편지 이어달리기 등은 북한의 체육이 정치에 완벽하게 종속되어 있음을 증언한다. 어쩌면 로마의 네로 황제, 마케도니아의 알렉산더 대왕, 독일의 히틀러 총통 시절보다 더 철저히 정치에 종속되어 있다고 볼 수 있다. 북한의 스포츠는 일인 우상화와 공산혁명사상 고취에 있으며 '스포츠 전체주의'라고도 할 수 있다.[17]

남한 체육도 정치적 종속상태로부터 자유스러울 수 없다. 근대국가들이 대부분 그렇게 했던 대로 조선조도 스포츠활동을 민족주의 운동과 결부시켰다. 국가 근대화의 수단 중의 하나로 체육을 내걸음으로써 체육은 정치적 장려 속에 정치에 종속되는 운명을 면할 수 없었다.

---

15) 李學來, 앞의 책, 643쪽.
16) 위의 책, 656쪽.
17) 이학래 교수는 스포츠 내셔널리즘을 민족주의시대(19세기초부터 19세기말까지) 스포츠 국민시대(19세기말부터 20세기 중엽까지) 스포츠 전체주의시대(20세기 중반 독일의 나치스와 일본의 군국주의) 등으로 나누었다. 박정희 정권의 정치이념과 스포츠 내셔널리즘, 한국체육학회지 제38권 제1호, 1999년, 27쪽.

조선조말 정부에 의해 체육 육성이 두드러지게 강조된 것은 1895
년 1월 갑오경장의 '홍범14조'에서였다. 일본의 강압적 권고에 의한
것이기는 했지만 근대적 내정개혁이었다. 한국 근대화의 발단이기
도 했다. 고종이 갑오경장의 일환으로 밝힌 '교육입국조서(敎育立國詔
書)'는 덕·체·지(德·體·智)를 배양해야 한다고 강조함으로써 체육진흥
을 국가시책의 중요 대목 중 하나로 떠올렸다. 고종은 체육을 배양
함으로써 "동작에 항상 됨이 있어, 부지런히 힘쓰는 것으로 주(主)를
삼고, 안일과 나태함을 탐하지 말고, 너의 근육을 단단하게 하고, 너
의 뼈를 굳게 하여 건강하고 병이 없는 즐거움을 누려야 할 것"이라
고 했다.18) 체육진흥을 국력 향상의 버팀목으로 인식하고 있음을
반영한 것이다.

결국 조선조가 1905년 을사조약으로 외교권을 일본에게 빼앗기
게 되자 체육진흥은 반일민족주의역량 배양의 수단으로 뻗어갔다.
체력을 길러야만 대한제국의 독립을 지킬 힘이 생긴다는 것이 그것
이었다. 체력은 국력이라는 등식이기도 했다.

체육을 통한 민족주의 역량 배양은 1906년 12월 『태극학보(太極
學報)』5호에 실린 논설을 통해 호소되었다. '체육을 권고'라는 제하
에 논설은 "체력을 갖추어야 평시에는 건전한 신체로서 생업에 종
사할 수 있고, 전시에는 활약하는 신체로서 군국적(軍國的) 의무에
헌신할 수 있다. 때문에 대한제국의 독립 기초는 국민에게 체육을
장려하는데 있다"고 강조했다.19) 조선조가 결국 국가의 독립을 지
키지 못하고 일본 식민지로 전락하자 체육은 항일독립정신과 결합
돼 민족의 독립정신을 일깨우는 스포츠마당으로 승화되기도 했다.

일본의 2차대전 패망으로 대한민국은 독립할 수 있었고 1948년

---

18) 李學來, 앞의 책, 50쪽.
19) 위의 책, 83면.

8월 독립정부가 수립되었다. 하지만 한국은 38선 이북의 북한공산체제와 맞대결하게 됨으로써 적화책동의 위협 하에 놓이게 되었다. 분단으로 인한 이데올로기와 체제대결 및 위협환경 속에 등장한 이승만 정부는 국정의 우선순위를 자유민주주의와 반공사상 고취에 두지 않을 수 없게 되었다. 정부 수립 전부터 공산당에 의한 조직적인 파업, 테러, 4·3제주폭동, 여수·순천반란 등에 시달려야 했던 이승만 정부는 출범과 동시에 중학 이상 학생에게 체육의 일환으로 군사훈련을 실시케 했다. '학도호국단'을 조직하여 군사훈련의 기초단위가 되도록 했다. 6·25남침을 계기로 군사훈련은 강도를 더해 갔다. 대한민국도 체육이 정치에 종속하고 있었음을 반영했다. 일인우상화 대목이 빠졌을 따름이다.

1961년 5·16군사쿠데타를 통해 집권한 박정희 정부는 역대 어느 정권보다 스포츠활동에 관심을 표명했으며 '국민체육시대'를 열었다.[20] 박 대통령은 1962년 국가재건최고회의의 법률을 통해 '국민체육진흥법'을 제정하여 체육진흥을 위한 법적·제도적 장치부터 마련하기 시작했다. 그는 국민체육심의위원회, 체육진흥관리위원회, 체육의 날, 체육주간 등을 제정해 제도적 장치를 뒷받침해 갔다.

박 대통령은 1972년 '체력이 곧 국력'이라고 강조하면서 "국력의 증강은 국민의 체력에 달려 있으며, 국민체력향상은 곧 국가의 발전을 상징하는 것"이라고 했다.[21] 박 대통령이 체력향상을 국가의 발전과 동일시하였다는 것은 체육활동을 국가정책의 주요 대목으로 삼고 있었음을 반영한 것이기도 하다.

실상 박정희 대통령은 체육진흥도 남북간 체제경쟁의 일환으로 중시하고 있었다. 그는 1973년 그러한 심경을 솔직히 털어놓았다.

---

20) 위의 책, 398쪽.
21) 위의 책, 399쪽.

그는 "지금 남북대화가 시작된 이 시점에서처럼 우리에게 국민총화에 의한 국력배양이 절실히 요청된 때는 없었으며… 오늘처럼 체육의 중요성이 강조된 때도 없다. … 체육진흥을 통해서 국력을 증강하고 청신한 사회기강과 기풍을 일으켜 간다면, 그것은 남북대화를 성공적으로 이끌어 나아갈 수 있는 큰 힘이 될 수 있다"고 밝혔던 것이다.[22]

전두환 정부는 1981년 서울올림픽을 유치했고 82년에는 86년 아시아경기대회와 88서울올림픽 개최 준비 등을 위해 '체육부'까지 신설하는 등 체육진흥에 박차를 가했다. 1981년말에는 프로야구가 탄생하여 스포츠의 프로시대를 열었다. 1991년 전두환 정부가 국민생활체육협의회를 창설한 목적은 모든 국민이 값싸고 쉽게 체육활동을 즐길 수 있도록 여건을 조성하고 체육을 활성화하기 위한 데 있었다. 남녀노소나 저·고소득층과 상관없이 국민 모두가 체육활동을 생활화하도록 계획하고 지원함으로써 국민의 체력과 정신력을 증대시켜 국력을 키우는데 있었다.

그러나 김영삼 정부는 '문민정부'라는 기치 아래 반군사문화 캠페인에 나섰다. 김 대통령은 정부기구 축소 및 군사문화 해체작업의 일환으로 1993년 체육청소년부를 문화체육부로 축소했다. 문화부와 체육청소년부를 통합해 버린 것이다. 이어 김대중 정부는 1998년 문화체육부를 문화관광부로 아예 고쳐버렸다. 체육업무는 1개 체육국으로 축소된 것이다. 초·중등 교육과정에서의 체육시간도 줄였다. 1994년부터는 대학입학학력고사 중 340점 가운데 20점이나 차지하던 체력장제도도 폐지했다. 물론 정부의 체육재정도 크게 줄었다.

김영삼과 김대중 정부에 의한 정부 체육기구 및 예산 축소는 탈

---

22) 위의 책.

군사문화, 예산축소, 작은 정부 지향 등의 명분 아래 강행되었고 많은 체육계 인사들의 반발을 유발했다.

양김 정권에 의한 체육활동 지원 축소가 체육의 정치적 종속 중단을 뜻하지는 않는다. '인간은 정치적 동물'이라는 데서 그렇다. 특히 체육활동은 국가권력의 지배, 정부예산의 지원, 행정기구의 뒷받침 등을 벗어날 수 없다는 데서도 정부의 영향으로부터 자유로울 수 없다. 더욱이 한국과 같이 북한과 대치해 있는 상황에서는 이데올로기와 체제상의 대결로 인해 더더욱 정치에 종속되지 않을 수가 없다.

Ⅲ. 남북체육교류의 정치적 종속

남북체육교류의 '정치적 종속'이라 함은 정치경제학에서 말하는 경제적 종속이론에 근거한 것은 아니다. 도스 산토스나 요한 갈퉁의 종속이론(Dependency Theory)에 기초한 것이 아니고 단순히 체육이 정치의 지배를 받는다는 뜻임을 밝혀둔다. 산토스는 "종속상태란 경제적 후진국가가 선진국의 경제적 침탈로 인해 종속적 구조로 지배국가에 묶이게 되는 상태를 말한다"고 했다. 지배국가들은 우월한 기술과 자본을 동원하여 후진국에서 생산된 잉여가치를 빼간다는 것이다. 갈퉁은 "중심(선진)국가의 지배계층과 주변(후진)국가의 중심계층이 결탁하여 종속상태를 만든다"고 주장했다. 중심국가의 중심계층은 주변국가의 중심계층과 짜고 주변국가의 경제구조를 중심국에 종속토록 구조화시켜 경제적 이윤을 착취해 간다고 했다. 이른바 신제국주의이론이기도 하다.

그러나 이 논문에서 논의하는 남북체육교류의 종속이라 함은 남북체육교류가 양측의 정치적 이해관계와 이념 및 체제에 종속된다는 뜻을 말한다. 인간은 '정치적 동물'이라는 데서 국가간의 체육교류도 정치적 성격을 벗어날 수 없고 그런 맥락에서 남북한 두 체제간의 체육교류 또한 정치에 종속되지 않을 수 없음을 의미한다. 특히 남북한은 이념과 체제를 놓고 처참한 전쟁을 치렀고 그 후에도 오늘에 이르기까지 어느 한 쪽도 체제와 이념을 양보하지 않고 지키려 하고 있다는 데서 더욱 그렇다.

남북한은 상대편 정치·경제·사회·문화·체육 등의 모든 행위에 대해 빠짐없이 체제와 이념의 시각에서 조심스럽게 응시하지 않을 수 없도록 묶여 있다. 그렇지 않고 상대편에 대한 경계와 대비를 게을리 한다면, 그쪽에 의해 흡수통합될 수도 있다. 남북체육교류는 여느 국가간의 체육교류보다 더 정치에 종속되지 않을 수 없다. 공산주의 대 자유민주라는 이데올로기까지 겹쳐 있는 까닭이다.

이와 같은 남북체육교류의 지독한 정치적 종속은 그 동안의 체육문제를 둘러싸고 여지없이 나타났다. 체육교류에 임하는 남북한 두 정부의 자세부터가 극명하게 다르게 나타났다. 남한은 우선 체육교류의 목적을 남북간의 긴장을 완화하고 화해하며 '교류와 협력을 증대'시키는데 두고 있는데 반해, 북한은 '통일로 가기 위한 가교'로 간주한다는 차이점을 고정시키고 있다. 남한이 체육교류를 교류와 협력증대의 일환으로 생각하고 있는데 반해, 북한은 통일의 수단으로 인식하고 있다는 것이 그것이다. 그와 같은 접근과 인식의 차이는 통일접근 차이를 통해 드러나 있다.

김영식(金永植) 전 문교부장관은 1988년 남북대학생들의 스포츠교류 목적에 대해 명백히 밝혔다. 그는 스포츠교류가 "민족적 신뢰와 일체감을 회복시켜 주고 남북간에 다각적인 인적교류를 확대하는 발판"을 마련하기 위한 데 있다고 선언했다.[23] '남북간에 다각적인

51

인적교류를 확대하는 발판'으로서 남북체육교류를 추진한다는 김 장관의 말은 한국의 체육교류 기본노선을 상징적으로 반영한 대목 이다. 체육교류는 남북간의 긴장과 불신을 풀고 교류협력하기 위한 기반조성의 수단으로 요구된다는 뜻이다. 이러한 기본입장은 남한 의 통일방안에 입각한 것이기도 하다.

남한의 통일방안은 '한민족공동체 통일방안'을 통해 명시된 바와 같이 3단계로 접근한다. 첫 단계는 교류·협력 증대이고, 두 번째 단 계는 남북연합제로 가는 것이며, 세 번째는 남북한 총선거에 의한 완전통일로 이르는 과정을 거친다. 그래서 남한의 통일방안은 '연합 제' 또는 3단계 통일접근이라고도 한다.

남북체육교류 또한 3단계 통일접근에 기초한다. 작금의 남북체육 교류는 통일접근의 첫 단계로서 남북간의 불신을 풀고 교류와 협력 을 증대시키는데 이바지하자는 데 있다. 대결되어 있고 불신 속에 파묻혀 있는 현실적인 남북한관계를 토대로 한 합리적이며 현실적 인 접근임에 틀림없다. 남한의 남북체육교류 접근이 남한 통일안에 종속되어 있음을 반영한 것이기도 하다.

여기에 반해 북한은 체육교류를 남북 관계개선 첫 단계로서의 교 류와 협력 증대수단으로 삼지 않고 있다. 대뜸 통일로 들어가는 가 교 수단으로 간주하고 있다. 그와 같은 북한의 태도와 입장은 북한 측의 선언과 통일방안을 통해 드러나 있다.

김유순 전 북한 국가체육지도위원회 위원장은 1990년 9월 남북 체육장관 회담을 마친 뒤 남북체육교류에 대한 북한의 입장을 솔직 히 털어놓았다. 그는 남북체육회담은 '통일을 위한 가교로 체육관계 를 어떻게 발전시키느냐 하는 문제'를 토론하기 위한 것이었다고 밝

---

23) 鄭鎔碩, 韓民族 和合을 위한 南北體育交流의 政治的 機能, 남북체육교류 국제학술대 회 보고서(서울 : 남북체육교류 국제학술대회 조직위원회, 1992년 12월), 162쪽.

했다.24) 남북체육교류를 '통일을 위한 가교'라고 규정한 대목은 북한의 통일 기본노선을 그대로 반영한 것이다. 북한은 남북체육교류를 교류협력 증대의 발판으로 접근하는 것이 아니라 통일로 직접 들어가기 위한 가교로 삼고 있다는 것을 뜻했다.

이러한 북한의 기본태도는 북한의 고려민주연방통일안에 드러나 있다. 연방제통일안은 남한의 연합제가 전제하고 있는 교류협력과 신뢰구축단계를 생략하고 직접 연방국가로 들어간다. 두 개의 정부를 하나의 연방국가로 통합하며 심지어 남북한의 군대까지도 '민족연합군'으로 당장 통합한다고 했다. 북한의 스포츠교류도 연합제 통일 접근방식에 따른 것으로서 교류협력 및 신뢰구축 증진을 위한 단계를 뛰어넘어 통일로 직접 들어가기 위한 수단으로 간주하고 있다. 여기에 남북체육교류에 임하는 양측의 인식은 엄청난 차이를 드러내게 된다. 북한은 남북체육교류를 연방제통일 수단의 가교로 추진하고 있는데 반해, 남한은 교류협력 증대 및 신뢰구축을 위한 발판으로 여기고 있다는 차이가 그것이다.

북한이 남북체육교류를 연방제 통일과 연계시켜 끌어가고 있다는 모습은 북한측이 즐겨 쓰는 '통일' 구호에서도 드러난다. 1990년 10월 평양과 서울에서 개최된 '남북통일축구'대회 명칭이 그러한 사례들 중 하나다.

남한은 애당초 남북통일축구의 명칭으로서 1929년 시작된 경성축구팀과 평양축구팀간의 '경평(京平)축구'를 떠올렸었다. 그러나 북한은 '조선은 하나'25)라는 정책을 내세우면서 '경평축구' 대신 '통일축구'로 하자고 했다. 결국 북측 주장대로 '남북통일축구경기'로 낙착되었다. 이어 개최된 최초의 남북통일축구경기 때 북한측은 군중

24) 위의 글, 162쪽.
25) 北韓 축구팀 서울 4박 5일, 조선일보, 1990년 10월 26일.

을 동원해 '통일' 구호를 외쳐댔다.26) 서울에서 개최된 통일축구경기에서도 남한 사람들을 만날 때마다 '통일' 구호를 입버릇처럼 되뇌었다. 뿐만 아니라 같은 달 평양에서 열린 남북한 음악인들의 남북합동음악회도 북한은 '통일음악회'란 명칭을 즐겨 썼다.27) 윤이상(尹伊桑) 독일거주 음악가를 주축으로 열린 남북음악회를 굳이 통일음악회로 고집했던 것이다. 그 후 스포츠나 문화 예술 등의 합동행사는 으레 '통일'이라는 접두어가 붙어 따라다니게 되었다. 1999년 9월 평양에서 개최된 현대 농구단과 북한팀간의 경기도 '통일농구경기대회'였다.28)

북한은 2000년 남북정상회담으로 성사된 남북이산가족 교환방문에서도 '통일' 구호를 줄기차게 외쳐댔다. 북한 이산가족들은 서울에서나 평양에서나 남한 사람들만 만나면 "하루빨리 통일을 해야 한다"고 녹음기처럼 반복하곤 했다. 이런 통일 주장을 듣고 있노라면 남북한간에는 모든 대결과 불신이 사라졌고 당장 내일이라도 한 가족처럼 통일이 된 것 같은 착각에 빠지게 된다. 북한이 기대하는 반응인 것이다.

'통일'이란 말이 북한측에 의해 되풀이 역설되자 아무런 의식 없이 남한 여론에도 퍼져들어 갔다. 2000년 8월 서울에서 개최된 남북합동연주회에서 조수미씨와 북한의 리명욱씨가 이중창을 하자 남한 언론은 이것을 '통일 이중창'이라고 표제를 붙였다.29) 북한측과 만나는 남한 사람들도 덩달아 '통일'을 구호처럼 내뱉곤 했다.

북한이 남북행사에 '통일'을 의도적으로 강조하는 데는 분명히 정치적으로 노리는 바가 있다. 다음 일곱 가지로 요약될 수 있다.

---

26) 北韓 축구팀 서울 4박 5일, 조선일보, 1990년 10월 26일.
27) 평양 통일음악회 폐막, 동아일, 1990년 10월 23일.
28) 통일의 꿈 바스켓에 가득, 세계일보, 1999년 9월 29일.
29) '통일 이중창'에 뜨거운 갈채, 세계일보, 2000년 8월 22일.

첫째, 북한이 '통일'이란 구호를 확산시키는 저의는 고려연방제 통일방안 관철을 위한 분위기 조성에 있다. 북한은 하루바삐 통일을 해야 한다는 분위기를 조성함으로써 남한주민들이 교류협력 단계 없이 곧 바로 통일할 수 있다는 환상에 젖어들게 하기 위한 것이다. 연방제 통일공세이기도 하다.

물론 남한도 안석주(安碩柱) 작사, 안병원(安丙元) 작곡 '우리의 소원은 통일 꿈에도 소원은 통일…'을 노래하지 않는 것은 아니고 통일이 속히 되어야 한다고 염원하지 않는 것도 아니다. 그러나 남한에서 말하는 통일은 대부분 희망으로서 의지를 표출하는데 그친다. 첨예하게 대결된 상태서 통일은 긴 화해의 과정을 거쳐야 하기 때문이다. 북한처럼 당장 통일하자는 그런 뜻은 아니다. 순수한 통일열망의 의지 표명에 불과하고 민족적 통일의 소명을 담은 의사표출로 그친다.

하지만 북한은 정치적이다. 연방제에 의한 적화통일의 분위기 조성에 있다. 그 같은 의도는 '우리의 소원' 가사에서도 여지없이 드러나 있다. 1947년 서울대학교 음대 1년 재학 중이던 안병원씨는 부친 안석주씨로부터 가사를 받아 작곡했다. 원래 가사는 '통일'이 아니라 '독립'이었다. 안씨는 그때까지만 해도 "군정시대여서 아직 독립이 안됐기 때문에 선친께서 독립을 염원하며 글을 지으셨던 것"이라고 했다.30) 그러나 1950년 교과서에 실리면서 문교부에서 '통일'로 고쳤으면 좋겠다고 권유해 바꾸게 된 것이다.

그런데 북한은 '우리의 소원'을 노래하면서 1절밖에 없던 가사를 2, 3절로 늘려 부른다. 2절에서는 '민절주'로, 3절에서는 '자주'로 했다.31) 북한의 '통일' 구호가 연방제통일 분위기 조성을 위한 데 있다

---

30) '빨리 統一되어 흘러간 노래 됐으면', 동아일보, 1990년 12월 7일.
31) 위의 글.

는 것은 바로 '자주'라는 말을 구태여 삽입해서 부른다는 데서도 확인되었다. 연방제통일의 전제조건 중의 하나인 '자주'를 집어넣음으로써 주한미군을 철수시켜 '우리의 소원' 통일을 이루자는 연방제 적화통일 책동의 일환 그것이다.

둘째, 북한의 '통일' 구호 공세는 김일성 주석의 '남조선해방'과 6·25남침 자행을 정당화하기 위한 데 있다. 김일성과 김정일은 통일의 실현이 민족 최대의 급선무라고 강조함으로써 김일성에 의한 6·25남침을 통일지상주의에 의해 정당화시키고자 한다.

셋째, 북한의 '통일' 구호 공세는 북한주민들에게 '남조선 공산화통일' 의식을 고취하며 적화통일이 달성되어야만 북한주민들의 혁명과업도 완성된다는 사명감을 불어넣기 위한 데 있다. 통일만 되면 긴장과 괴로움 그리고 굶주림 등이 한꺼번에 해소되고 사회주의 지상낙원이 실현된다는 통일지상주의 및 허상에 사로잡히게 하기 위한 데 있다.

넷째, 북한의 '통일' 구호 공세는 남북간의 교류협력 증대를 차단하고 북한의 일인우상화 체제를 지탱하기 위한 연막장치로 이용키 위한 데 있다. 북한은 남한과의 인적교류 협력이 급격히 증폭될 때 우상화체제가 붕괴될 수 있다고 우려하고 있다. 그래서 북한은 인적교류협력 증대의 봉쇄장치로 통일우선주의를 내세우고 있다. 당장 통일만 되면 교류도 화해도 모두 한꺼번에 해결될 수 있는데 굳이 인적교류를 하기 위해 애쓸 필요가 없다는 것이다. 북한은 교류 욕구를 봉쇄해 버리는데 통일구호를 이용한다.

다섯째, 북한의 '통일' 구호 공세는 남한의 반공태세를 해체하고 용공세력을 침투시키기 위한 심리전술로 이용키 위한 데 있다. 남한주민들이 통일구호에 마취돼 통일이 곧 닥쳐올 것 같은 환상에 빠지게 된다면, 자연스럽게 대북 경계심을 허물게 된다. 남한주민들이 북한공산체제도 통일될 한 민족이라는 감상적 인식 속에 매몰될 때 북한에 대한 경각심은 녹아내리지 않을 수 없다는 데서 그렇다. 북한은 6·25기습남침 전 남한을 상대로 남북한 국회를 당장 통합하자는 등 통일구호를 내세워 남한주민들을 통일환상에 빠지게 하여 대북 경계태세를 허문 뒤 기습남침을 진행했던 것을 상기할 필요가 있다.

여섯째, 북한의 '통일' 구호 공세는 남한주민들로 하여금 김정일 일인우상화체제의 잔혹성과 비인간성 및 인권문제 등을 거론하지 못하도록 틀어막고 경제지원 분위기를 조성하려는 데 있다. 남한주민들은 통일을 하기 위해서는 북한정권과 대결하지 말고 화해해야 하며, 그렇게 하기 위해서는 북한당국이 가장 아파하는 북한권력의 잔혹성과 인권문제 등을 꺼내지 말라는 분위기 조성에 있다. 동시에 북한은 통일구호를 외침으로써 남한주민들로 하여금 북한도 통일해서 같이 살아야 할 동족인데 지금부터 서둘러 경제적으로 지원해 줘야 한다는 민족합일체 분위기를 만드는데 이용하고 있는 것이다.

일곱째, 북한의 '통일' 구호 공세는 남한주민들로 하여금 자유민주와 시장경제체제의 우월감을 잊어버리게 하고 통일지상주의에 빠지도록 유도하기 위한 데 있다. 남한주민들이 통일우선주의에 맹목적으로 함몰되도록 함으로써 자유민주체제가 소멸돼도 통일만 되면 된다는 통일지상주의 의식을 불어넣기 위한 데 있다.

자유민주체제가 소멸되어도 통일만 되면 좋다는 통일지상주의는 남한체제에 대한 중대한 위협이 아닐 수 없다. 차라리 자유민주체제가 소멸되는 통일은 하지 아니함만 못하기 때문이다. 통일은 반드시 자유민주와 시장경제체제가 보장되어야 하고 그렇지 않을 경우 분단상태로 머물며 그러한 분위기가 조성되어 갈 때까지 노력하며 기다리는 편이 낫다.

    20세기 독일 진보주의 지성 중의 하나인 위트겐 하버마스는 통일에선 자유가 전제되어야 한다고 역설했다. 그는 "통일을 위해 모든 것을 희생할 수 있다는 태도는 위험하다"고 경고했다. 그는 "통일이란 언제나 시민의 자유실현이라는 이상과 결합되어야 한다"면서 "민주가 민족보다 우선"해야 한다고 강조했다.32)

    실상 김대중 대통령도 평양을 다녀와서 몇 차례에 걸쳐 통일은 20~30년 뒤에나 가능하다고 털어놓았다. 그는 2000년 7월 "통일은 서로가 더 안심할 때까지 20~30년 정도 기다려도 된다"고 밝혔고 한 달 후 다시 그 같은 견해를 되풀이했다.33) 남북한간 대결과 불신의 현실을 감안할 때 통일은 당장 실현될 수 없음을 토로한 것이다. 그런데도 북한이 '통일, 통일'을 외쳐댄다는 것은 분명히 노리는 바가 있고 그것은 앞서 분석한 일곱 가지를 겨냥한 것으로 보아도 무방하다.

    이처럼 남북체육교류는 정치에 종속되어 있음이 분명해졌다. 북한은 통일지상주의를 내세워 체육교류도 북한연방제 적화기반 조성의 일환으로 삼고 있다. 남한은 체육교류를 남북교류협력의 매개로 활용하고자 한다. 남한의 교류협력 확대 뒤에는 단순한 교류 증대 외에도 얻고자 하는 대목이 깔려있다. 교류협력 증대를 통해 북한체제를 민주화·개방화시켜 남한과의 평화공존구조로 할 수 있다는 기대감이 그것이다. 궁극적으로는 자유민주와 시장경제원리에 바탕한 통일을 평화적으로 선택할 수 있는 체제와 분위기 조성에 있다.

    여기에 남북한간의 체육교류는 다른 어느 분야보다도 가장 정치성이나 사회성이 적은 것인데도 정치적 속성에서 가장 자유로울 수

---

32) 민족보다 민주가 통일기준 돼야, 조선일보, 1996년 5월 1일.
33) 北, 개방해야 자립, 통일 20~30년 뒤에, 조선일보, 2000년 7월 11일, 南北통일 20~30년 걸릴 것, 조선일보, 2000년 8월 19일.

없는 연유가 내재한다. 체육교류도 정치에 종속하지 않을 수 없다는 결론이다.

IV. 정치적 종속 극복논리

위와 같은 체육교류의 정치적 종속상태를 감안할 때, 그에 대한 대응방안을 찾아내기란 여간 어려운 일이 아니다. 이미 지적했던 대로 인간이란 원래 '정치적 동물'인데다 남북한의 경우 이념과 체제로 대결되어 있으며 전쟁까지 겪었다는 데서 더욱 그렇다. 다음 다섯 가지로 극복논리를 모색해 보고자 한다.

첫째, 남북체육교류의 정치적 종속성 극복논리로서는 남북한 정부가 체육교류만은 탈정치화 하겠다는 의지를 먼저 보여야 한다는 점이다. 체육교류의 정치적 종속은 정치권력에 의해 조작되는 것이기 때문에 정부가 앞장서서 정치배제 자세로 나서지 않는 한 결코 개선될 수 없다.

1999년 8월의 남북 '노동자축구' 평양대회를 예로 들 수 있다. 북한은 남한의 전국민주노동조합연맹(민노총)과 북측의 직업총동맹(직총)축구단의 친선경기를 제안했고 남한정부의 호응으로 '남북노동자축구대회'가 평양의 양각도경기장에서 열렸다. 평양방송은 남북노동자축구대회를 북한의 연방제통일을 주장하는 범민족대회 축하행사의 일환으로 열린다고 발표했다.34)

이 같은 북한의 선전은 노동자축구대회가 북한에 의해 정치적으로 이용되었음을 상징적으로 표출하기에 족했다. 뿐만 아니라 북한

---

34) 남북한 '노동자축구' 시각差, 문화일보, 1999년 8월 13일.

은 남북축구대회를 개최하면서 의도적으로 남쪽의 노동자조직을, 그것도 가장 진보적 색채를 띤 민노총을 선택했다. '만국의 노동자여, 단결하라!'는 공산주의혁명전술의 실천적 기회로 삼기 위한 정치적 선택이었다고 하지 않을 수 없다.

정부가 저와 같이 남북체육교류를 정치적으로 이용하려는 의도를 버리지 않는 한, 두 체제간의 체육교류는 정치적 종속에서 벗어날 수 없다. 북한당국이나 남한당국이나 체육교류만큼은 이념과 체제를 초월하여 순수 스포츠로 임한다는 자세가 선행되어야만 한다.

둘째, 남북체육교류의 정치적 종속성 극복논리로서는 참가자들의 굳건한 탈정치화 자세를 들지 않을 수 없다. 스포츠교류에 참가하는 행위자들이 이념과 체제를 떠나 스포츠에만 전념해야 한다는 것을 뜻한다.

평양 '노동자축구대회' 참가자들의 남북체육교류 정치 종속화가 그 같은 탈정치화의 긴요성을 부각시켜 주었다. 민노총 축구단 대표는 개회사를 통해 "우리는 단순히 공을 차기 위해 온 것이 아니라, 통일의 사자로 왔다"면서 "외세의 전쟁위협이 노골화되고 있는 상황에서 노동자들이 앞장서 자주평화통일을 앞당기자"고 주장했다.[35] 그밖에도 민노총 선수단은 평양 만수대의 김일성 동상을 찾아가 헌화하기도 했다.[36]

'단순히 공을 차기 위해 온 것이 아니라 통일의 사자로 왔다'는 말은 노동자축구대회가 단순히 스포츠 행사가 아니라 통일의 사자로서 정치적 임무를 띠고 왔음을 스스로 내뱉은 것이다. 뿐만 아니라 공을 차러간 사람들이 김일성 동상에 헌화하고 "외세의 전쟁위협이 노골화되고 있는 상황에서 노동자들이 앞장서 자주평화통일을 앞당

---

35) 北, 南北노동자축구 생중계, 조선일보, 1999년 8월 13일.
36) 訪北 民勞總 대표 金日成 동상 헌화, 조선일보, 1999년 8월 12일.

기자"고 선언했다는 것도 정치적 행위였음이 분명하다. 마치 평양 방송이 주한미군의 북침 위협을 날조하며 미군철수와 자주평화통일을 주장하는 대목을 연상케 하기에 족한 내용이었다.

남북체육교류가 정치에 종속되지 않고 스포츠 고유의 정신으로 봉사하기 위해서는 남북한 두 정권의 탈정치화 못지않게 스포츠 행사 참가자들의 탈정치 자세 또한 요구된다고 하지 않을 수 없다. 스포츠교류 참가자들의 탈정치화는 북한뿐 아니라 남한에도 똑같이 요구된다. 스포츠교류에 참가한 남한 사람들이 "남한은 잘 산다" "북한은 왜 이렇게 가난한가" 등의 사소한 발언조차도 자제되지 않으면 안 될 탈정치화 요건이다.

셋째, 남북체육교류의 정치적 종속성 극복논리로서는 탈정치화의 제도화에서 찾을 수 있다. 남북한체육단체간에 가칭 '남북체육교류의 규칙에 관한 의정서' 같은 것을 체결하는 것이다. 1974년 5월 동서독체육회간에 비준된 '스포츠 관계의 규칙에 대한 의정서'를 참고로 할 수 있다.[37]

동서독이 스포츠의정서를 비준할 수 있었던 것은 이미 양독이 72년 기본합의서에 서명할 수 있었고 오래 전부터 사회·문화·경제교류 등을 활발히 하고 있었던데 기인했다. 하지만 남북한은 남북정상회담 이후에도 북한의 불투명한 자세와 일인우상화체제로 쉽지 않으리라고 본다. 그러면서도 남북한은 IOC에 가입되어 있고 서로는 NOC를 가지고 있다는데서 두 체육회를 통한 남북체육교류 의정서 체결은 가능할 수 있다. '남북체육교류의 규칙에 관한 의정서'가 체결될 수 있다면, 거기에 스포츠의 탈정치화 조항을 삽입시킴으로써 스포츠교류의 정치적 종속을 제도적으로 예방하는데 어느 정도 기

---

37) Herbert M. Fischen, 東西獨 體育交流가 獨逸 統一에 미친 影響, 남북체육교류 국제 학술대회조직위원회, 남북체육교류 국제학술대회 보고서, 184~185쪽.

여할 수 있다.

이렇게 남북한의 체육회간에 체육교류 의정서가 체결된다면, 체육교류 주체는 정부에서 민간차원으로 이전되는 셈이라는 데서 정치적 종속성을 보다 더 쉽게 벗어날 수 있다. 물론 북한의 경우 체육조직체 자체가 북한 권력에 철저히 예속되어 있고 남한의 체육조직체 또한 정부의 영향력에서 완전 자유롭다고 할 수 없지만, 제도적 측면에서는 한 걸음 탈정치화로 가는 과정이 될 수 있다.

넷째, 남북체육교류의 정치적 종속성 극복논리로는 스포츠경기개최의 중립지대화를 통한 정치예속화의 최소화를 상정할 수 있다. 남북스포츠경기를 휴전선의 비무장지대(DMZ) 내에서 개최함으로써 김일성동상에 대한 헌화나 북한이 "너무 가난하다"는 말 같은 정치적 언행을 근원적으로 차단하는 것이다.

물론 DMZ에 체육시설을 건설한다는 것은 여간 복잡한 게 아니다. DMZ의 자연환경 보존, 정전협정에 따른 주한유엔군사령부의 관할권, 남북한간의 재원조달방식, 역사적 유물 보존 등의 문제가 따른다.38) 이러한 문제점들이 극복되어 DMZ에 남북체육공원 같은 것이 조성된다면, 중립지대를 통한 남북스포츠교류는 정치적 종속화를 줄이는데 크게 도움이 되리라고 간주된다.

다섯째, 남북체육교류의 정치적 종속성 극복논리로서는 민간체육교류의 활성화를 빼놓을 수 없다. 스포츠도 정치적 종속성을 벗어날 수는 없다고 했지만, 그래도 다른 어떤 분야보다도 가장 정치성이 적은 것이다. 젊음을 발산하며 몸으로 부딪히는 스포츠게임은 민족적 동질성과 형제애를 가장 체질로 느낄 수 있는 계기를 준다. 그런

---

38) 이학래, 남북체육교류의 추진과제와 실천방안, 11쪽, 김상겸, DMZ 스포츠공원 설치·이용에 따른 법적 대응, 민족통일체육 기반조성의 과제와 전망 주제하의 대토론회 토론자료집(서울 : 민족통일체육연구원·한국스포츠법학회 공동주최, 2001년 3월 29일), 28~31쪽 등 참조

맥락에서 남북체육교류는 적극 활성화되어야 한다. 문제는 돈인데 정부는 관련 예산을 국고 또는 국민체육진흥공단 예산 등을 활용해야 한다.

되풀이하거니와 남북한 스포츠교류는 인간이 '정치적 동물'인데다가 이념과 체제도 대결되어 있다는데서 정치적 종속성을 더 한층 벗어나기 어렵게 되어 있다고 했다. 그러면서도 정치적 종속을 최소화하기 위한 노력은 요구된다. 스포츠교류가 잘못될 경우 남북간의 대결과 갈등을 더욱 심화시킬 수 있는 까닭이다. 중남미에서는 축구 경기가 국가간의 전쟁으로까지 비화된 바 있다는데서 그렇다. 반대로 미국과 중국간의 평퐁경기가 양국의 화해 물꼬를 트는데 기여했음을 상기할 때 스포츠교류는 절실해 진다.

남북체육교류가 정치적 예속에서 벗어나기 위해서는 앞서 지적한 대로 정부 차원의 탈정치화, 스포츠 참가자들의 탈정치화, 탈정치화의 제도화, 스포츠 게임 개최지의 중립지대화, 민간체육교류 활성화 등을 검토해 보았다. 이 다섯 가지 요건들 중에서도 정부의 의지가 무엇보다 더 중요함을 끝으로 덧붙여 두고자 한다

민족통일체육의 과제와 스포츠산업

김 종[*]

Ⅰ. 서론

2000년 6월 15일 남북한 정상간의 역사적인 남북공동선언 이후 남북한의 관계는 급격한 변화를 나타내어 왔다. 당국자간의 대화 중단과 북미간의 관계악화 등 정치적으로 어려운 상황 속에서도 민간 주도의 교류는 꾸준히 이어졌다.

이는 스포츠분야도 예외는 아니다. 그 동안의 남북스포츠교류는 1990년 10월 평양과 서울에서 남북통일축구대회가 개최로 처음 시작된 이후 1991년 3월 세계탁구선수권대회와 같은 해 6월 세계청소년축구선수권대회에 단일팀으로 출전했으나 이후 침체기를 맞이했다. 하지만 거의 10년 만인 1999년 8월 민주노총의 남북노동자축구대회 참가와 1999년 9월과 12월 평양과 서울에서 현대농구단과의 친선경기로 다시 활기를 띠기 시작했다. 더욱이 6·15남북정상회담 이후 남북간의 스포츠교류는 급류를 타면서 급기야 2000년 9월 시

* 수원대 교수

드니올림픽 남북 동시입장을 하기도 했다.

6·15 공동선언이후 북한은 스포츠산업분야에서도 조금씩 개방의 물꼬를 트고 있다. 아직은 매우 초보적인 수준이지만 북한은 각종 스포츠경기에 외국 스포츠업체들의 스폰서를 요청하여 대회 운영에 필요한 재정지원을 받기도 하고, 선수들이 직접 외국업체의 유니폼을 입고 경기에 나서기도 했다. 또한 평양에서 열리는 국제경기에는 자본주의의 상징인 상품광고판도 등장하는 등 스포츠 비즈니스에 서서히 눈을 뜨고 있다.

북한의 엘리트스포츠는 구 소련이나 중국, 동구권국가들 못지않게 정치적 목적으로 육성되어 온 것으로 평가되고 있다. 하지만 최근 들어 스포츠의 생산적이고 경제적인 측면이 강조되고 있다. 특히, 스포츠이벤트, 스포츠시설, 선수 등을 상품화하는 스포츠산업적 가치가 부각되고 있으며 특히 2008년 북경올림픽이 중국에서 개최됨으로써 북한의 스포츠 상업화가 가속화 될 것으로 예상되고 있다.

북한은 향후 스포츠의 대외교류 활성화와 함께 스포츠산업을 위해 국가적으로 많은 투자를 할 계획인 것으로 나타났다.[1]

특히, 스포츠의 국제화와 세계국가들과의 친선관계를 강화하기 위해 스포츠교류의 중요성이 더욱 강조되고 있다. 특히, 스포츠산업의 자원인 선수들의 해외진출을 적극 권장하고 있으며 해외의 스포츠산업 발전모델에 대한 연구와 투자에 대해 많은 관심을 갖고 있다.[2] 따라서 남북한간의 스포츠산업 협력 및 교류에 긍정적인 영향을 미칠 것으로 예상된다.

남북한간의 스포츠산업 협력과 교류는 스포츠경기를 위한 선수나 이벤트뿐만 아니라 경제적 협력과 교류가 함께 이루어지는 것이

---

1) 천리마, 21세기 체육은 어떻게 발전할 것인가, 2001년 2월호.
2) 천리마, 위의 글.

다. 그 동안 정치환경에 의해 좌지우지되고 정부차원에서 이루어진 단순 스포츠교류에서 벗어나 민간차원의 경제적 교류로 발전될 수 있다. 민간 스포츠산업 교류는 기존의 정부차원의 교류보다 효과적이며 남북한 경제에 일정부분 긍정적인 영향을 미칠 수 있기 때문에 새로운 경협의 도구로 활용할 수 있다. 이와 더불어 스포츠산업의 발전을 통하여 외국자본과 투자를 적극 유치할 수 있어 북한의 개방정책에도 큰 역할을 수행할 것이다.

따라서 본고는 북한의 스포츠산업 역량을 가늠하는 스포츠정책, 시설, 용품, 서비스 등 스포츠산업분야의 인적, 물적 인프라 현황을 파악하고 그 동안 이루어져왔던 남북한 스포츠산업 협력과 교류의 현황과 의의를 살펴보고자 한다. 또한 향후 남북한 스포츠산업 협력과 교류를 통한 남북한 스포츠교류의 활성화 방안을 제시하는데 그 목적이 있다.

Ⅱ. 북한의 스포츠산업 현황

1. 북한 스포츠산업의 행정 및 자원

스포츠산업(Sport Industry)은 스포츠 및 그와 관련된 재화나 서비스를 생산, 유통시켜 부가가치를 창출하는 산업이다.[3] 위의 정의에 의해 스포츠산업은 다음과 같이 세분화될 수 있다. 첫째, 스포츠시설의 설치·운영하는 스포츠시설업, 둘째 스포츠용품의 제조·판매에 관한 스포츠용품업, 셋째 스포츠경기, 스포츠정보, 스포츠마케팅대

---

3) 김종, 박영옥, 정희윤, 박진경, 김현석, 스포츠산업 육성기본계획, 한국체육학회, 2000년.

행 등 스포츠를 상품화하는 스포츠서비스업이다.

1) 체육정책 및 스포츠산업 교류기관

북한에서 체육에 관한 모든 정책은 내각에 소속되어 있는 국가체육지도위원회가 지도 및 통제 관장하고 있다. 국가체육지도위원회는 우리 나라 정부 부처의 하나였던 체육부와 성격이 비슷한 국가조직이지만, 우리 나라의 대한체육회, 국민체육진흥공단, 국민생활체육협의회의 기능까지 모두 포함된 거대한 기구라고 볼 수 있다. 여기서는 노동당의 지침에 따라 체육정책의 수립과 집행은 물론, 국내외 경기대회 개최 등 체육관련 조직 및 각종 체육행사를 조정, 통제하고 중앙에서 실시하는 각종 체육관련 업무를 총괄한다.

특히 북한 내에서 개최되는 각종 전국단위의 체육행사나 국제경기대회, 우수선수의 발굴 및 육성, 국가대표선수의 관리, 인민체력검정 등에 관한 제반 기획관리와 운영, 체육기구공장을 운영해 각종경기용품의 생산 공급을 담당하기도 한다. 또한 각종 체육행사에 필요한 예산책정과 산하단체의 예산을 편성하고 집행에 대한 감독을한다.4)

이와 함께 남북한의 스포츠교류 및 스포츠산업 협력에 큰 역할을하고 있는 기관은 '범태(범태평양 조선민족경제개발촉진협회)'를 들 수 있다. 범태는 친북성향의 중국조선족 기업인들이 중심이 되어 결성한단체로서, 주로 중국 베이징(北京)에서 서방기업과 남측기업의 대북투자 및 진출 상담활동을 벌이고 있다.5) 또한 범태는 체육교류 및스포츠산업협력에 있어서 국가체육지도위원회의 지도와 감독을 받고 있다.

---

4) 정동길, 북한체육 스포츠 영웅, 다인미디어, 2001년.
5) 연합뉴스, 평양국제전시회 5월초 개최, 연합뉴스, 2001년 3월 4일자.

범태의 주요 사업으로 북한의 홈페이지인 조선인포뱅크(www.dpr
korea.com)의 운영사업을 주관하며 전 세계의 조선민족동포들에게
조선과의 협력 및 교역관련 안내를 위한 인터넷 창구를 마련 운영
한나. 이밖에도 범태는 국제회의 조직사업, 무역·투자관련 협력사업,
북한의 대외출판물 발행관련 협력사업과 회지(태평양) 발행도 함께
하고 있다.

한편, 스포츠산업 관련 대북투자의 유치를 위해 문화·예술·체육·
관광관련 협력사업을 추진하고 있는데, 이는 조선의 문화·예술·체육
단체의 해외공연 및 해외경기활동을 관할하고 있으며, 해외문화·예
술·체육단체의 조선방문단 조직, 조선민족의 유구한 문화유적의 보
존관리와 관련한 협력 및 문화·예술·관광·체육관련 자문 서비스 등
의 활동을 펼치고 있다.6)

2) 스포츠선수 및 지도자 양성

스포츠산업제품의 핵심 생산요소는 선수, 시설, 용품, 스포츠경영
기법으로 구분할 수 있다.7) 따라서 북한의 스포츠선수 및 지도자
양성과정을 파악하는 것은 필수적이다.

현재 평양체육대학이 체육지도자 육성의 중심기관으로 지정되어
있으며 평양체육대학에서 만든 교육프로그램에 따라 중앙체육간부
양성소, 사범대학 체육학부, 교원대학 체육학과에서 체육지도자의
양성과 현직 지도자들에 대한 재교육이 실시된다. 전문적인 체육인
양성기관으로는 8년제의 중앙체육학원과 평양체육대학, 각 도의 체
육전문학교, 그리고 사범대학 및 교육대학 등이 있다.8)

---

6) http://www.dprkorea.com.
7) 김종, 박영옥, 정희윤, 박진경, 김현석, 위의 논문, 한국체육학회, 2000년.
8) 이학래, 김동선, 북한체육자료집, 사람과 사람, 1995년.

한편, 북한의 선수는 조기발굴을 통한 집중교육과 각종 경기에서 두각을 나타낸 선수들을 발굴하는 두 가지 방법을 병행하고 있다. 유망주의 조기발굴은 선수선발 전문코치가 자질이 있는 어린 선수들을 대상으로 실시하는 적성검사를 통해 이루어지며, 이들은 인민학교 때부터 기능보다는 기본기 중심의 훈련을 받는다. 이에 따라 연초부터 종목별 전문코치(지도원)들을 각지에 파견해 인민학교 체육소조반 등에서 체육유망주를 발굴한다.[9]

또한 공식적인 신인 발굴 행사로는 종목별 공화국선수권대회와 매년 8월 전국체육구락부 소속원을 대상으로 벌어지는 전국체육구락부체육경기대회, 체육단 및 선수단의 리그전 등이 대표적이다. 체육유망주 발굴 작업은 국가체육지도위원회 산하 각 경기연맹이 주관하고 있으며, 특히 축구·농구 등 구기종목에서 유망주들을 집중 발굴한다.[10]

2. 북한의 스포츠산업 관련 법규 및 인프라

1) 북한의 스포츠산업 관련 법규

북한은 그 동안 외국인 투자 유치를 위해 헌법상 외국인 투자 장려규정을 두는 한편, 외국인 투자기업들이 보다 다양한 형태로 북한 내에 투자할 수 있도록 외국인투자법, 외국인기업법, 외국투자기업 및 외국인세금법, 합영법, 합작법, 나진-선봉경제무역지대법, 세관법, 자유경제무역지대법, 토지임대법, 외화관리법, 대외민사관계법 등 17개의 외국인투자관련 법률을 제정한 바 있다.[11] 이러한 개방

---

9) 이학래, 김동선, 위의 책, 1995년.
10) 정동길, 앞의 책, 2001년.
11) http://www.dpr korea.com.

법률들은 남한 또는 해외스포츠산업 관련 업체들의 북한 진출에 적용되는 법률로써 일반기업체의 대북한 투자와 큰 차이가 없다. 그러나 북한의 스포츠산업 인프라 미비와 시장이 협소하여 국내외 투자가의 커다란 관심을 끌지 못하고 있는 실정이다.

이와 함께 대부분의 개방관련 법률들은 사회주의 법률의 특성으로 지적되고 있는 법 개념의 미분화, 법령의 구체성 결여 등으로 북한측의 자의적인 해석의 여지가 많이 남아 있다. 뿐만 아니라 절차규정의 미비, 실효성 보장의 불투명 등으로 외국인 투자에 대한 법적 안정성을 보장하지 못하고 있으며, 남한 투자기업의 북한 내 자율적인 경영활동을 보장하기에는 미흡한 것으로 평가된다. 특히 북한지역에 대한 최대의 투자가로서 등장할 수 있는 남한측 투자가들에 대해서도 개방관련 법률이 적용될 수 있는지에 대해서는 법문상의 표현이 애매하여 논란의 여지가 남아 있다.[12]

따라서 북한이 경제개방을 진정한 국가경제력 회복의 전기로 활용하기 위해서는 외국투자가의 신뢰를 얻을 수 있도록 개방관련 법률을 재정비하고 그 개방의 폭을 점차 확대해 나가야 할 것이다.

이를 위해 무엇보다도 이제까지 모호하게 사용되어 왔던 기본적인 법개념을 정립하고 구체성이 결여되거나 상호 충돌되는 법규범을 정비하는 등 외국인 투자의 법적 안정성을 보장하는 노력이 선행되어야 할 것이다. 이와 함께 그 동안 외국인 투자가들의 투자의욕을 저해하는 요인이 되었던 각종 국가이기적(國家利己的) 규정을 점차적으로 폐지하고 외국인 투자기업의 경영활동에 대한 규제를 최소화하는 방향으로 개방관련 법률이 개정되어야 할 것이다.[13]

---

12) 이장희, 6·15남북공동선언과 통일지향적 법제 정비방향, 아시아사회과학연구원, 2001년.
13) 이장희, 위의 논문, 2001년.

2) 북한의 스포츠시설

북한은 과거 볼링, 골프, 수상스키 등을 자본주의적이고 퇴폐적인 스포츠라고 규정하고 비난했었다. 그러나 80년대 후반에 들어서면서 외국인 관광객을 끌어들이기 위한 조치로 레저스포츠산업에 관심을 갖기 시작했다.

이에 따라 북한은 1980년대 후반과 1990년대 들어서면서 골프장, 볼링장, 종합레저스포츠타운을 건설하는 등 스포츠시설업을 추진했으며 대부분은 재일조총련의 투자에 의해서 이루어졌다. 94년 2월에는 평양시 문수동에 볼링장을 개관했다. 40레인을 갖춘 이 볼링장(평양보링관)은 조총련동포의 자금지원으로 건설되었으며, 주로 고위층과 북송동포자녀 밑 외국인들이 이용되고 있는 것으로 알려지고 있다. 95년 2월 개관 1주년에 즈음해 제1차 볼링경기대회가 열렸으며 아마추어 동호인대회도 종종 열리는 것으로 전해진다.[14]

또한, 북한은 1988년 재일 조총련과의 합작으로 남포골프장을 개장했다. 18홀 규모의 남포골프장은 평양골프합영회사에 의해 운영되며 1회 사용요금은 회원이 3천 엔, 비회원이 1만 엔이다. 이밖에도 1990년 8월 평양 시내에 실내골프연습장을 설치하였다.[15]

한편 종합레저스포츠타운인 낙원관은 볼링장, 실내외 풀장, 수상스키장, 전자오락실 및 각종 문화·체육·오락시설이 들어있는 북한 내에서 가장 큰 종합레저스포츠 시설로서 1994년 40개의 레인과 5백 석의 좌석을 가진 볼링장이 개장되는 등 다양한 스포츠 오락시설들이 설치되어 운영되고 있다.[16]

---

14) http://www.unikorea.net.
15) http://www.unikorea.net.
16) http://www.unikorea.net.

3) 북한의 스포츠경기

스포츠경기는 스포츠산업을 육성하고 다양한 스포츠마케팅 기법을 활용하여 수익을 창출할 수 있는 가장 유용한 제품이 될 수 있다. 현재 북한에서 열리고 있는 스포츠대회는 연간 약 30여 개에 달하고 있으며 국내대회로써 일반체육대회와 학생체육대회 그리고 국제대회로 크게 세 가지로 구분할 수 있다.

일반체육대회는 주로 평양을 비롯한 각 시, 도의 대표급 선수들이 참가하는 체육행사로서 참가범위는 각 시·도 및 중앙체육선수단과 각 공장, 기업소 선수단, 각 지역 체육선수단 등이며 최근에는 재일 조총련 선수단까지 출전시키고 있다. 주요 일반체육대회의 종류로는 만경대상체육경기대회, 백두산상체육경기대회, 보천보해불상체육대회, 공화국창건기념체육경기대회, 종목별공화국선수권대회 등이 있다.[17)

한편, 학생체육대회는 인민학교에서부터 고등중학교, 고등체육전문학교, 대학교에 이르기까지 학생들의 교육성과를 측정하고 학교 간 또는 각 지역의 체육구락부간의 경쟁심을 유도함으로써 체육기량을 향상시키며 우수한 체육특기자를 조기에 발굴하여 유망 선수를 양성시키기 위하여 매년 개최하고 있다. 주요 학생체육대회로는 4·18우승컵체육경기대회, 9·5상체육경기대회, 전국체육구락부생체육경기대회 등이 있다.[18)

최근 북한은 사회주의국가뿐만 아니라 중립국 또는 서방국가들의 선수를 초청하여 국제경기를 개최하고 있다. 특히 북한은 1980년대에 들어와 예술체조(리듬체조), 마라톤, 여자배구, 탁구, 권투, 유도, 사격, 레슬링 등 종목에 대해 국제초청경기대회를 창설하여 연

---

17) 이학래, 김동선, 북한의 체육, 사람과 사람, 1995년.
18) 이학래, 김동선, 위의 책, 1995년.

례적으로 개최하고 있다. 주요 국제경기대회로는 국제친선예술체조경기대회, 만경대상국제마라톤대회, 평양국제초청탁구경기대회, 평양국제권투대회, 평양컵국제축구대회가 있다.[19]

4) 북한의 인기 스포츠

북한에서 가장 인기가 있는 스포츠는 축구와 탁구이고, 다음으로 배구, 농구 등이다. 일반종목으로는 복싱과 마라톤이 인기가 높다. 축구의 경우, 북한의 성인팀은 4·25체육선수단, 평양시체육선수단, 압록강체육선수단 등 1백30여 팀이 있으며 이들은 1~3급으로 나뉘어져 연간 40게임 정도를 소화한다. 2월에 열리는 기술혁신대회를 시즌 오픈대회로 유럽식의 연중 풀리그전으로 운영되는데, 현재 1급은 압록강체육선수단, 평양시체육선수단, 기관차체육선수단, 도대표팀 및 김일성종합대학체육선수단 등 15개 팀이며, 2급은 40개 팀, 3급은 80개 팀이다.

이들은 각 급별 리그전을 벌이는데, 기술혁신대회만이 토너먼트로 진행되고 4월부터는 페넌트 레이스로 패권을 가리는 선수권대회가 시작되며 이와 병행하여 만경대상경기대회가 벌어진다. 연중 풀리그는 매년 11월에 종료되는데, 우승팀에게는 축구협회장컵이 수여되며 태국에서 열리는 킹스컵대회에 출전권이 주어진다. 이 밖에 여자축구팀도 평양에만 6개 팀이 있으며 북한 내 12개 팀이 있다.[20]

배구는 북한이 정책종목으로 채택하여 집중 육성하고 있는 종목의 하나이다. 현재 각 도·시·군에는 배구구락부가 90여 개소가 있으며 일반팀도 평양시체육선수단을 비롯하여 26개에 달한다. 이들 팀은 지역별로 A조(12개 팀), B조(14개 팀)로 구성, 매년 2월과 4, 6,

---

19) 이학래, 김동선, 위의 책, 1995년.
20) http://www.unikorea.net.

10월에 대회를 갖고 챔피언을 가린다.[21)

권투는 국방체육에서도 강조하는 종목으로 전투훈련에서도 많이 하여 일반인들에게 친숙한 편이다. 중등부와 일반부로 나뉘어 권투 선수를 양성하고 있는데, 대학생이 주축인 일반부는 15개 정도의 구락부가 있고, 한 구락부당 20~30명 정도의 선수가 있다. 국가대표 선발전은 따로 없으며 1년에 3~4회 정도의 공식 전국대회의 우승자와 준우승자 중에서 권투협회가 자의적으로 선발한다.[22)

3. 북한의 스포츠서비스업

스포츠서비스업은 스포츠경기업, 스포츠마케팅업, 스포츠정보업으로 구분될 수 있다.[23) 북한의 스포츠서비스업은 프로스포츠경기를 유치하여 이윤을 추구하는 스포츠경기업과 스포츠마케팅대행이나 스폰서십을 통한 수입을 극대화하는 스포츠마케팅업의 시작단계에 있다.

지난해 북한은 북한올림픽위원회(NOC)의 마케팅 대행사인 ISL 홍콩사무소를 통해 한국에 진출해 있는 다국적 스포츠용품업체들의 스폰서를 요청했고, 8월 휠라코리아와 계약을 맺었다. 휠라코리아는 첫 사업으로 지난해 시드니올림픽에 출전하는 북한의 10개 종목 대표선수와 코치, 임원 등 54명에게 의류와 신발, 가방 등 용품 일체를 지원, 북한 선수들은 휠라 마크가 선명하게 찍힌 옷을 입고 경기를 하고 시상대에 올랐다.[24)

또 지난 2월 17일 조선중앙TV는 오후 8시 정규 뉴스시간에 평양

---

21) http://www.unikorea.net.
22) http://www.unikorea.net.
23) 김종, 박영옥, 정희윤, 박진경, 김현석, 위의 논문, 한국체육학회, 2000년.
24) 김호섭, 스포츠는 개방 첨병. 한국일보, 2001년 3월 5일자.

.빙상관에서 열린 백두산상국제피겨축전 폐막 소식을 보도하면서 체육관 벽면에 붙어 있는 다국적 스포츠용품업체 휠라(FILA)의 상표도 함께 방영하기도 했다. 북한은 휠라가 2000년 시드니올림픽에서 북한 팀을 공식 후원해 준 것에 대한 답례 형식으로 지난해 말 평양에서 열린 세계탁구대회에 이어 이번 빙상경기에서 실내체육관에 자본주의 상징인 상품광고판(보드)을 부착할 수 있게 했다.[25]

　이렇듯 지금 북한은 개방의 물결이 조금씩 일어나고 있다. 북한은 현재 평양 실내체육관에 국제적 스포츠용품회사인 필라의 광고판이 붙어 있는가 하면, 북한 탁구의 간판스타 김성희 선수도 중국프로팀 입단을 타진 중인 것으로 알려졌다. 자본주의 스포츠의 꽃인 프로의 개념이 북한에도 선보이기 시작한 것이다.[26] 이와 더불어 북한은 국내기업이 스폰서하며 북경에서 거행되는 4개국 국제축구대회에 참가하기도 했다.

　북한에서는 아직은 극히 제한적이고 일부 종목에 국한된 현상이지만 스포츠의 프로화는 엄연한 사실이고 또 그 범위도 조금씩 확대하고 있다. 북한에서 체육은 기본적으로 '노동과 국방에 기여'라는 목표에 지향점을 두고 있으며, 이러한 경향은 변함없이 지속되고 있다. 그럼에도 불구하고 스포츠에서 프로화가 모색되고 있는 것은 폐쇄체제의 이미지를 불식하고, 외화 획득의 유효한 수단이 된다는 판단 때문이다.

　북한 스포츠에서 가장 먼저 프로화된 것은 권투이다. 1987년부터 프로화를 검토한 후 92년 7월에는 프로권투협회를 정식 발족시키고, 이듬해 4월에는 평양에서 처음으로 93공화국프로권투대회를 개최했다. 이 대회에서는 피켓을 든 라운드 걸이 등장했는데 비키니나

25) 김호섭, 위의 글, 한국일보 2001년 3월 5일자.
26) 최원기, 북한스포츠 돈 못 받아도 프로. 중앙일보, 2001년 2월 26일자.

미니스커트가 아닌 한복 차림이어서 이채를 띠었다. 권투에 앞서 축구에 프로화의 개념이 일부 도입된 바 있는데 지난 90년 창설된 평양컵국제대회에 상금을 채택한 것이다. 대회 우승상금은 2만 달러, 2, 3위팀 상금은 각각 1만 달러와 5천 달러였다.[27]

한국에서 프로농구가 새롭게 출범한 것과 때맞춰 북한에서도 농구 열풍이 불었다. 그에 따라 '태풍' '돌풍'이라는 이름의 남녀 프로농구팀이 정식 발족했다. 이어 97년에는 신인들로만 구성된 '번개' '대동강'이라는 여자농구팀을 결성, 러시아, 중국, 유고 등의 팀을 초청해 친선경기를 갖기도 했다. 또 99년 9월과 12월에는 평양과 서울에서 현대농구단과 친선경기를 갖기도 했다.[28]

III. 남북한 스포츠산업 교류 및 협력

1. 금강산 랠리 및 모터사이클 투어링

지난 7월 31일 금강산에서 제2회 통일염원 금강산 랠리(6·15자동차질주경기대회)가 장전항, 고성군 순학리, 해금강 일대의 북측구간레이스(경기구간 63km)를 끝으로 5일간의 열전을 마쳤다.[29] 이번 대회는 작년에 이어 남쪽 주최측인 '우인방 커뮤니케이션'은 대회 개최 비용으로 북측의 사업 파트너인 '조선아시아태평양평화위원회'와 '민족화해협의회'측에 현금 50만 달러와 중형 승용차 4대, 랠리용 경주차 2대, 타이어 3천 본 등 현물 50만 달러를 사업대가로 지불했다.

---

27) http://www.unikorea.net.
28) http://www.unikorea.net.
29) 이준택, 금강산랠리 폭우속 북녘 질주 63km, 한국일보, 2001년 7월 31일자.

이와 더불어 금호타이어도 작년 4천3백80여 개(약 40만 달러 상당)에 이어 북한에 승용차 및 화물차용 타이어 3천3백여 개(약 30만 달러 상당)를 무상지원했다.30) 금강산 코스는 관광도로를 벗어난 순학리, 봉화리 등 비포장 도로 50킬로미터로 국내의 19개 팀 72명의 선수를 비롯하여 진행요원, 기자 등 2백14명과 경기차량, 진행차량 등 46대의 차량이 참가했다.31)

금강산 자동차랠리는 내년 서울-평양-베이징을 잇는 3회 대회가 개최되며 2003년부터는 서울-평양-베이징-모스크바-파리를 연결하는 유라시아대회로 확대될 예정이다.32) 나아가서는 WRC(세계랠리참피언쉽) 유치 추진과 남북을 육로로 연결하는 코스 개발 추진, 세계적으로 유명한 파리-다카르 랠리처럼 빅 이벤트로 발전시켜 남북한 합동의 대형스포츠 이벤트로 발전시키는데 그 목표를 두고 있다.33) 이와 더불어 금강산랠리 주최자인 '우인방 커뮤니케이션'과 북한 '조선아시아태평양평화위원회'는 내년부터 북한 출신의 첫 자동차경주 드라이버를 남측에서 훈련시킨 후 출전시키기로 잠정 합의했다. 모터스포츠가 상대적으로 발전한 남한측의 기술과 자본으로 북한 내에서 상징적인 선수를 육성한다는 계획으로 이상적인 협력관계이다. 남측은 우선 재능 있는 젊은 층 2~3명을 선발, 호주 등 제3국에서 교육을 진행하는 방안을 마련했다. 물론 북한 드라이버가 탄생한다 해도 전문적인 직업 레이서로 활동하기는 무리이며 내년에 열리는 제3회 6·15랠리나 '서울-평양-베이징 랠리' 등 추진

---

30) 전병득, 통일염원 금강산 자동차경주대회 승인, 매일경제, 2001년 7월 25일자, 김용준, 금호타이어, 북한에 타이어 3,300여 개 무상지원, 한국경제, 2001년 7월 25일자.

31) 이준택, 앞의 글, 한국일보, 2001년 7월 31일자.

32) 김용준, 금호타이어, 북한에 타이어 3,300여 개 무상지원, 한국경제, 2001년 7월 25일자.

33) http://www.jrsports.co.kr/rall01.htm.

중인 남북합작 모터스포츠사업에 상징적인 존재로 참여하게 될 전망이다.[34] 금강산 랠리와 더불어 지난 8월 국제금강산 모터사이클 투어링이 개최됐었다. 이번 대회는 한국관광공사와 문화관광부가 후원하고 세계모터사이클연맹(FIM)의 지원을 받아 금강산을 무대로 열리는 첫 번째 국제스포츠이벤트이며 3백50여 명의 국내외 라이더와 2백50여 대의 모터바이크가 참가했다. 이번 행사는 총연장 8백 킬로미터로 서울-원주-제천-태백-강릉-속초의 남한 구간을 이동한 후 선박을 이용해 북한 고성항으로 이동, 온정리, 만물상 등 금강산 주변 지역의 73킬로미터를 바이크를 타고 달리며 세계평화와 남북통일을 기원하는 순수 스포츠이벤트이다.[35]

금강산 랠리는 21세기 새 천년에 세계 유일의 분단국인 한반도에서 통일이라는 화두로 첫 대회를 작년에 시작했다. 올해로 두 번째인 이 경기는 세계의 이슈화로 시작된 통일염원 금강산 자동차질주경기대회를 통해 세계인의 이목을 집중시키며 관광객 유치로 부대산업의 수익창출 모델의 하나로 시험대로 올라있다.

위의 두 스포츠이벤트는 남북한 자동차관련 산업개발·성장을 통해 남북 스포츠산업 활성화를 유도하는 대규모 스포츠이벤트로써 스포츠경기를 통해 세계적인 관심 유발을 촉진하고 한국의 통일의지를 표명하는 매우 중요한 의미가 있다.[36]

2. 북한 프로선수의 남한 스포츠산업 진출

북한의 대표선수들은 전원이 북한에서 생활하는 선수들 가운데

---

34) 김재호, 북한 첫 카레이스 내년 탄생, 스포츠 투데이, 2001년 6월 3일자.
35) 신동헌, 바이크 타고 북한 간다, 스포츠 투데이, 2001년 6월 7일자, 금강산 투어링 최종선 부회장 인터뷰, 스포츠 투데이, 2001년 8월 16일자.
36) http://www.jrsports.co.kr/rall01.htm.

선발할 것이라는 일반적인 인식과는 달리 최근에는 재일 조총련계 선수도 선발하고 있다. 1998년 방콕아시안게임에 파견된 3백14명의 북한은 선수단 가운데 18명의 재일조총련 소속의 선수와 임원들이 포함되어 있었다. 구체적으로 북한선수단의 조총련계 출신으로는 선수 9명, 임원 8명, 심판원 1명으로 골프, 레슬링, 육상, 역도 등 4개 종목에 출전했으나 메달을 획득하는 데는 실패했다. 그러나 북한은 향후 국제무대에서 좋은 성적을 올리기 위해 제일동포 선수를 북한대표 선수로 적극 활용할 계획인 것으로 나타났다.[37]

방콕아시안게임에 출전한 축구 선수 가운데 량규사, 김종달, 신재남, 정명수 선수 등 4명의 재일조총련 소속 선수들이 포함되었다. 이들 중 북한 대표팀의 스트라이커로 활약한 량규사는 국내 프로무대에서 뛰기 위해 2001년 3월 28일 한국 땅을 밟았다. 재일동포 조총련계 4세인 량규사는 국내 프로무대에 진출한 첫 북한국적 선수가 됐다. 울산현대구단에 입단한 량규사는 계약금 7천5백만 원에 연봉 3천6백만 원이며 10경기 이상 출장 땐 2천5백만 원을 추가로 받는 조건으로 계약했다.[38]

이외에도 북한국적 최초의 프로복싱 WBC슈퍼플라이급 세계챔피언인 홍창수가 있다. 2000년 8월 오사카에서 열린 복싱세계타이틀 매치에서 조인주를 꺾고 세계챔피언에 오르자 북한은 그에게 '인민체육인' 칭호와 국기훈장 제1급을 수여했다. 그리고 그해 5월 20일에는 서울에서 사상 최초로 열린 세계타이틀 매치에서 첫 대결과 마찬가지로 홍창수가 조인주를 5회 KO로 이겼으며 '한반도기' 와 '우리의 소원은 통일'로 국기와 국가 연주를 대신했다.[39]

---

37) 정동길, 앞의 책, 2001년.
38) 주성원, 北축구대표 선수 재일교포 4세 양규사 현대 입단 위해 내한, 동아일보, 2001년 3월 28일자.
39) 연합뉴스, 조인 주, 타이틀 탈환 실패(종합). 연합뉴스 2001년 5월 20일자.

그 동안 우리는 스포츠 교류에 있어서 남북단일팀과 남북친선경기만을 생각해왔다. 그러나 북한출신 프로선수들의 남한에서의 활약으로 앞으로 남북스포츠교류에 새로운 장이 열렸으며, 이는 남북통일을 위한 스포츠교류의 발전 방향을 제시해주는 계기가 되었다.

우리는 이러한 계기를 바탕으로 앞으로 더 많은 북한의 우수한 선수를 활용한다면 남북스포츠의 발전과 교류의 활성화는 물론 프로구단의 용병 수입으로 인한 외화를 줄이는 방안이 될 것이며 새로운 볼거리를 남한 스포츠팬들에게 제공함으로서 남한 프로스포츠의 활성화에도 적지 않은 영향을 미칠 것이다. 이밖에도 남북한 동질성회복과 남북통일을 위한 새로운 발판이 될 수 있을 것이다.

3. 스포츠시설의 남북한 공동건설

정부는 99년 9월 20일 (주)현대아산의 평양종합체육관 건설과 남북농구경기 교류를 남북교류협력법에 의한 협력사업을 승인했다. 총 5천7백50만 달러가 들어가는 평양실내체육관 건설을 위해 현대는 북측이 골재와 노동력을, 남측이 설계, 시공기술, 주자재 등을 부담하기로 북한 조선아세아·태평양평화위원회와 합의했다.[40]

2001년 하반기에 완공될 예정인 평양종합체육관은 연건평 8천8백63평으로 1만 2천3백35석 규모의 종합체육관이다. 이 체육관 건설비용으로 남측이 3천4백20만 달러, 북측이 2천3백30만 달러를 각각 투입하게 된다.[41] 또한 현대는 금강산 관광선 취항지인 장전항 부두 인근에 요트장, 골프장을 포함한 종합 스포츠 위락단지 개발계획을 추진 중이다.[42]

---

40) 한겨레신문, 현대 평양체육관건설 협력사업 승인, 1999년 9월 20일자.
41) 한겨레, 위의 기사, 1999년 9월 20일자.

남북한이 공동으로 북한에 스포츠경기장을 짓는 것은 이번이 처음이며, 민간차원에서 이루어졌다는 것에 새로운 전기를 마련한 것이다. 경기장 건설로 인해 어떤 효과를 거둘지는 미지수지만 이는 단순한 스포츠교류나 경협 차원을 넘어 스포츠시설에 대한 협력사업으로써 남북한 화해는 물론 향후 스포츠산업을 통한 상호 협력 및 교류의 새로운 전기가 될 것이다.

또한 금강산 지역 내 종합스포츠단지를 건설하는 것은 그 동안 보는 관광의 금강산관광이 스포츠시설을 이용하는 체험 또는 참여 스포츠관광으로 전환되는 매우 중요한 의미가 있다. 이와 더불어 스포츠관광을 통해 국내외 관광객을 적극 유치할 수 있으며 남북한 합작의 스포츠서비스업을 추진하는 것으로 향후 남북스포츠산업의 상호 협력의 시금석이 될 것이다.

이러한 스포츠산업 분야의 민간협력사업은 남북스포츠산업의 활성화를 유도할 수 있으며 북한의 스포츠시설을 남북한 선수들이 함께 훈련하는 훈련장소로 이용할 수도 있다. 훈련이 없는 기간에는 국제대회 등을 남북한이 함께 유치하여 산업협력을 강화할 수 있다. 이밖에도 스포츠시설의 공동건설은 단순히 일회성 교류가 아니라 장기적으로 스포츠산업 노하우의 전수와 함께 상호 경기력 향상과 스포츠발전을 위한 연구활동을 함께 할 수 있는 인프라의 구축인 것이다.

4. 북한 스포츠마케팅 대행사

스포츠산업교류의 하나로 남한의 ㈜스포츠제로원닷컴과 북한의

---

42) 한국경제, 2000년.

범태간의 계약이 성사되었다. 국내 스포츠마케팅업체로는 처음으로 채결된 이번 계약은 북한의 조선체육지도위원회, 남한의 통일부, 국정원 등이 공식 승인한 남북교류협력사업이다.

계약의 주요 내용은 북한의 스포츠 컨텐츠(뉴스, 사진, 동영상, 데이터베이스 등)의 독점사용권 및 재판매권리이며, 연간 5만 달러를 지불하고 재판매 금액을 50퍼센트씩 배분한다는 것이다. 또 인터넷, 신문, 방송, 모바일 등을 통해 북한의 스포츠컨텐츠를 전달하며, 북한 조선중앙방송의 스포츠뉴스를 연합뉴스, AP통신 등 국내외 통신사, 언론사에 공급할 수 있게 된다.

스포츠마케팅분야는 북한 국가대표선수단(축구, 농구, 배구, 마라톤, 빙상 등)의 유니폼 스폰서십 판매를 대행하며 평양 5·1경기장 등 북한 주요 경기장의 A-보드광고 영업권을 위임받아 국내외 기업에게 판매하는 것으로 되어 있다.

스포츠용품분야는 축구공, 농구공 등의 생산시설이 미비한 북한에 국내외기업과의 합작회사를 통해 북한 내에 스포츠용품 생산단지 건설에 대한 투자유치 대행을 하는 것으로 되어 있다.

본 계약은 국내스포츠마케팅 전문중소기업이 북한의 스포츠마케팅 분야를 개발하는 새로운 틈새시장으로 발전시켰다는데 큰 의의가 있다. 그 동안 현대 등 대기업 중심의 남북스포츠산업 협력 및 교류가 시설 중심으로 이루어졌다. 그러나 향후 남북한의 스포츠산업의 공동발전을 위해서는 스포츠마케팅, 스포츠스폰서십과 같은 스포츠서비스업의 상호 협력이 요구된다.

본 계약에 의하면, 스포츠산업의 발전을 위해 북한은 매우 전향적인 자세로 임하고 있는 것을 알 수 있다. 따라서 향후 스포츠마케팅 전문업체들은 스포츠서비스업분야의 협력과 교류를 활성화시켜야 될 것이다. 특히 경평축구대회, 남북종단마라톤, 남북단일팀 응원대행 등 다양한 스포츠이벤트사업이 창출될 수 있도록 하여야 한다.

Ⅳ. 남북한 스포츠산업의 과제와 전망

1. 중국 스포츠산업을 통한 북한 스포츠산업 발전 전망

현재 북한의 스포츠산업의 미래에 대한 예측은 매우 불확실하다. 그러나 향후 북한스포츠산업은 중국의 시스템을 표방할 가능성이 매우 높다. 이는 정치, 경제, 사회, 문화, 스포츠 등 모든 분야에 있어서 중국의 성공모델을 참고하는 성향이 매우 강하기 때문이다.

중국은 2008년 올림픽을 개최하게 됨으로써 스포츠 전반에 걸쳐 막대한 투자가 이루어지며 중국의 스포츠산업 또한 급속한 발전을 하고 있다. 이는 스포츠서비스업의 핵심인 프로스포츠의 출현으로 급성장하게 되었다. 프로스포츠는 스포츠의 저변 확대에 큰 역할을 했으며 이와 더불어 스포츠 전문지의 출현과 스포츠중계방송의 증대, 스포츠관련 대중매체의 증가 등 매스미디어의 발달이 스포츠산업 발전의 촉매적인 역할을 했다.43)

중국의 스포츠산업은 영화산업이나 다른 오락산업에 비해 경제 수익이 훨씬 더 좋은 것으로 알려져 있다. 중국의 스포츠시장은 아직 완성단계가 아니기 때문에 외부의 지원이 필요하지만 중국국가계획위원회 산업경제연구소의 통계에 따르면, 최근 연속 20개월 동안 물가의 마이너스성장 속에서도 스포츠 소비만은 거꾸로 상승세를 타고 있어 놀랄만한 시장잠재력을 보여주고 있다. 또한 중국스포

---

43) 이영일, 중국스포츠산업의 현황과 전망, 한국스포츠산업경영학회지8(3) 29~39면.

츠산업은 스포츠광고, 스포츠정보, 스포츠시장관리, 스포츠경영 등을 새로운 개척영역으로 시장성이 무한하다. 스포츠산업의 범위도 매우 광범하여 스포츠와 관련된 제1, 제2, 제3차산업이 모두 그 속에 내포되어 있다.44)

이러한 중국의 스포츠산업은 지리적 여건상 가까우며 비슷한 문화를 가진 북한의 스포츠산업에 큰 영향을 미칠 것이다. 2001년 8월에는 삼성이 후원하고 중국에서 벌어진 '2001삼성배국제축구대회'에 북한이 출전해 우승을 차지했다.

이렇듯 북한의 개방 물결이 중국에서부터 시작되고 있다고 예상할 수 있다. 앞으로는 북한이 국제무대에 참가가 늘어날 것으로 예상되며, 북한의 프로스포츠 또한 크게 활성화될 것으로 보인다. 따라서 스포츠산업을 통한 교류의 활성화가 요구되며 북한의 스포츠산업의 세부 분야의 현황을 파악하고 스포츠산업을 통한 남북체육교류의 활성화와 함께 경제적인 부가가치를 남북이 공동으로 창출하는 좋은 계기가 될 것이다.

2. 2010동계올림픽의 남북 공동개최와 남북한 스포츠산업

최근 들어 국제스포츠대회의 규모가 커짐에 따라 단일국가의 대회 개최에 어려운 점이 많아지고 있다. 또 대회 유치를 위한 과도한 국가간의 경쟁으로 유치 희망국 사이의 관계가 악화되기도 한다. 따라서 대규모 국제스포츠대회를 공동으로 개최하는 사례가 늘고 있다. 특히 2002월드컵축구대회가 성공적으로 치뤄짐으로써 한국과 일본 두 나라의 우호증진과 상호 이해라는 측면에서뿐만 아니라, 아

---

44) 광주일보, 1999년 10월 4일자. 오늘의 중국·체육산업 '시장잠재력' 바탕 호황.

시아 전체의 새로운 도약을 위한 발판이라는 측면에서도 중요성을 확인했다.45) 2002월드컵축구대회 한일공동개최가 갖는 의의 못지 않게 2010년 동계올림픽의 남북공동개최는 인류의 화합과 평화라는 이상을 지닌 올림픽의 상징성을 더욱 선명하게 부각시킬 수 있을 것이다.46)

특히 동계올림픽 공동개최에 따른 경제적 이익과 파급되는 효과는 매우 클 것으로 예상된다. 우선 대내외 이미지가 재고됨으로써 유발되는 수출증대 효과나 관광진흥 효과가 클 것이다. 대회 개최에 직접적으로 필요한 시설, 즉 경기장과 숙박시설을 건설하기 위한 투자와 경기장 주변의 기반시설, 즉 사회간접시설의 확충으로 지역 내 생산과 부가가치가 증대되고 고용이 창출될 것이다. 그리고 투자로 인한 효과 이외에 경기관람객을 비롯한 수많은 국내외 관광객의 유치로 직접 지역 내 소비활동을 촉진하여 지역경제 활성화에 큰 영향을 미칠 것이다.47)

현재 동계올림픽이 강원도에 유치된다고 가정하고 이에 다른 파급효과를 조사한 자료에 의하면 생산유발효과 2조 9천8백62억 원, 부가가치 유발효과 1조 3천9백30억 원, 고용유발효과 4조 3천7백95억 원의 경제파급효과가 있다고 보고하고 있다.48)

이와 더불어 고부가가치를 창출하는 스포츠마케팅산업을 활성화하는 기회를 제공할 것이다. 스포츠 마케팅은 동계올림픽대회의 수익사업과 직결될 뿐만 아니라 동계스포츠산업화의 길을 열어줄 것

45) 노기성, 2002한·일 월드컵축구대회의 국가발전적 의의와 경제적 파급효과, 2002년 월드컵축구대회 성공적 개최를 위한 세미나 발표문, 1998년.
46) 이학래, 2010동계올림픽 유치와 성공적 개최를 위한 전략, 한국체육학회, 2001년.
47) 김동선, 2010동계올림픽 남북한 공동개최를 위한 전략탐색, 2010동계올림픽 유치와 성공적 개최를 위한 전략, 한국체육학회.
48) 강원도, 2010동계올림픽 유치계획, 2001년.

이다. 강원도에 의하면 동계올림픽 개최로 인한 수입을 9천2백억 원으로 예상하고 있으며[49] 남북공동개최 시에는 1조 2천억 원 이상의 수입을 창출할 것으로 예상된다.

이밖에도 동계올림픽의 남북공동개최에 따른 스포츠시설물을 동계스포츠 관광자원으로 활용한 스포츠산업으로 발전시킬 수 있다. 즉, 동계올림픽경기장을 하나의 관광코스로 개발하여 사계절 이용 가능한 관광코스로 조성하는 것이다. 특히 지형상 청정하고 수려한 자연경관이 시설물 주위를 둘러싸고 있으므로 추가적인 환경파괴가 없이도 관광자원으로 환원하는 것이 가능하다.[50]

또한 2010동계올림픽의 유치와 개최는 올림픽 취지 이외에 국제화시대에 한반도의 이미지 제고, 진정한 선진국으로의 도약과 남북 스포츠산업의 활성화 등의 수많은 대내외적 이익이 창출될 것이다. 나아가서는 통일한국의 초석이 될 수 있을 것이다.

3. 남북한 스포츠산업 협력을 통한 스포츠교류 활성화

역사적으로 보더라도 스포츠교류협력은 종래 관계가 소원했던 국가나 당사자들이 서로 이해하고 관계를 증진시키는 데 큰 몫을 해왔다. 냉전시대의 양 진영의 극한대치로 대내적으로는 접촉과 교류가 불가능했던 시대상황 속에서도 다른 어느 분야보다도 먼저 남과 북이 접촉할 수 있는 계기를 마련해 주었다.

스포츠를 통한 교류협력은 양측의 문화적 이질감과 상호 적대감을 불식시키는 역할을 한다는 데서 그 중요성을 알 수 있다. 정치적 교류와는 달리 비교적 용이성을 확보하고 있으며 경제협력이나 금

---

49) 강원도, 2010동계올림픽 유치계획, 2001년.
50) 이학래, 앞의 논문, 2001년.

강산관광사업과 같이 물적 교류나 일방적 교류의 한계를 뛰어넘어 교류와 접촉이 양측 모두에게 이루어지는 쌍방향의 인적교류로서 일단 성사만 되면 남북주민들에게 자연스럽게 다가갈 그 영향력과 파장이 크다는 데서 의미가 있는 일이다.

우리는 남북스포츠교류라 하면 먼저 단일팀만을 생각한다. 이와 같은 고정관념은 버려야 할 것이다. 다른 나라를 이용한, 즉 가까운 일본이나 중국을 이용한 간접적 산업교류가 필요한 때이다. 그 예로, 북한국적의 조총련계 소속 선수들의 국내 스포츠산업 내에서의 활용이다. 또한 국내 프로선수들의 조총련계 학생들에 대한 교육을 통한 남북분단의 벽을 넘을 수 있을 것이다. 또한 북한이 필요로 하는 재정적 지원을 활용하여 금강산 자동차랠리와 모터사이클 투어링 등과 같은 민간교류 스포츠협력사업도 지속적으로 발굴하여 성사시킬 필요가 있다.

남북한 스포츠교류의 활성화를 위하여 스포츠산업의 발달 역시 중요하다. 이를 위해서는 남북 스포츠산업의 공동연구가 필요하다. 더 나아가서는 동북아스포츠산업포럼 등 스포츠산업의 발전을 위한 공동연구의 기틀을 마련해야 할 것이다.

또한 남북한의 스포츠산업 발전에 대한 종합적인 전략개발과 정책 실현이 필요하다. 이를 위하여 남북스포츠산업공동체 구상과 연계하여 남북협의체를 구성하여 중장기적인 차원에서 스포츠산업의 협력을 체계적으로 추진해 나가는 것이 무엇보다 필요하다. 협력은 정부 주도나 정치적 이용보다는 민간인의 자율성을 보장하는 것이 정치적 효과도 높을 것이다.

스포츠 분야의 인적교류는 1989년 6월 이후 2000년 5월말까지 62 건이 성사되어 5백23명이며 스포츠산업관련 교류도 포함되어 있다.[51] 스포츠교류 또한 중장기적인 안목으로 지속적으로 추진되어

야 이질화 극복의 효과를 기대할 수 있고 사업의 공공성과 비영리
성을 감안하여 재정적인 지원을 통해 교류협력을 활성화시켜야 한
다. 현재 진행 중인 금강산관광사업과 앞으로 조성될 개성산업공단
및 관광단지 조성사업과 연계하여 스포츠산업의 협력, 스포츠학술
및 스포츠교류 등 다양한 스포츠교류와 협력분야를 개발하고 확대
해야 한다.

V. 결 론

이렇듯 우리는 다양한 형태의 스포츠산업협력을 통해 민족의 동
질성 회복과 상호불신을 해소하는데 그 가능성을 확인시켜 주고 있
다. 지금까지의 남북간 스포츠교류는 정치·경제교류 등에 국한되어
이루어져 남북관계에 따라 그 영향을 받아왔다. 그러나 최근에는 지
속적인 대북 포용정책의 추진과 금강산관광사업 및 랠리 등 남북
스포츠산업 협력의 활성화로 인하여 남북간 스포츠협력의 발전 가
능성은 그 어느 때보다도 크다.

남북간의 스포츠산업 협력을 장기적인 차원에서 실효성을 거두
기 위해서는 스포츠산업 현황과 스포츠마케팅 기법, 스포츠용품 개
발기술 등의 스포츠산업 정보교류를 추진해야 한다. 스포츠산업 정
보교류는 남북간의 상호 이질성을 최소화할 수 있으며 이는 프로스
포츠에 관련한 경기장 시설, 운영, 마케팅 등 관람스포츠분야를 비
롯하여 공공체육시설의 운영과 생활체육의 활성화 등 참여스포츠분
야에도 포괄적으로 이뤄져야 통일 후 스포츠산업 전반에 있어서 남

---

51) 최의철, 신현기, 남북한 통일정책과 교류협력, 백산자료원, 2001년.

북간 상호보완이 이루어질 수 있다.

또한 민족 고유의 민속놀이, 친선경기 등의 교환기회를 가짐으로써 전통문화 계승과 민족의 동질성 회복과 우리들의 독특한 스포츠 제품으로 개발하여 산업화를 위한 자원으로 활용할 수 있다. 스포츠 산업분야의 상호 협력을 통하여 무형적인 이익은 물론 남북 상호간 스포츠비즈니스를 통한 수익 창출을 이룰 수 있다. 특히 선진 스포츠마케팅기법이나 스폰서십 기법을 제공하여 북한 스포츠산업을 육성시키는 초석이 될 수 있다.

통일기반 조성과 한민족체육학술교류의 기본방향

변 진 홍*

I. 민족통일체육과 통일기반 조성

서울에서 개최된 2002월드컵 축구경기는 21세기를 맞이한 한반도에 새로운 신화를 탄생시켰다. 붉은 악마로 변신한 응원단은 연령과 계층, 남녀노소의 구분 없이 한 마음을 모아 온 겨레의 혼을 흔들어 일깨었다. 이런 엄청난 에너지의 분출 현상은 응원에 참여한 사람들이나 이를 지켜보는 사람 모두에게 충격이기도 했다. '붉은 악마'라는 명칭을 애칭으로 받아들일 수 있었던 여유, 그리고 "Be the Reds!"라는 구호조차 서슴지 않고 가슴에 품을 수 있었던 새롭고 신선한 인식이 어떻게 가능한 것이었는지, 이 모든 것이 아직도 신비스럽게 느껴질 수밖에 없다. 많은 사람들은 붉은 악마의 포효를 통해 우리 사회에 여전히 냉전의 잔재로 남아있는 'red complex'마저 극복된 것이 아니겠는가 라는 기대를 나타내기도 했다.

---

* 민족통일체육연구원 원장

그러나 분단이란 정치·군사적 현실구조가 엄연히 존재하는 상황에서 한때의 감성적 폭풍이 한순간에 이 모든 것을 해체하고 날려 버릴 수 있을 것이라고 믿는 사람은 없다.

실제로 이런 우리 사회의 모습은 부산 아시안게임을 앞에 놓고 벌어진 인공기 게양 여부를 둘러싼 논란과정에서 곧바로 입증되었다. 그럼에도 불구하고 이런 사회현상의 표출은 분명 민족적 화해의 새 역사를 열어 가는 제반 에너지의 결집을 보여준 것이란 점을 부인할 수는 없을 것이다.

지난 9월 7일 12년 만에 서울 상암동 월드컵 축구경기장에서 열린 남북통일축구 개막식에서 북측 리광근 단장은 "공 하나로 더 큰 하나를 만들자" "하나의 공을 가지고 하나된 민족의 모습을 보여주자"고 거침없이 외쳐 갈채를 받았다. 이처럼 체육경기는 이념과 체제의 벽을 넘어 남과 북이 한 마음 한 뜻으로 민족공동체의 한 구성원임을 실감할 수 있게 만드는 지름길임이 분명하다. 몸과 몸이 부딪히고 살과 살이 맞닿게 하는 체육경기는 뛰는 선수들이나 이를 바라보는 관중 모두를 육체적·정신적 스킨십(skinship)의 세계로 인도할 수 있기 때문이다.

민족통일체육이란 바로 이처럼 민족분단의 엄중한 상황을 전제하면서도 그 속에서 체육의 순수하고 고유한 기능을 구현하여 민족공동체 형성으로 이끌고 궁극적으로 한반도 평화통일의 기반을 조성하는 것을 그 주된 내용으로 삼고 있다. 즉, 민족통일체육은 통일민족사회 형성의 토양을 이루는 민족사회 구성원의 체력 향상, 스포츠를 통한 건전한 사회적 성격의 육성, 통일민족사회를 향한 민족공동체적 복지개념 형성의 다양화 등을 통해 남과 북이 통일의 미래를 함께 열어 가는 민족사회 통합력의 주요한 구성요소로서 통일문화 형성과정의 핵심을 이룬다.[1]

Ⅱ. 남북체육교류와 체육학술교류

체육학술교류는 현상적으로 남북체육교류에 관한 학술적 연구 성과를 나누는데서 출발하지만, 그 바탕을 이루는 남북한 사회체제 내의 체육정책, 체육활동, 체육교육, 체육시설, 스포츠산업 등에 관한 기초적 연구를 근간으로 삼게 된다. 지금까지 남과 북은 엘리트 체육을 중심으로 몇몇 종목의 경기를 교류하거나 국제경기에 함께 참가하는 단일팀 구성 등 한정된 범위 내에서 교류를 가져 왔다. 또한 이런 교류를 가능하게 한 것도 체육계 자체의 의지와 능력에 따른 것이라기보다는 남북한당국의 정치적 계산과 필요를 반영한 것에 불과했다. 때문에 남북체육회담과 체육교류는 체육계나 체육학계의 현실적 요구를 담는 것과는 거리가 있었다.

이런 결과는 그 동안의 남북관계가 당국간 교류를 중심으로 이루어졌기 때문에 불가피한 것이었다고 볼 수 있다. 따라서 남북체육교류 내지 체육학술교류가 본래의 취지에 맞게 이루어지기 위해서는 남북관계의 폭이 확대되어 당국간 교류에 못지않게 민간교류가 이루어질 수 있어야 한다.

민간교류는 당국간 교류와 달리 정책적 차원을 뛰어 넘어 해당 분야의 당사자들이 실질적인 만남을 갖게 하고, 그 만남을 통해 내용적인 교류협력의 기회를 모색할 수 있게 한다는 점에서 중요한 의미를 갖는다. 그러나 분단구조 내에서 민간교류가 가능해지기까지는 상당한 시간이 요구된다. 정치·군사적으로 첨예하게 대치하고 있는 상황에서 민간교류를 허용하는 것은 분단체제 관리에 있어 상당한 부담을 가져오기 때문이다. 이런 의미에서 볼 때 분단구조 하

---

1) 이학래, 민족통일체육 기반조성의 과제와 전망, 남북통일체육의 법적과제, 민족통일체육연구원, 2001년 13쪽.

에서 민간교류가 가능한 정도에 이르게 된다는 것은 양 체제가 적어도 평화공존을 제도화하고자 한다거나 이를 가능하게 할 만큼 상당히 변화하고 있음을 의미한다.

III. 6·15남북공동선언과 민간교류

남북관계를 놓고 볼 때 6·15남북공동선언 이전까지는 민간교류라는 말 자체가 거론되지 못했고 아예 금기시 되었었다고 해도 과언이 아니다. 특히 남한사회는 북한의 통일전선전술을 경계하여 북이 우리 국민들에게 직접적인 영향을 미치게 되는 것을 가장 우려했었기 때문이다. 이로 인해 2000년 새 세기에 들어서면서 분단 55년 만에 남북정상회담이 이루어지고 6·15공동선언이 천명되었지만 남쪽 국민들이 북의 주민들을 자유롭게 접촉할 수 있는 여건은 여전히 충족되지 못했다.

다만 1992년에 발효된 남북기본합의서 이행을 위해 만들어졌던 '남북교류협력에 관한 법률'(1990년 8월 1일)이 제정되고 이에 관한 시행령이 마련되어 비로소 북한주민 접촉과 남북한 왕래, 그리고 남북협력사업의 시행이 가능하게 된 것이다. 남북교류협력법은 제3조에서 "남한과 북한과의 왕래·교역·협력사업 및 통신역무의 제공 등 남북교류와 협력을 목적으로 하는 행위에 관하여는 정당하다고 인정되는 범위 안에서 다른 법률에 우선하여 이 법을 적용한다"고 명시하여 기존의 국가보안법과의 관계를 설정, 일정한 범위 안에서 남북간 교류협력이 가능하도록 길을 열었다.

그러나 이미 체육학계에서 지적하고 있듯이 남북교류협력법은 그 준용 규정이 지나치게 많고 광범위하다. 즉, 준용 대상이 되는 행위의 유형이 추상적이고 법률의 범위가 너무 넓어서 명확성을 기할 수 없다. 따라서 법 적용에 있어서 많은 문제점을 발생시키고[2] 있음이 사실이다. 특히 이 법은 하위법령에 대한 위임이 너무 포괄적이고, 이를 집행하는 행정부의 업무집행에 있어 재량범위를 넓게 부여했기 때문에 일면 탄력적일 수도 있으나, 다른 한편으로는 정치적 상황변화에 따라 탄력성을 잃고 유명무실해질 수도 있는 위험성을 내포하고 있다. 또한 이 법은 그 적용대상의 다양성에 비추어 볼 때 상대적으로 이를 규정하는 법조문이 너무 적고, 반면에 그 내용은 너무나 추상적이고 일괄적이어서 어쩔 수 없이 행정편의주의로 흐를 수밖에 없는 현실적 한계를 보여주고 있다.

특히 이 법의 적용에 따른 북한주민 접촉 및 북한 방문 숫자가 1997년을 고비로 폭발적인 증가세를 보이고 있는 것은 김대중 정부 출범에 따른 햇볕정책 추진으로 인해 행정적 지원이 활발해진 결과임을 알 수 있게 한다. 즉, 연도별 방북 인원의 변화추이를 보면 1996년까지 5백 명 이하에 머물던 숫자가 1997년에는 1천 명을 넘어섰고, 1998년에는 3천 명, 1999년에는 5천 명, 2000년에는 7천 명, 2001년에는 8천 명을 넘어섰으며, 연도별 주민접촉 성사 숫자도 1997년까지 1천 명 수준에 머물던 것이 1998년 이후 2천 명을 넘어서는 전반적 규모의 확대 경향을 뚜렷이 보여주고 있는 것이다.

IV. 남북민간교류와 체육학술교류

위에서 언급한 법률적·정치적 상황에 따라 남북관계의 변화가 굴

---

2) 연기영, 남북스포츠교류의 법정책적 과제, 위의 책, 53쪽.

곡을 나타내고 있는 가운데 2001년 6월 15일 금강산에서 '6·15남북 공동선언 기념 민족통일대토론회'에서 분단 이후 최초의 남북공동 행사가 민간교류의 차원에서 개최된 것은 획기적인 사건이다.

이 남북공동행사는 남쪽에서 민간통일운동의 구심체로 자임하면 서 무려 1백71개의 정당·사회단체를 포괄하여 1998년 9월에 결성 된 '민족화해협력범국민협의회'와 이와는 별도로 50개의 진보적인 성향 통일운동단체들로 구성된 '6·15남북공동선언 실현과 한반도 평화를 위한 통일연대', 그리고 개신교, 불교, 원불교, 유교, 천도교, 천주교, 한국민족종교협의회 등 7개 종단으로 구성된 '화해와 평화 를 향한 온겨레손잡기운동본부' 등 3대 민간기구들이 연합하여 구 성한 '남북공동행사추진본부'에 의해 성사되었다.

북측도 남쪽에서 민화협을 결성하자 이에 대응하는 차원에서 곧 바로 민족화해협의회를 출범시켰고, 남측의 민족공동행사 추진본부 가 결성되자 북측은 민화협을 주축으로 준비위원회를 구성하여 실 무접촉을 진행했다. 이후 금강산에서 개최된 6·15민족통일대토론회 에는 남과 북에서 각계각층을 대표하여 남측 대표단 4백30명, 북측 대표단 2백20명 등 6백50여 명이 어울려 부문별 접촉을 가졌고, 8· 15평양민족통일대축전에는 3백40명에 달하는 남측 대표단이 직항 로로 평양을 방문하기에 이른다. 2001년 여름을 뜨겁게 달구었던 8 ·15평양민족통일대축전은 조국통일 3대헌장 기념탑 행사장 문제로 격론을 유발시키고, 이른바 '돌출행동'으로 남남갈등을 불러일으켰 지만 남쪽의 민간대표단이 평양을 방문하여 거침없는 행동을 보여 줄 수 있었다는 점에서 커다란 의의가 있었다.

2002년에 들어와서도 남북 공동행사는 6·15금강산 민족통일대축 전과 8·15서울민족통일대회로 이어졌다. 특히 8·15서울민족통일대 회는 북측 민간대표단이 분단 이후 처음으로 서울을 공식 방문하는 계기가 되었다는 점에서 획기적인 의의를 지닌다. 이번 북측 8·15 대표단은 총 1백16명이었다. 이 가운데 공연단을 빼면 실제로 북측 대표단 숫자는 55명에 불과하다. 물론 이 숫자는 남측 대표단 숫자 4백여 명에 비하면 적은 숫자임에 틀림없다. 그러나 여기에는 북측 민화협, 사회과학원, 조선문학예술인총동맹, 조선직업총동맹, 김일성사회주의청년동맹, 조선농업근로자동맹, 조선민주녀성동맹, 조선사진가동맹, 만수대창작사, 조선학생위원회, 조선아시아태평양평화위원회, 조선종교인협의회, 조선그리스도교련맹, 조선불교도련맹, 조선카톨릭교협회, 조선천도교회 중앙지도위원회 등 제 단체의 대표들이 망라되었다.

이러한 남북 공동행사 추진과정에 체육계, 특히 체육학술계의 참여는 미미했다. 남측 추진본부 구성의 한 축을 이루고 있는 민족화해협력범국민협의회에 참가한 체육단체는 국민생활체육협의회, 대한체육회, 대한택견협회, 한국체육지도자총연합회, 한국체육진흥회 등이다. 그러나 이 단체들이 민화협에 적극적으로 참가하지 않아 금강산 민족통일대토론회 이후의 남북 공동행사에 체육계가 공식 참가하는 양상을 찾아보기 힘들었다. 다만 민족통일체육연구원 이학래 이사장 등이 금년부터 여기에 참가하면서 북측의 민화협 부회장인 허혁필과 북한 체육인 한필화 등을 만났고, 북측 민화협으로부터 북한체육자료에 대한 협조를 받는 등 운을 떼는 정도의 진전을 보았을 뿐이다.

V. 남북체육학술교류의 진로

앞에서도 언급했듯이 남북체육학술교류는 남북체육교류와 그 성격을 달리한다. 민간차원의 남북공동행사 추진과정에서도 북측 관련인사는 체육부문에 대해 이를 당국간 채널을 통해야 하는 것이 아니냐는 기본인식을 나타냈다. 이는 그 동안 체육이 체육회담 등 큰 틀에서 남북관계의 정치적 상황을 담아내고 반영하는 정책적 아이템으로 인식하고 있음을 보여준 것이다. 또한 이러한 인식은 체육회담 자체가 민간교류로는 감당할 수 없는 국가적 차원의 형식과 내용을 필요로 한다는 점에서 분명한 현실반영이기도 하다.

따라서 남북체육학술교류는 남북체육교류의 한 부분으로 종속변수가 되어 따라가는 방식과 당국간 채널이 아닌 민간교류의 틀 속에서 독립변수로서의 위상을 정립하고 발전시켜 나가는 방식 모두를 깊이 있게 검토 분석하고 대안을 찾아나가는 것이 필요할 것이다. 그러나 큰 틀에서 남북체육교류의 한 파트로 정책적인 대안 모색을 찾아 나가더라도 체육학술교류는 체육학계의 주도적인 준비와 진행, 그리고 문제해결 능력을 똑같이 요구받게 된다는 점에서 남북체육학술교류의 새로운 진로를 총체적으로 모색해 나가는 것이 불가피하다.

현 단계에서 본다면 남북체육교류의 전체 방향을 결정짓는 남북체육회담에서 체육학술교류의 필요성을 부각시키고 이에 관한 정책적 대안을 이끌어 내는 것은 쉽지 않다. 이를 위해서는 남북관계가 전반적으로 남북기본합의서를 이행하는 수준으로 진전이 되고, 이를 뒷받침하기 위해 1997년 6월에 제정된 '남북사회·문화협력사업 처리에 관한 규정'을 적용시킬 수 있는 여건이 조성되어야 한다. 이 규정에서는 스포츠(체육)분야 협력사업에 관한 실무지침이 비교적 상세하게 규정되어 있기 때문이다. 특히 이 규정에는 스포츠 학술연구단체 및 청소년단체의 육성과 체육진흥을 위한 지원에 관한 사항들이 포함되어 체육학술교류 추진에 대한 법적·제도적 뒷받침을 받을 수 있도록 되어 있다.

　그러나 앞에서도 지적했듯이 북측의 어느 기구가 이러한 체육분야 협력사업의 파트너가 될 수 있는지 불분명한 상태이다. 따라서 현재로서는 북측의 민간교류를 사회·문화분야에서 총괄하는 민화협과 체육학술교류의 물꼬를 트는 것이 가장 빠른 방법일 것이다. 이를 위해 민족통일체육연구원은 늦은 감이 없지 않지만 남쪽 민화협에 가입하고, 금년부터 북측 민화협과 민족공동행사 등을 통해 체육학술교류에 대한 협의를 진행해 오고 있다.

VI. 체육학술교류의 기반 조성

　남북체육학술교류를 민간교류의 차원에서 추진시키기 위해서는 우선 우리 체육학계 내에서 필요한 분야의 체육학술단체들이 망라된 준비기구의 구성이 필요하다. 이미 체육학계에서 발표된 논문을 통해서도 이러한 문제의식은 제시된 바 있다. 즉, 이학래 교수는 '한 민족 화합을 위한 남북체육교류의 진전과 전망'이라는 글 속에서 남북합의서 발효 이후의 남북체육교류 활성화와 그 발전방향 모색에 필요한 실천적 방안을 제시하는 가운데 우선적으로 '남북체육교류를 정부 주도가 아닌 민간차원에서 이끌어 나갈 실무반 구성'을[3] 제의한 바 있다.

　이러한 대책기구는 남북체육학술교류의 방향을 설정하고, 북한측 교류 파트너와의 연계방안 모색, 체육학술교류를 위한 여건 조성 등 중장기계획을 세워 나가는 구심체가 될 수 있을 것이다.

---

3) 이종영, 북한체육연구, 분단 반세기 북한연구사, 북한연구학회, 465쪽.

현실적으로 남북체육학술교류를 민간교류의 형식으로 추진해 나가는 데서 가장 시급한 문제는 교류사업에 필요한 재원 마련이다. 남북 민족공동행사를 추진하는 과정에서도 가장 중대한 문제로 제기된 것이 재정 부분이었다. 만약 추진본부가 자체적으로 충분한 재원을 마련할 수 있었다면 북측과의 협상과정을 비롯해 행사를 추진하는 과정에서 상당한 수준의 자율성을 확보하고 이에 걸맞는 충분한 결실을 이끌어 낼 수 있었을 것이다.

그러나 이러한 재정능력이 뒷받침되지 못함으로 해서 자체적인 준비과정이 부실했고, 정부의 정책적인 결정과 지원에 과도하게 의존하여 '행사를 위한 행사' 수준에 머무는 한계를 보여 온 것이 사실이다. 따라서 체육학술교류 역시 실질적인 교류사업 추진을 궤도에 올려놓기 위해서는 체육학계 내의 재정능력을 우선적으로 확보하는 것이 요구된다.

체육학술교류를 위한 재정 확보를 위한 방안으로 우선 손꼽히는 것은 남북교류협력기금의 사용이다. 그러나 이 기금의 사용은 절차가 까다롭고 사회문화교류에 있어 사후 지원방식이므로 실질적인 효과를 기대하기가 힘들다. 오히려 국민체육진흥기금의 사용이라든가 대한체육회 등의 대표적인 체육단체들의 적극적인 참여를 이끌어 내는 것이 효율적일 수 있다고 보여진다. 그렇지만 현 상황에서는 이 부분에서도 어려움이 많을 것이므로 일단 남북체육교류를 위한 대책기구가 마련되어 여기서 다각적인 재정확보 방안이 추구되는 방식으로 수순을 밟을 수밖에 없을 것이다.

일단 이 대책기구를 통해 체육계의 자체적인 통일기금을 조성하고, 여기에 스포츠산업 관련기업들이 적극적으로 참여하게 만드는 것이 시급하다. 이러한 재정 기반이 조성되면 남북체육학술교류뿐만 아니라 그 폭을 넓혀 해외동포들이 광범위하게 참여하는 한민족

체육학술교류로 확대 발전시켜 나갈 수 있을 것이다. 비록 지금은 한민족체육학술교류라는 명칭이 남북체육학술교류의 실현을 도모하는 부가적 성격으로 사용되지만 앞으로 본격적인 민족통일 실현 단계에서는 남북체육학술교류를 완성시키는 차원의 한민족체육학술교류로 명실상부하게 자리매김 되어야만 할 것이기 때문이다.

Ⅶ. 한민족체육학술교류의 과제와 전망

한민족체육학술교류는 한반도의 평화통일 실현을 위해 직접적인 당사자인 남과 북, 그리고 5백만 해외동포의 역량을 총결집하는 형태로 이루어지도록 해야 한다. 이를 위해서는 우선 남쪽 체육학계의 역량이 전체를 이끌어 나갈 수 있도록 진용이 갖추어지고 이를 뒷받침하는 재정능력 등이 마련되어야 한다.

이러한 제반 여건이 마련되면 한민족체육교류의 추진을 뒷받침하는 체육교류 연구 및 정보자료센터 설립, 청소년 등을 대상으로 남북체육교류를 실시할 수 있는 통일체육장 등 체육시설, 북한 전 지역을 포함하는 한민족생활체육운동 전개 및 이를 위한 지도자 인력 양성, 스포츠에 관한 공동조사와 연구프로젝트 교환 등 다양한 형태의 교류를 추진할 수 있을 것이다.

물론 이러한 우리의 노력과 계획은 북한사회가 이를 수용하지 못할 때 그 성과를 낼 수 없다. 그러나 북한은 80년대 말의 사회주의권 붕괴, 90년대 초의 구 소련 붕괴, 90년대 중반의 극심한 경제위기 초래 등으로 체제생존을 위한 몸부림을 계속해 왔으며, 남북정상회담과 6·15남북공동선언을 계기로 삼아 평화공존을 통한 체제 유지, 그리고 민족적 화해협력의 모색을 통한 체제안정을 도모하고 있다.

더욱이 금년 하반기에 접어들면서 감행한 '7·1경제관리 개선조치' 이후 북한주민들의 경제활동역량 극대화를 위해 인센티브 제도를 도입하는 등 획기적인 변화의 모습을 보여주고 있다.

북한 당국은 '7·1조치'의 일환으로 공장, 기업소의 책임경영을 강화하고 경영 효율화를 강조할 뿐 아니라 당조직기구를 축소하고 유급 당료 수를 줄이는 등 군살 빼기에 돌입했으며, 이제는 "놀고먹는 사람 없앤다"는 구호를 앞세워 북한사회체제 전반에 걸친 효율성 재정비에 돌입했다. 이에 따라 북한의 각 기관단체들은 스스로 생존의 길을 찾아야 한다.

이런 상황에서 북한의 체육관련 기구나 단체들도 앞으로는 보다 전향적으로 스스로의 발전을 위한 길을 찾아나가야 할 것이므로 체육학술교류의 전망은 밝다고 보여진다. 다만 이들의 현실적 욕구를 담아낼 수 있는 인센티브를 우리측에서 제공할 수 있는 우리 자체의 역량 특히 재정적 능력의 확보가 요청되어질 수밖에 없다.

지금까지 우리 사회에서는 북한과의 접촉에 있어 북측이 요구하는 물품이나 식량, 현금 요청에 대해 부정적인 태도로 일관해 왔다. 그것은 북한사회가 변화하지 않는 가운데 기운만 차리고는 본래의 체제로 돌아갈 것이라는 불신에서 비롯된 것이다.

그러나 그 동안 이런 분위기 속에서도 꾸준히 그들을 지원해 온 우리 사회의 기본적 태도와 입장을 지켜보았을 뿐 아니라 그들 스스로 앞으로의 생존을 위해 필요한 제반 정치·경제·사회·문화적 여건에 대한 인식의 폭을 넓혀 나가고 있음이 뚜렷하다는 점에서 우리의 인식도 변화할 필요가 있다는 점을 강조하지 않을 수 없다. 특히 북과의 교류협력을 추진하는 입장에서는 우리의 판단을 앞세우기보다 북측의 입장을 먼저 이해하고 인내하는 노력이 요구된다. 그것은 "인내의 힘은 가진 자에게서 나온다"고 말한 격언에서도 입증된다.

이제 우리는 남북통일의 기반조성을 위해 필요한 체육학술교류의 현주소를 점검하고, 앞으로의 진로는 새롭게 열어나갈 방도를 찾아야 한다. 물론 이러한 우리의 바램에도 불구하고 아직까지 남북관계를 둘러싼 한반도의 통일환경은 우리의 이런 노력을 충분히 담아낼 만큼 성숙되어 있지 못하다.

더구나 미국의 대한반도정책이 대테러전쟁의 연장선상에서 경직된 모습을 보여주고 있고, 북한은 이를 피해나가기 위해 중국과 러시아와의 관계를 강화하며, 최근에는 일본과의 수교를 통해 동북아에서의 새로운 국제질서 수립에 박차를 가하는 등 한반도를 둘러싼 전환기적 변화의 바람이 거세다.

이러한 변화의 흐름이 한반도 평화와 통일에 순풍을 안겨줄 것인지, 아니면 또 다시 역풍을 불러일으킬 것인지 지금으로서는 가늠하기가 힘들다. 그러나 분명 인류역사는 진보의 걸음을 거듭해 왔고, 또 한반도 분단의 역사도 점차 합리적인 해결의 길로 들어서지 않을 수 없다는 점에서 우리 역시 희망을 갖고 남북통일의 기반 조성이라는 시대적 과제에 임해야 할 것이다.

남북한 체육학술교류의 의의와 추진과제

이 인 숙*

Ⅰ. 서론

"북한정세에 대하여 어떠한 예언도 하지 않는 것이 현명하다. 얼마나 많은 예측들이 모두 근거 없는 것으로 판명되었는가. 대북정책 수립은 북한에 대해 우리가 알지 못하는 것을 인정하는 일로부터 시작되어야 한다."

이 말은 클린턴 미국 행정부 안에서 3년간이나 북한문제를 담당했던 최고책임자 스탠리 로스가 북한관련 의회 청문회에 출석해 북한문제를 다루는 미국 관계자들의 고민을 털어놓은 솔직한 표현이었다(김광섭, 1996). 이러한 역설적 표현은 남북문제가 얼마나 어려운가를 짐작케 해준다. 그럼에도 불구하고 우리는 수해에 시달리고 있던 지난 여름에 다시 한 번 남북문제 해결에 희망을 걸어 볼 만한 메시지를 접수했다.

월드컵의 열기가 막바지에 이르렀던 2002년 6월 29일 서해교전

---

* 전 이화여대 교수

을 일으켜 전 국민을 불안에 빠뜨렸던 북한은 그 한 달 후에 그들 사회의 획기적인 변화를 예고하는 듯한 소식을 전했다. 차등임금제 및 물가현실화, 성과급제 도입 등 일부 시장경제체제를 표방하는 제도의 첫 발을 내디뎠다는 것이었다.

그리고 다시 한 달 후, 서해교전의 충격에서 벗어나기도 전에 도발책임에 대한 언급은 회피한 가운데 우리는 남북장관급회의 재개, 8·15서울민족통일대회, 경의선 연결문제, 이산가족상봉, 남북통일축구대회의 재개, 두 달을 남겨 놓은 부산아시아경기대회에 최초로 북한이 3백여 명의 대규모 선수단을 파견한다는 소식과 남북축구대표팀 서울경기 적극 지원과 태권도시범단 서울·평양 교환방문 등 10개항 협의 도출이라는 핑크빛 뉴스를 숨 가쁘게 접하게 되었다. 이것은 분명 한반도 내에서의 큰 변화의 흐름을 감지할 수 있는 소식이다.

동국대 고유환 교수(북한학)는 이와 같이 북한이 체제에 미치는 부정적 영향을 감수하면서까지 남북협력을 확대하려는 의도를 다음과 같이 분석했다(중앙일보 2002년 8월 15일자 참조).

첫째, 북한은 무엇보다 민족공조를 통해 외세로부터 오는 위협을 피하려 하는 것으로 볼 수 있고, 둘째 남한의 김대중 정부 임기 내에 남북관계 원상회복을 통한 6·15남북공동선언 이행 기반을 마련해 놓으려는 의도가 있는 것으로 보이며, 셋째 내부적으로 추진하고 있는 경제재건계획이 성공을 거두기 위해서는 남북관계 진전을 통한 대외관계 확장이 불가피하기 때문이라는 것이다.

특히 극히 제한적인 단계에 불과하지만 북한경제정책의 시장경제체제로의 대변환은 북한의 살아남기 위한 필연적인 변화로서, 남북 모두 그 동안의 잃어버린 시간을 만회할 뿐만 아니라 앞으로 남북관계의 전환적 국면을 가져올 수 있는 계기가 될 것으로 보인다.

이러한 새로운 협의안 중에서도 남북체육교류 소식은 6월 월드컵의 열기가 아직도 아쉬운 국민들에게 통일에 대한 대안적(對案的) 기쁨과 흥분을 안겨주기에 충분했다.

체육은 인류 흥망성쇠의 역사 속에서 그 어느 분야보다 강한 정치적 속성 때문에 어느 시대에는 '평화'의 수단으로, 어느 시대에는 평화를 위장한 '탄압'과 '폭력'의 수단으로 역사의 가장 전위(前衛), 혹은 가장 후진(後陣)에서 그 역할을 다하여 왔다.

20세기는 스포츠의 대중적 성격과 그 파급효과로 인해 국가간의 첨예한 외교적·정치적 문제를 해결하는 평화와 화해의 메신저로 그 기능이 확대되었다. 20세기 평화와 화해의 '스포츠의 힘'은 근대올림픽에서 출발하여 제2차 세계대전 이후 형성된 세계냉전체제에서부터 현재에 이르기까지 더욱 더 그 능력을 발휘하고 있다.

분단 독일 하에서 스포츠교류를 통한 동서독 화합의 과정에서도 잘 알 수 있다. 분단 초기인 1951년 한 해만 해도 5백 회 이상의 교류가 있었고, 1957~61년 동안 3천7백91회의 친선경기가 있었다. 여기에 참가한 독일인의 수만도 8만 명 이상이었다(안민석, 1998). 또한 1956년 멜버른올림픽대회에서부터 1964년 동경올림픽대회까지 동서독 당국자들에 의한 약 2백 회의 체육회담을 통해 연이어 세 차례 대회에 단일팀으로 출전하는데 성공했다. 그리고 1974년 '스포츠교류규정에 관한 의정서'가 채택되었다. 이러한 스포츠교류를 통한 민족공동체의식이 독일통일 조성에 기여했음은 물론이다.

그리고 1970년대 중국과 미국의 핑퐁외교, 1990년 걸프전에서 미국의 상징적 메신저로서 세기적 복서인 알리가 당시 미국인에게 이라크 땅에 발을 내딛는 순간 즉시 살포명령을 선언한 살벌한 공항에 유일한 미국 국적을 소유한 개인으로서 이라크 땅을 밟고 평화의 메시지를 전했던 사건, 그리고 아파르트헤이트라는 인종차별정책으로 세계의 비난을 받았던 남아공은 1992년 바르셀로나올림픽 대회에 흑백혼성팀을 출전시킴으로써 인종차별국이라는 오명을 벗을 수 있었다.

한반도에서는 1990년 북경아시아경기대회에서 분단 이후 처음으로 남북 공동응원이 펼쳐졌고, 서울과 평양에서 통일축구대회가 열렸으며 그 다음해에는 세계탁구선수권대회에서 분단이래 최초로 단일팀 구성에 성공했다. 그리고 21세기에 들어와 처음으로 개최된 2000년 시드니올림픽에서는 남북대표가 한반도기를 들고 처음으로 함께 입장하는 진전이 있었다.

이와 같이 체육교류는 개인 대 개인, 민족 대 민족, 인종 대 인종, 국가 대 국가간 분열을 해결하는 최선의 수단으로서 세계평화와 화해에 기여하고 있다. 그러나 세계 유일의 분단국으로서 현재 세계 속에 고립된 유일한 정치체제를 유지하고 있는 북한과 대립하고 있는 한반도에서의 체육교류는 그 현실만큼이나 어느 누구도 예측할 수 없는 어려운 문제를 안고 있다. 그 동안 북한의 '치고 빠지기'식이나 '도발 따로, 화해 따로'식의 대남한정책이 우리 국민들로 하여금 불신을 갖게 한 주 요인이라고 할 수 있다.

현재 처해진 남북 상황이 그 어느 나라보다도 체육을 통한 평화와 화해의 역할이 요구됨에도 불구하고 대부분 '정치적 거래'나 '정치적 보상'의 수단으로 혹은 '경제협상의 보너스' 정도로 인식되었음을 부인하기 어렵다. 그러나 남북이 아직도 전쟁의 위험이 해소되지 않은 첨예한 사상적 대립체제하에서 스포츠의 중앙집권적인 정치·경제적 환경에의 종속성은 불가피한 현실일 것이다.

그러나 현재 국내에서 끝없이 이어지고 있는 정쟁(政爭)의 소용돌이와 정치권에 대한 염증으로 인해 패배감에 젖어 있는 국민들에게 남북스포츠교류의 소식은 그나마 국민들에게 한 줄기 위로가 되고 있다. 이런 의미에서 10월에 개최될 부산아시아경기대회는 한반도 운명에 치명적인 힘을 미치고 있는 주변 강대국들에게는 물론 세계인들에게 한민족의 통일에 대한 의지를 보여줄 수 역사적 장이 되어야 한다. 따라서 이번에는 남북 모두 어떤 정치적 계산이나 야욕을 가지고 이러한 기회를 이용해서는 안 될 것이며, 그것은 한반도의 시계를 뒤로 돌리게 되는 불행을 초래할 것이다.

여기서는 이러한 한반도의 정세를 바탕으로 그 동안 추진되었던 남북스포츠교류에 대한 의의를 고찰하고 그것을 바탕으로 앞으로의 추진과제를 제시해 보는 데 목적이 있다. 이는 앞으로 반드시 이루어져야 할 남북통일기반 조성을 위한 중요한 작업이 될 것이다.

그 동안 남북체육교류에 대한 연구는 이학래 교수를 중심으로 김동선, 김범식, 박주한, 박영옥, 박정호, 안민석, 임태성 교수 등 체육학자들이 국내외에서 많은 제약 속에서도 지속적인 연구와 세미나를 통해 성공적인 남북체육교류를 위한 이론적 토대를 제공하여 왔다. 본인은 우선 그 동안의 연구성과를 검토 정리하면서 그 동안 남북체육교류를 순수한 관객의 눈으로 주시하여 왔던 입장에서 되도록 자유로운 사유를 통해 접근하고자 한다.

우선 그 동안의 남북스포츠교류 과정을 중시하여 보았다. 왜냐하면 일의 과정을 보면 실상을 파악할 수 있고 그에 따른 방향을 잡을 수 있기 때문이다. 아울러 연구의 중심축을 '남북교류라는 큰 틀에서의 체육의 역량'에 맞추고자 했다. 이것은 스포츠정책의 국내 위상에 대한 비판과 반성에서의 출발을 의미한다고 하겠다.

따라서 그 동안 연구에서 검토된 앞으로의 남북교류방안이나 제안에는 대부분 지지하는 입장이지만 이번 주제발표에서는 '비판'과 '사고의 오류' 지적을 기대한다.

II. 남북스포츠교류의 특성

1. 제로섬 게임식 교류 - 일방적인 대립기

남북당국자간의 대화가 있는 스포츠교류가 처음 시작된 것은 북한이 1964년 동경올림픽에 참석하기 위한 구실을 마련하기 위해 남북회담을 제안하여 개최된 1963년이지만 체육교류라는 것이 북한에 의해 처음으로 언급된 것은 1956년부터라고 할 수 있다. 그 이후 현재에 이르기까지 남북스포츠교류는 대부분 북한이 그들의 실리를 추구하기 위한 방편으로 제안하고 일방적으로 회담을 결렬시키는 극단적인 대립의 연속이었다.

광복 직후 1년간은 부분적으로나마 남과 북이 스포츠경기를 개최했다. 1945년 12월 29일 창경원에서 경평아이스하키경기가 열렸고, 1946년 3월 20~26일에는 제1회 종합농구선수권대회, 그리고 그 해 3월 25~26일에는 경평축구대회가 서울운동장(현 동대문구장)에서 개최되었다. 그러나 이를 끝으로 남과 북은 각자의 체육시스템을 구축하게 되면서 남북스포츠는 분단의 역사와 함께 최근에 이르렀다.

북한은 1950년대부터 성사되지는 못했으나 두 차례의 체육교류의 제안을 시도했다. 1956년 제3차 노동당대회에서 최초로 남북교류문제를 언급했고, 1957년에는 북한올림픽위원회가 제17회 로마올림픽대회를 앞두고 남한의 올림픽위원회에 단일팀 구성을 위한 대표자회담을 제안한 것이 그것이다(안민석, 1998).

그러나 남북 담당자간의 대화가 처음으로 이루어진 것은 1964년 동경올림픽대회에 대비한 단일팀 구성 제안으로 성사되었다. 북한은 1962년 6월 제59차 국제올림픽 총회가 소련에서 개최되는 것을 계기로 삼아 소련을 비롯한 공산국가의 협조를 얻어 제18회 동경올림픽대회에 남북한이 단일팀을 구성하도록 하고, 그것이 불가능할 경우에는 북한을 개별팀으로 참가시킨다는 조건부 승인을 얻어냈다. 이때 남한의 대한올림픽위원회는 국제여론을 의식하여 동경올림픽대회에 남북한 단일팀을 구성 출전할 것을 제의한 국제올림픽위원회의 결정에 동의했지만 북한을 직접 상대하는 것이 아니고 국제올림픽위원회를 통해서만 접촉한다는 입장을 밝힘으로써 제1회 남북체육회담은 국제올림픽위원회가 직접 중재하여 1963년 스위스 로잔느에서 개최되었다.

이후 7월에 홍콩에서 제2차, 3차회담까지 가면서 단일팀 명칭, 예선 일시와 장소, 훈련문제, 임원 구성문제, 그 밖의 행정적 절차 등 실무접촉의 필요성이 제시되었으나 북한의 남한대표단에 대한 비방문제에 대한 사과거부 등 정치적 상황 악화로 분단 이후 최초로 개최된 남북체육회담은 결국 성사되지 못한 채 결렬되고 말았다. 그러나 결과적으로 북한은 이를 통해 동경올림픽 단독출전과 국제올림픽위원회에 회원국 가입을 하게 되는 실질적인 소득을 얻는 결과가 되었다.

1970년대가 저물어 갈 무렵, 북한은 또다시 체육회담을 제안했다. 70년대는 죽의 장막이라 불리었던 중공과 미국의 소위 핑퐁외교의 성공으로 체육의 외교적 능력이 당시 동서로 나뉘어져 있던 냉전구조의 세계정치에 큰 파급을 주었던 시대이기도 했다.

한반도에서는 1972년 세계의 냉전구조 하에서 양측의 대화의 물꼬를 트기 위한 7·4남북공동성명을 발표했으나 불과 1년여 만에 대화 중단사태를 맞음으로써 선언적 차원에 그치고 말았다. 6년 후인 1979년 2월 북한은 그 해 4월 평양에서 개최되는 제35회 세계탁구선수권대회에서 남북한 단일팀을 구성하여 출전하자는 문제로 대회를 불과 '2개월' 남겨둔 시점에서 남북체육회담을 가질 것을 제의했다. 이를 또 남한이 수락하면서 남북한 탁구협회간 첫 회의가 2월 27일 시작되어 3월까지 네 차례 개최되었다.

북한은 남한의 대한탁구협회가 세계탁구선수권대회에 참가할 기득권을 갖고 있다는 사실은 인정하면서도 이러한 기득권 인정은 쌍방이 단일팀 구성 합의서에 서명한 때부터 효력을 가지는 것으로 하자는 주장을 밀고 나갔다. 남한의 입장은 먼저 기득권을 보장한다는 공동성명에 합의할 것을 요구하였는바, 북한은 이를 거부하면서 회의는 또 다시 결렬되었다. 이 회담은 처음부터 평양탁구대회 대진표 추첨을 불과 20여일 정도의 시간밖에 남겨 놓지 못한 상황에서 단일팀 구성을 주장하는 북한의 의도가 의구심을 불러 일으켜 회담의 전도가 불투명한 가운데 개최되었으며, 결과적으로 오히려 남한은 참가가 무산되었다.

이렇게 하여 70년대 회담 역시 첫 회담과 같이 원래 남한의 평양대회 기득권 저지를 목적으로 하고 있었던 북한의 의도로 또다시 실패로 돌아갔다.

1980년대는 1983년 10월 9일의 아웅산 사건 등 남북 정세가 악화일로에 있던 시대로서 세 차례의 남북체육회담이 있었다.

하나는 북한이 60∼70년대와 똑같이 제23회 LA올림픽대회와 아시아 및 세계선수권대회에 출전할 단일팀 구성을 앞세워 체육회담을 갖자는 제의였다. 남한은 북한이 회담을 제기해 온 시기가 LA올림픽대회 참가선수 명단 제출 마감일이 불과 '2개월'밖에 남지 않은 시점이어서 단일팀 구성을 위한 모든 문제를 해결하는데 현실적으로 불가능한 일이었으나 남북화해의 계기가 될 것을 기대하면서 동의했다. 그러나 세 차례에 걸친 회담은 아웅산 테러사건과 최은희 납치사건 등에 대한 정치적 공방만을 계속하다가 북한의 4차회담 거부로 또 다시 결렬되었다. 결국 북한의 체육회담의 저의는 아웅산

사건으로 인해 테러집단으로 낙인찍힌 국제적 이미지를 희석시키기 위한 '평화적 제스처'에 있었던 것이다.

또 하나 역시 1988년 서울올림픽대회를 앞두고 북한에 의해 제기되었다. 1981년 9월 제24회 올림피아드의 개최지가 서울로 결정되자 북한은 "한반도에 긴장이 상존하고 있으며 올림픽경기의 서울 개최는 한반도의 분단고정화를 초래하고 이는 올림픽 이념과도 배치된다"는 이유를 들면서 개최지 변경에 전력을 다하기 시작했다. 이에 사마란치 IOC위원장이 남북체육회담을 제기하자 남한은 즉각 동의했으나 북한은 장소를 변경해야 한다는 기존의 주장을 되풀이하면서 회담 제의를 받아들이지 않다가 1985년 7월 갑자기 태도를 바꾸어 참가 의사를 밝혔다. 이렇게 하여 그 해 10월부터 1987년 7월까지 스위스 로잔느의 IOC본부에서 비공개로 네 차례의 회담이 개최되었다.

이 때 북한은 서울올림픽대회를 남북한이 공동으로 주최하고 남북한 단일팀으로 출전할 것을 제의했다. 반면에 남한은 서울올림픽대회의 조직권한을 서울시에 부여한 IOC총회의 결정은 변경할 수 없는 사실이라는 의견과 핸드볼 등 2~3개 종목의 예선경기를 북한에서 개최할 것과 개·폐회식에 남북이 공동으로 입장하는 의견을 제시했다. 이에 IOC는 탁구, 양궁, 여자배구, 축구예선 1개조, 사이클 남자개인도로의 경기 조직을 북한올림픽위원회에 부여한다는 중재안을 제시했으나 북한은 공동주최안을 고집하면서 거부함에 따라 이 회담 역시 결렬되고 말았다.

80년대의 마지막 회담 역시 1990년 북경아시안게임을 앞두고 북한의 제의에 의해 개최되었다. 1988년 12월 북한은 북경아시안게임에 대비하여 남북단일팀 구성을 제의해 왔다. 1989년 3월부터 1990년 2월까지 9차례에 걸쳐 단일팀의 단가, 선수단 호칭, 선수단장 등의 사항에 합의했다.

그러나 북한은 9차회담에서, 첫째 개별팀으로는 북경아시아경기대회에 참가하지 않을 것을 내외에 선포할 것, 둘째 합의사항 이행보장안을 전면 철회할 것, 셋째 책임 있는 체육인사의 북경대회 개별참가 발언을 취소할 것 등 3개항을 회담 진행의 전제조건으로 내걸면서 이를 남한이 승인하지 않는 한 회담을 계속할 수 없다고 하고 일방적으로 회담결렬을 선언했다(이학래, 1992).

이와 같이 북한이 정치적 저의를 가지고 일방적인 회담 제안으로 시작된 남북체육회담은 북한의 일방적이고도 무리한 보이콧으로 결렬되었고, 북한의 목적이 달성하게 되는 형태로 끝나곤 했다. 다시 말해 남북체육회담은 어느 편에서도 한 치의 양보 없는 극단적인 제로섬 게임(Zero Sum Game)식 대립과정을 거치면서 50년대부터 80년대까지 40여 년 동안 이어졌던 것이다.

그 원인은 근본적으로 이 시기가 분단 이후 남북관계가 극단적인 긴장상태로 점철된 시기로서 남북 양측 모두 이를 성사시킬 만큼 성숙한 국내외 환경이 조성되지 못했던 시기였기 때문이었다. 남한은 절대 빈곤을 벗어나기 위한 경제개발 일변도의 정책과 무엇보다 군사혁명과 무력으로 정권을 쟁취한 군인 출신 지도자들의 정권유지 수단으로 극단적인 반공이데올로기가 지배하던 시대였기에 경색된 남북관계에서 벗어날 수 없었다. 또 북한은 김일성 개인을 위한 일인 독재국가체제로 전락하면서 경제적인 궁핍이 심화되고 국제적으로 고립되면서 이를 벗어나기 위한 수단으로 체육을 이용했기 때문이었다.

또한 이 시대의 남북한체육회담의 한계는 강대국들의 냉전구조 지배체제를 벗어날 수 없었던 한반도 운명의 산물이기도 했다. 물론 21세기에 접어든 지금도 한반도 정세는 여전히 강대국들의 이해관계 속에서 벗어날 수 없는 것이 현실이다. 그러나 독일 통일과 소련이 붕괴되면서 세계는 냉전시대의 막을 내리고 새로운 시대를 맞이했다. 남북관계도 이 때를 전후하여 새로운 국면을 맞이하게 되면서 동시에 남북체육교류도 진일보한 형태로 변화를 가져왔다.

2. 윈윈 게임식 교류

1990년대는 제2차 세계대전 이후 50년 간 지속된 이념전쟁이 막을 내리고 국경이 무너진 경제글로벌시대로 접어들었다. 이러한 급격한 세계정세의 변환은 한반도에 새로운 희망과 동시에 위기의식을 갖게 했다.

공산주의의 붕괴는 곧 북한의 체제적 위기를 의미하는 것이었다. 당연히 세계의 주목을 한 몸에 받고 있던 북한은 '주체사상'을 내세우면서 건재함을 보여주었다. 그러나 그럴수록 더욱 더 세계 속에 고립되어 갈 수밖에 없는 현실을 타파하기 위해 북한은 그들만의 외교적 전술방식을 동원하여 미국과 일본, 중국과의 관계를 해결해 나가는 동시에, 같은 맥락에서 남한과의 관계에 있어서도 좀더 적극성을 띠기 시작했다.

남한은 그 동안 군사정권이라는 한계를 벗어나고자 군인 출신의 '보통사람 대통령'을 기점으로 민간인 출신의 지도자를 맞았다. 민간인 출신의 지도자들은 이전의 군인 출신 지도자들보다 좀더 유연하고 적극적으로 '통일'에 접근하기 시작했다. 남북체육회담은 이러한 기류 속에서 윈윈 게임(Win-Win Game)식으로의 첫걸음을 힘겹게 내딛기 시작했다.

이러한 전환의 첫걸음은 1990년 9월 북경아시아경기대회에서의 최초의 남북한 동포들의 공동응원이었다. 이들은 체제와 이념의 벽

을 넘어 '아리랑' '우리의 소원은 통일' '쾌지나칭칭'을 부르며 공동
응원을 했다. 이러한 화합의 분위기는 경기기간 중에 남북의 체육장
관이 만나 남북체육회담을 이끌어 내는 계기가 되었다. 뿐만 아니라
1990년 10월 9일 남북통일축구 평양대회에 이어 10월 21일 서울대
회 개최라는 가시적 성과를 가져왔다. 양 경기는 짧은 일정임에도
불구하고 오랜만에 한민족공동체의식과 통일에 대한 열망을 몸으로
확인할 수 있었던 기회였다.

그 해 11월에 판문점에서 남북체육회담이 재개되어 1991년 2월
까지 네 차례의 회담을 가지면서 드디어 제41회 세계탁구선수권대
회(1991년 4월 일본 지바)에 분단 이후 최초로 남북단일팀으로 출전하
는 성과를 이루었다(이학래, 1992). 그리고 1992년에 발효된 '남북기
본합의서' 제3장 남북교류·협력부문에 "남과 북은 과학, 기술, 교육,
문학, 예술, 보건, 체육, 환경과 신문, 라디오, 텔레비전 및 출판물을
비롯한 출판, 보도 등 여러 분야에서 교류와 협력을 실시한다"고 규
정지음으로써 남북체육교류를 사회·문화부문의 일환으로 명시했다.

그러나 기본합의서가 발효된 지 몇 개월도 되지 않아 북한은 한
미합동군사훈련 중지 등 정치적 이유를 내세워 그 이행을 거부함으
로써 어렵게 만들어진 남북기본합의서는 사문화되고 말았다. 그 결
과, 남북체육회담은 1990년 말 남북의 통일전선에 '현대'라고 하는
남한의 민간인 재벌기업이 주인공으로 등장하기 전까지 긴 침체기
를 맞게 되었다.

20세기가 저물어 가고 21세기라는 새로운 밀레니엄의 물결이 전
세계를 휩쓸고 있었던 1999년 12월 22일, 남한의 '소 떼의 주인공
정주영'이라는 인물로 상징되는 주식회사 현대와 북한의 아·태평화
위원회간의 협상에 의해 남북통일농구대회가 개최되었다.

1999년은 남한이 IMF사태라는 국가부도 직전의 최대의 경제위

기를 맞고 있을 때였다. 따라서 남북체육회담은 북한만이 아니라 남한도 심각한 경제위기를 극복해야 하는 국가경제정책의 강력한 영향권 내에 들어가야 하는 전환기를 맞았다. 왜냐하면 남북의 긴장 무드는 IMF 극복에 필요한 세계의 남한에 투자를 꺼리게 하는 결정적인 장애가 되었기 때문이다.

그러나 IMF는 남한사회에 고속성장과 그에 따른 국가·사회적 부도덕성에 대한 경종이 되어 경제구조조정의 계기가 되었다. 참고로 2000년의 남북한 경제현황을 보면, 경제규모 대비 약 27배, 1인당 국민소득 대비 약 13배, 무역규모 대비 약 1백69배로서(2000년 한국은행 통계) 이 수치는 남북의 격차 정도를 잘 보여준다 하겠다.

특히 남한은 그 동안 많은 시행착오를 통해 얻은 성숙된 민주의식과 개방된 사회구조를 통해 한반도 평화유지와 남북관계 개선을 선도할 수 있는 기반이 형성되었다. 김대중 정부는 이러한 성숙한 사회분위기와 그 동안 축적된 대북한정책을 바탕으로 새로운 대북관계개선에 노력했다. 김대중 대통령은 국가원수로는 최초로 평양을 방문했고, 이 때 진전된 화해와 협력의 시대를 열기 위한 '6·15 공동선언'을 이끌어 냈다.

선언문의 내용은, 첫째 통일문제의 자주적 해결, 둘째 남북통일방안의 공통성 인정, 셋째 이산가족 등 인도적 문제 해결, 넷째 민족경제의 균형발전 및 사회·문화·체육·보건·환경 등 제반 분야의 협력과 교류 활성화, 다섯째 남북당국간 회담 개최와 김정일 위원장의 서울 방문 등이다.

남북정상회담 이후 3차례에 걸쳐 이루어진 이산가족 상봉을 통해 남과 북 각각 1백 명씩의 이산가족방문단 교환이 성사됨에 따라 총 3천6백 명의 이산가족 상봉이 이루어졌다. 또 3차례의 방문단 교환을 통하여 총 7천9백46명이 생사확인을 했고, 2차례의 생사 및 주소

확인작업을 통해 총 2천2백67명이 혈육의 생사를 알게 되었다. 뿐만 아니라 서신교환도 남북 각 3백 명씩 6백 건이 이루어졌다(송영대, 2001). 그 밖에도 금강산 관광, 문화예술단 교류 등이 활발히 진행되었다.

특히 2000년 시드니올림픽대회에서의 남북한선수단의 'KOREA'라는 이름으로 한반도기를 앞세우고 공동입장을 했고, 금강산에서의 자동차질주경기대회 개최, 전국체전 성화 채화, 그리고 평양에서의 통일탁구대회 개최 등이 성사됨으로써 남북스포츠교류에 민간인들의 참여라는 새로운 계기가 되었다.

그러나 1년 후 북한이 미국 부시행정부가 들어서면서 그들의 대북강경책을 이유로 제46회 세계탁구선수권대회 단일팀 불참 선언, 남북장관급회담 연기 등 남북관계는 다시 정체상태에 빠지게 되었다. 그러나 이 시기에도 대북경제원조나 문화교류는 계속되었다. 하지만 약속사항이었던 김정일 위원장의 답방은 아직까지 이루어지지 않고 있다.

남북관계가 답보상태에 빠져 있던 2002년 초여름, 서언에서도 언급하였듯이 평화와 화해의 6·15선언을 비웃듯 무고한 젊은 장병들을 희생시킨 서해교전을 야기시키더니 북한은 곧이어 사건에 대한 사과 없이 자신들이 일방적으로 답보상태에 빠트렸던 여러 가지 남북 현안에 대하여 선심 쓰듯 또 다시 제안을 해 왔다. 특히 공교롭게도 과거에도 그랬듯이 약 2개월을 앞두고 '남북체육교류사'를 새로 써야 할 부산아시아경기대회 참여의사를 통고해 왔다. '치고 빠지기'나 '도발 따로, 화해 따로'식의 그들만의 스타일이 진행 중에 있다고 보아도 과언이 아닐 것이다.

이러한 현실에도 불구하고, 1990년대 이후 현재에 이르기까지 남북스포츠교류는 국내환경의 변화와 국제질서의 변화의 영향으로 그 어느 분야보다도 새로운 국면을 맞이했다.

공동응원, 단일팀 구성, 서울·평양 교환경기, 그리고 민간인들의 금강산에서의 경기개최 등의 결과는 본격적인 인적교류의 물꼬를 트는 계기가 되었으며, 이를 통해 남북간 이질감 해소와 일체감 형성 등 통일분위기 조성에 중추적 역할을 했다. 앞으로 남북관계에 있어서 체육교류의 역할은 더욱 커질 것이며, 이번 월드컵대회에서 증명된 대한민국의 '스포츠 힘'은 남북통일을 위한 기폭제로서의 가능성을 시사해 주는 것이다.

III. 남북스포츠교류의 의의

1. 스포츠의 정치·외교적 역량의 성과

한반도 분단 50여 년의 역사를 통해서 아시아인의 이목이 집중되고 있는 가운데 북경의 스타디움에서 남북이 한자리에 앉아서 통일을 외칠 수 있었고, 전 세계의 관객이 바라보고 있는 가운데 시드니의 올림픽스타디움에서 남과 북이 함께 'KOREA'라는 피켓을 앞세우고 한반도 지도가 새겨진 대형 푸른빛 지도를 흔들면서 똑 같은 유니폼을 입고 등장할 수 있었던 것은 체육을 통한 남북교류의 결실이며 '스포츠의 힘'을 이용한 진정한 남북스포츠외교의 시작이었다. 그리고 이것은 스포츠를 통한 민족의 50년 간극을 해체시키는 첫걸음이었다.

1935년 경평축구대회가 중단된 지 55년 만에 최초로 이루어진 남북통일축구대회는 1990년 10월 11일 평양 릉라도 5·1경기장에서 15만 평양시민이 지켜보는 가운데 제1차전이 개최되었고, 이어 10

월 23일 서울 잠실올림픽경기장에서 10만 서울시민이 지켜보는 가운데 제2차전이 개최되었다. 제1차 평양전에서 북한의 김유순 국가체육위원회 위원장(북한올림픽위원회 위원장 겸임)은 평양축구경기가 "민족의 단합을 도모하고 통일을 앞당겨 나가는데 이바지할 민족화해의 경기, 단합의 경기, 통일의 경기가 될 것"임을 강조했고, 당시 남측의 정동성 체육부장관은 "참된 스포츠 정신을 통해 남북의 동포들이 화합하고 단합하는 모습을 보여 남북통일축구경기가 조국통일의 그 날과 이어질 수 있도록 하자"고 역설했다. 서울의 조선일보는 남북체육대회가 "남북한의 거리를 한결 좁히는 계기가 되었다"고 보도하기도 했다(조선일보, 1990년 10월 26일자. 정용석, 1992년 재인용).

이를 계기로 남북에서 스포츠를 관장하고 있는 장관들은 통일축구대회 이후 서로 만나 남북체육회담의 재개 및 공동 관심사항을 논의하고 '공동합의문'을 채택하기에 이르렀다.

남북간 공동합의문은 이후 남북한 탁구 및 축구단일팀 구성을 이룬 근거가 됨으로써 최초의 인적교류가 가능한 '교류와 협력이 있는 대화의 시대'의 막을 연 역사적 의의를 지니게 되었다.

1991년 4월 29일 일본 지바의 닛폰 컨벤션센터에서 개최된 제41회 세계탁구선수권대회에 최초로 단일팀으로 출전하여 여자단체전 결승에서 9연패에 도전하는 중국을 3대 2로 꺾고 우승했다. 이 우승장면이 텔레비전을 통해 남북한에 중계됨으로써 7천만 겨레에게 우리가 진정한 한민족이라는 동질성과 우리에게 왜 통일이 필요한 것인가를 가슴 깊이 느끼게 해주었다. 언론은 '냉전 장벽에 탁구 구멍 뚫다' '코리아팀이 새긴 역사' 등의 표현으로 감동을 전했다.

탁구대회에 이어 1991년 6월 14일부터 15일간 포르투갈의 수도 리스본에서 개최된 제6회 세계청소년축구대회에 남북단일팀으로 참가하게 되었다. 선수들은 준비단계에서 서울과 평양에서 두 차례 평가전을 가진 후 코리아팀을 구성하여 분단 이후 최초로 실시된 합숙훈련을 통해 팀웍을 다지는 기회를 가졌다.

특히 코리아팀 구성 평가전은 남북통일축구 교환경기가 이루어진 후 7개월 만에 전개된 남북스포츠교류라는 점에서 또 다시 7천만 민족의 관심을 모았고, 남북체육교류를 통한 인적교류의 가능성을 재확인할 수 있었다. 1991년 5월 8일 북한 선수단 김정식 단장은 서울에서의 제1차전을 마치고 서울을 떠나기에 앞서 '성명'을 발표하면서 "북과 남은 이번 평가전을 계기로 이미 하나가 됐다. 서울 평가전은 46년간 분단의 역사에 종지부를 찍는 역사적인 한마당이었다"고 평가했다. 남북의 청소년 축구선수들의 합숙훈련 과정과 대회를 지켜보았던 장충식 코리아 청소년축구선수단 단장도 "남북 선수들이 함께 생활하며 자기 중심의 사고방식에서 상대를 이해하는 쪽으로 변화하는 것을 목격했다. 탁구에서 비롯된 남북화합이 축구를 통해 다져졌다"고 평가했다.

남북선수 18명을 포함한 62명의 선수단은 비록 1개월에 불과한 짧은 시간이었지만 합숙훈련 및 대회기간 동안 다른 생활환경과 사고방식, 낯선 경기용어의 차이 등 긴 분단의 장벽을 오로지 민족공동체라는 마음 하나로 이겨내어 아르헨티나 등 세계최강팀을 뛰어넘으면서 경이의 8강 진출이라는 위업을 달성했다(이학래, 1992).

실제로 이들 대회에 참석했던 남한 선수들을 대상으로 남북스포츠교류에서의 이들의 체험의 의의를 현상학적으로 연구한 자료에 보더라도 이질감과 통제, 슬픔 등을 느낄 수는 있었지만 호기심과 기대감, 기쁨과 동질감 등을 느낄 수 있어서 남북한공동체를 위한 기초적 의식 형성에 좋은 기회가 되었다고 적고 있다(박주한, 1998).

이후 북한의 일방적이고 무리한 태도로 체육교류가 침체기로 들어가곤 했지만 2002년 부산아시아경기대회 참여 통보를 받아들이기에 이르렀다. 이러한 성과는 그 동안 북한의 일방적이고 고의적인 의도로 결렬을 계속하던 회담의 결과에도 불구하고 남한이 통일정책의 일환으로서 '체육을 통한 남북관계 개선'이라는 국가적 목적의식에 따른 결과였다.

남북관계는 스포츠를 비롯하여 이념적 대결구도와 그에 따른 군사적 긴장상태로 인해 그 어느 분야도 정치적 관계로부터 자유로울 수 없다. 따라서 분단 이후 최초로 1960년대 스포츠 남북대화가 시작된 이래 스포츠는 오늘날까지 정치적 관계에 대한 논란의 대상이 되고 있다. 스포츠와 정치와의 관계는 역사적으로 그 궤를 같이 하고 있으며, 특히 20세기 냉전체제하에서는 스포츠의 정치적 역할뿐만 아니라 외교적 역할의 중요성이 더욱 가시화 되었다. 이와 같이 스포츠와 정치적 관계는 복잡한 세계경쟁체제하에서 '외교적 역할'과의 연계가 더욱 요구되었다.

이것은 독일 통일과정에서의 스포츠의 역할이나 중국과 미국간의 핑퐁외교, 그리고 90년대 걸프전 당시 알리의 역할 등에서도 극명하게 나타난다.

지금까지 우리는 남북체육교류에 있어서 정치적 역기능에 지나치게 예민하게 반응한 면이 없지 않았다고 본다. 그 동안 남북체육교류의 성패는 남북한 모두의 정치적 상황에 따라 결정되었다. 이것은 남북한이 서로 대치되고 있는 상황에서 불가피하게 초래된 원인이 크다고 할 수 있으며, 체육의 정치적 역기능도 이에 기인해서 파생된 결과라고 이해해야 할 것이다. 그럼에도 불구하고 그 동안 남북체육교류를 통해서 이만큼이라도 이질감이 해소되었던 것은 체육의 정치적 역기능에도 불구하고 그 순기능으로서의 결과라고 할 수 있다.

1992년 '남북체육교류 국제학술대회'에 참석하여 동서독 체육교류가 통일독일에 미친 영향에 대해 주제발표를 했던 당시 독일 쾰른방송국 스포츠편집국장 피셔(Herbert M.Fischer)는 분단국가에서의 체육교류시 문제를 해결하는데 정치적 역할의 필요성을 다음과 같이 설명해 주고 있다(안민석, 1998. 재인용).

양독의 체육인들이 서로 바르고 인간적인 교류를 할 수 있도록 노력하는 과정에서 결정적인 순간에는 늘 정치적 도움을 필요로 했다. 정치의 도움을 받고 난 후에야 비로소 독일체육은 접촉과 회담, 화해의 분위기 속에서 도덕적인 가치를 얻을 수 있었다. 이 때 도덕적인 가치는 경기와 스포츠를 통해서만 의미를 얻을 수 있으며, 또한 경기와 스포츠에 변함없이 신념과 힘, 그리고 강함을 부여해 준다.

그의 견해는 우리와는 그 역사적 과정에서 양상의 차이는 있지만 한 민족이 분단되어 40여 년간 이념적 대립이라는 같은 고통의 공통분모를 가지고 살아오다가 먼저 통일을 이룬 경험자로서의 의견으로 우리에게 시사하는 바가 크다고 하겠다. 동서독의 경우에 우리와는 달리 체육교류에 있어서도 비교할 수 없을 정도의 유연하면서도 빈번한 교류가 진행되었고, 그 중심에는 민간인들의 교류가 큰 역할을 하였음은 익히 알고 있는 사실이다. 그러한 그들도 이념적으로 대립하고 있는 분단국이라는 사실이 체육교류의 성공에 있어서 궁극적으로는 정치적 관계가 현실적으로 필연적일 수밖에 없었음을 반증하고 있다.
　'인간은 국가에 소속하지 않을 수 없는 정치적 동물이라는 데서 신이 아닌 이상 국가간의 체육교류 또한 대체로 정치적 성격에서 벗어날 수 없다.
　여기에 스포츠는 경우에 따라 국가간의 관계에서 정치적 논리에 종속되지 않을 수 없는 선천적 속성을 타고났다'고 주장하는 정용석 교수(정치외교학)는 남북체육교류의 정치적 순기능의 의의를, 첫째 선수와 임원단의 접촉을 통한 상호 이해증진과 불신 해소, 둘째 타 분야보다 스포츠가 비정치성을 두드러지게 띠고 있다는 것, 셋째 관중을 통한 화해 분위기 조성 등이라고 지적하고 있다(정용석, 1992). 이것은 곧 체육의 외교적 순기능을 의미한다고도 하겠다. 정치와 외교는 상호적인 관계 속에 작용하기 때문이다.

남북체육교류에 있어서 성패는 역설적으로 스포츠가 지니고 있는 순수성을 어떻게 성숙하게 정치·외교적으로 활용하는가에 있다고 하겠다. 스포츠는 오로지 시간·공간을 초월하여 세계적으로 통용되는 보편적인 규칙만이 필요한 신체적 활동이 그 본질적 특징이다. 그 속에는 어떠한 정치성도, 어떠한 이념도 무의미하다.

이러한 체육의 비정치적이고 비이념적인 본질이 남북관계처럼 동일 민족이 이념적 이유로 전쟁의 위험 속에 첨예하게 대치하고 있는 상황에서 민족공동체의식 형성과 이질감 해소, 그리고 화해를 위한 최선의 평화적인 정치·외교적 수단이 될 수 있기 때문이다. 영화나 미술, 문학, 무용, 음악 등의 예술분야는 본질적으로 표현의 범주에 개인과 국가의 이념적 영향이 작용할 수밖에 없기 때문에 남북한 모두 여기에서 자유로울 수 없다. 그 동안 부분적으로 교류의 시도가 있었으나 지속될 수 없었던 것도 이 이유에서이다.

따라서 남북교류에서 있어서 체육의 정치·외교적 종속과 역기능을 두려워할 것이 아니라 오히려 적극 활용하는 자세가 요구된다고 하겠다. 특히 현재 진행되고 있는 남북체육교류는 각자 사상을 달리하는 국가체제하에서 국가의 체육목표도 정면으로 대립되고 있다는 현실을 직시하는 데서 출발해야 한다. 1984년 평양 과학백과사전출판사에서 간행한 백과전서에는 체육에 대해 '사람들의 몸과 마음을 튼튼히 단련하여 그들을 자주적이며 창조적인 공산주의 혁명인재로 키우기 위한 사업'이라고 정의하고 있다(이학래, 김동선, 1995).

또한 1998년 개정된 북한헌법 제43조에는 '후대들을 사회와 인민을 위하여 투쟁하는 견결한 혁명가로 지·덕·체를 갖춘 공산주의적 새 인간으로 키운다'고 명시했다. 체육도 '견결한 공산주의 혁명가'로 양성하는데 있음을 시사한 대목이기도 하다. 또한 제55조는 '국가는 체육을 대중화, 실용화하여 전체 인민을 노동과 국방에 튼튼히 준비시키며'라고 지적하고 있다. 체육활동이 국방준비의 일환임을 밝힌 대목이기도 하다(정용석, 2001. 재인용).

이러한 남북간의 근본적인 체제적 대립이 현존한다는 사실이 남북체육교류에서의 극복해야 할 난제로서, 정치적 역량과 동시에 고도로 세련되고 성숙된 외교적 역량이 요구되는 배경이라고 하겠다.

현재 한반도 상황에서 스포츠는 '이념의 벽'을 뛰어넘어 평화적 교류를 가능케 할 수 있는 최선의 대안(代案)이다. 따라서 우여곡절을 겪으면서도 50여 년 동안 지속되어 온 남북체육교류의 힘은 이념적 부담으로부터 자유로울 수 있는 '스포츠의 순수성(혹은 중립성)'이라는 본질적 힘에 기인한 것이며, 체육교류의 의의는 극한적 사상 대립에 처해있는 두 체제간의 공감대를 이끌어 낸 스포츠의 정치·외교적 역량을 입증하는 결과라고 할 수 있다.

남북체육교류는 국가간의 정치·외교적 문제로 보는 시각을 가져야 한다. 그래야 객관적이고 냉철한 태도를 유지할 수 있고 힘을 가질 수 있다. 우리는 그 동안 '민족'이라든가 '통일'이라는 데에 너무 집착하여 북에 대해 지극히 비외교적인 민족적 정서에 호소하는 경향이 있었다고 본다. 회담이 결렬되거나 우리의 제안이 거부되었을 때 더 큰 상처를 입고 좌절했던 원인도 여기에 근거한다고 본다.

남북간의 체육교류는 이씨(李氏)와 김씨(金氏)와의 교류도 아니고 충청도와 경기도간의 교류도 아니다. 엄격하게 말해서 하나의 민족이 50여 년 동안 분단되어 완전히 다른 체제와 사상으로 변질되어버린 국가간의 정치적·외교적 교류인 것이다.

그 동안 남북체육교류의 과정에서 보면 북한은 처음부터 체육의 정치·외교적 역량의 중요성을 인식하고 전혀 예측할 수 없는 고도의 공산주의식 정치적·외교적 전략을 가지고 체육을 공격적으로 이용하였음을 알 수 있다.

1969년 김일성 주석이 참석한 가운데 북한의 조선체육지도위원회는 사회주의 이념을 성취하는 수단으로 하는 체육정책의 기조에 대하여 '대내체육경기와 국제경기에서 높은 성과를 획득함으로써 주체사상에 입각한 북한의 체육정책이 정당하고 우월하다는 것을 전 세계에 과시한다'고 발표했다(이학래, 김동선, 1995).

또한 김일성의 후계자인 김정일 국방위원장은 1986년 체육인들과의 담화에서 "체육을 발전시키는 것은 혁명투쟁과 건설사업을 성과적으로 추진하며 나라의 위력을 강화하고 민족의 우수성을 키워나가는 데서 매우 중요한 의미를 지닌다. 우리의 체육인들이 국제경기에 많이 나가 우수한 성과를 이룩하고 공화국 깃발을 휘날리면 조국의 영예와 민족의 슬기를 세계에 떨칠 수 있다. 조국의 영예를 빛내며 세계 여러 나라들과의 친선경기를 발전시키기 위해서도 체육사업을 발전시켜야 한다"고 강조했다(정동길, 2001).

북한의 국가체제 유지 및 강화를 위한 체육에 대한 적극적인 외교적 태도를 잘 알 수 있다. 북한이 처음부터 거의 매번 올림픽경기대회나 국제경기대회를 앞두고 남한과의 단일팀 구성을 제안했던 것도 서방과의 관계에 있어서 고립된 상태에서 남한을 발판으로 국제대회에 나가고자 한 것이라고 보아야 한다.

그 밖에 북한이 국제스포츠에 적극적인 원인은 비개방적 사회인

북한에서 그들의 말대로 북한을 세계적으로 '과시'할 수 있는 영역이 스포츠 외에 다른 문화·예술영역에서는 쉽지 않은 까닭이기도 하다.

50~60년대에 월북무용가 최승희를 중심으로 한 조선무용에 투자했으나 그들 스스로 최승희·안막 부부를 숙청시킴으로써 이 일도 실패로 돌아갔다. 또한 영화부문에서 그들이 많은 욕심을 가지고 있었음은 잘 알고 있는 일이다. 최은희·신상옥 납치사건이 이를 잘 대변해 준다고 하겠다. 그러나 그들이 탈출함으로써 실패로 끝나게 되었으며, 이는 김정일 국방위원장 개인의 취향이 절대적으로 반영된 일이라고 짐작되는 일이다. 백건우·윤정희 부부 납치미수사건도 이와 같은 맥락의 일이라고 해야 할 것이다.

그리고 이와는 좀 다른 경우이지만, 세계적인 작곡가였던 고(故) 재독 윤이상씨에 대한 그들의 추앙은 대단한 것이었다. 평양에 그를 위한 연구소를 제공했고 사후에도 그를 위한 추모는 지금도 지속되고 있다. 윤이상에 대한 공동음악회는 남한측이 그의 사상적 전력을 이유로 거부함으로써 무산되었다.

북한의 남한과의 체육교류는 그들의 국제적 위상을 높이는데 남한과의 연계가 필요한 과정이라는 인식의 발로라고 보여진다. 특히 최근에는 점점 어려워지는 경제적 위기와 세계정세 개편에서 오는 위기에서 스포츠에 대한 교류에 적극성을 띠고 있음을 알 수 있다.

북한의 부산아시아경기대회의 갑작스러운 참여 통고도 그들의 대남, 대일, 대미 등과의 경제 및 군사협상을 위한 하나의 전략이라고 보아도 무방할 것이다.

그 동안의 교류과정에서 보여준 그들의 예측할 수 없는 공산주의적 전략에 이용당하지 않을 정치적·외교적 역량과 전략의 준비를 위한 국내정책의 비전이 필요하다. 이것은 앞으로 남북체육교류의 성패를 좌우할 수 있는 핵심이며, 나아가 우리 정부가 국내 스포츠 정책의 중요성에 대하여 각성을 하는 계기가 되어야 할 것이다.

2. 스포츠의 사회통합적 역량의 성과

2002년 6월의 남한은 전국 방방곡곡에 붉은 색과 태극기의 물결로 뒤덮였고 한 달 내내 '대한민국'이라는 함성이 울려 퍼졌으며, 4천만 국민이 모두 얼싸안고 친구가 되었다. 이로써 6·25전쟁 이후 '빨갱이'의 상징으로 우리에게 금단시되었던 붉은색이 비로소 명예 회복을 할 수 있었고 그 동안 장롱 속이나 단상의 전유물이었던 태극기가 비로소 일상의 삶 속에 들어 올 수 있었으며, 너와 나를 가르던 마음의 벽을 무너뜨리고 화합할 수 있는 가능성을 볼 수 있었다. 우리 민족이 그 동안 경험해 보지 못했던 이러한 '국민적 축제의 환희'는 바로 '축구'라는 스포츠를 통한 사회통합의 결실이었다. 스포츠의 이러한 평화적인 사회통합적 기능을 통해 분단 반세기의 간극을 점진적으로 해소해 나가고자 하는 것이 남북체육교류의 목표이자 성과이다.

90년대 이후 경험했던 남북단일팀 구성과 서울과 평양에서의 교환경기는 통일에 대한 감격을 잠시나마 느껴볼 수 있는 기회가 되었다. 그러나 그것은 남북한 사이에 존재하는 이질감을 확인하는 기회이기도 했다. 앞으로 통일이 되는 날이 길어질수록 남북의 이질감은 더욱 가중될 것이다.

남북체육교류 현장이나 이산가족상봉의 기회를 통해, 그리고 방송을 통해서나 신문을 통해 보여지는 북한동포들의 겉모습은 바로 우리 이웃의 모습이었으나 그들의 생각과 말은 50년 이상의 간격을 느끼게 했다. 그 중에서도 가장 우리에게 충격적으로 다가온 것은 남녀노소를 막론하고 모든 사람들의 감각기관을 지배하고 있는 듯한 '김일성'과 '김정일'이라는 개인에 대한 절대적인 우상화였다.

가장 비정치적이고 비이념적인 스포츠경기의 현장에서도 그들은 한결같이 두 인물에 대한 찬양으로 일관하였다. 북한은 심지어 개인의 인생까지도 김일성, 김정일에 우선할 수 없으며, 과학, 문학, 예술 등 모든 학문세계도 모두 두 사람의 찬양, 고무로 귀결된다. 이것이 50년 북한체제의 실상이다.

1997년 6월 30일부터 7월 1일까지 남한의 '남북신뢰회복추진협의회'와 북한의 '북한민족문제연구소'와의 공동주최로 중국 북경에서 열렸던 학술회의에서 발표된 북한측 지식인들의 발표내용을 보면 이러한 실상을 짐작할 수 있다. 그 학술회의는 '한반도의 평화정착과 민족화합 방안'이라는 주제로 남한에서는 이학래 교수를 비롯하여 13명, 북한에서 8명이 참석했었다. 북한의 원동연이라는 인사의 '조선반도의 평화와 민족의 화해, 단합을 실현하는 민간인들의 사명과 역할'이라는 제목의 발표문의 일면을 소개하면 다음과 같다.

오늘 우리는 조선반도의 평화와 민족의 화해와 단합을 실현하기 위한 북남 인사들의 력사적인 첫 회합을 가지게 됩니다. 경애하는 김일성 주석께서는 사람이 사대주의를 하면 머저리가 되고 민족이 사대주의를 하면 나라가 망한다고 생전에 늘 말씀하시었습니다. 영명하신 김정일 장군께서는 사대는 매국이고 민족자주는 최고의 애국이라고 가르치고 계십니다. 경애하는 김일성 주석께서는 단일민족국가인 우리 나라에 있어서 진전한 민족주의는 곧 애국주의로 된다고 하시었습니다. 생전에 민족의 화해와 단합 조국통일을 그처럼 바라시고 북과 남의 각계 인사들이 한자리에 모여 통일문제를 허심탄회하게 론의할 수 있게 해 보시려고 그처럼 로고와 심혈을 기울이신 경애하는 김일성 주석께서 오늘 우리들의 화합을 보시었더라면 얼마나 기뻐하셨겠습니까. 위대한 주석님의 서거 3돐이 가깝게 다가오고 있는 이 시각 주석님에 대한 생각이 더욱 간절해지고 있는 우리들입니다. 나라와 민족을 위한 김일성 주석의 숭고한 뜻과 한없는 로고 불멸의 업적은 우리 민족사와 더불어 만대에 영원불멸할 것입니다.

경애하는 김일성 주석님 그대로이신 김정일 장군님의 민족관 역시 주석님과 꼭 같습니다. 김정일 장군님의 민족애는 불보다 더 뜨겁고 민족적 도량과 포용력은 바다보다 더 넓고 깊으며 민족에 대한 믿음은 하늘보다 더 높고 우주보다 더 무한합니다. 경애하는 김정일 장군님의 주체적 민족관은 그이의 불후의 로작 《조선민족 제일주의정신을 높이 발양시키자》 등에 반영되어 있으며 몸소 보여준 위대한 모범에서도 읽을 수 있습니다.

얼마 전에 발표하신 불후의 고전적 로작 《혁명과 건설에서 주체성과 민족성을 고수할 데 대하여》는 그것을 집대성한 최고결정체입니다. 우리 민간인들은 반평화, 반통일세력, 민족의 화해와 단합을 방해하는 세력들을 반대하여 보다 적극적인 활동을 벌려야 할 것이라고 생각합니다. 동냥은 못 줄망정 쪽박은 깨지 말랬다고 평화와 통일 화해와 단합을 달가워하지 않는 위정자들은 최소한 민간인들의 만남과 통일 론의를 방해하지 말아야 할 것입니다. 그 과정에 조국통일상 수상자도 많이 배출되였고 《통일의 꽃》 《통일의 희망새》 《통일의 불새》 《통일 할아버지, 할머니》라는 통일과 관련된 사랑스러운 이름들도 생겨났습니다. 우리 수령님께서 친히 작성 발표하시고 우리 장군님께서 빛나게 구현해 나가시는 《조국통일을 위한 전민족대단결 10강령》에는 민족의 단합과 조국통일위업에 공헌한 사람들을 높이 평가하며 그 후대들에게 특혜를 베푼다는 것이 명시되어 있습니다(원동연, 1997).

또 리금철이라는 인사의 발표 내용은 현재 남북간의 근본적인 차이를 극명하게 보여 준다. 《조선반도에서 전쟁 근원에 대한 분석과 평화구호를 위한 우리의 과제》를 일부 소개하면 다음과 같다.

평화에 대한 인류의 지향과 념원은 동서 랭전체제가 종식된 오늘에 이르러 더욱더 강렬한 것으로 되고 있습니다. 그러나 지금 우리 머리 우에는 항시적으로 전쟁의 위험이 무겁게 두리워져 있으며 이것으로 하여 조선반도 정세는 세상 사람들의 깊은 우려를 자아내고 있습니다. 최근에 어느 출판물은 세계적으로 전쟁발발의 위험성이 가장 큰 지역으로 조선반도를 꼽으면서 《조선반도는 이미 전쟁 신호등에 파란 불이 켜진 상태에 있다. 인류는 조만간 조선반도에서 핵전쟁을 예측이나 가정이 아닌 생동한 현실로 보게 될 것이다》라고 썼습니다. 조선반도 전쟁을 기정사실화하고 그에 대처하기 위한 전략을 로골적으로 추진하고 있는 미국의 움직임을 보면 전쟁신호등에 이미 파란 불이 켜졌다는 언론의 예고는 정확하며 먼 과거사는 덮어두고라도 외세에 의하여 나라와 민족이 분렬된 때로부터 오늘날까지의 50여 년 력사를 돌이켜보더라도 조선반도의 평화와 평화통일을 위하여 기울인 우리의 성의와 노력은 이루다 헤아릴 수 없는 것입니다. 이 기간 우리 당과 공화국 정부에서 내놓은 평화제안과 평화통일방안들은 무려 3백 수 십여 건에 달하고 있습니다. 그러나 우리의 이러한 지향과 노력에도 불구하고 평화는 고사하고 전쟁의 위험이 날을 따라 더욱 짙어가고 있는 것이 오늘 조선반도의 현실입니다. 저는 먼저 오늘 조선반도에 평화가 아니라 전쟁위험이 더욱 커져가고 있는 불행한 사태의 근원이 무엇인가 하는데 대하여 진단해보려고 합니다.
첫째로 조선반도의 평화를 유린하고 전쟁을 강요하는 장본인은 외세라고 봅니다. 조선반도를 세력권 확장을 위한 전초기지 핵전쟁기지로 삼으려는 미국의 전략에 따라 미·일·남조선 3각군사동맹체계가 더욱 강화되고 있는 것은 그 하나의 실례입니다. 외세의 전쟁행위와 관련하여 우리의 경계심을 불러일으키는 다른 하나의 문제는 남조선에 대한 무력증강 책동입니다.

둘째로 우리 민족 내부에도 평화를 유린하고 전쟁을 유발시키는 반평화세력들이 있다고 봅니다. 특히는 년간 30억 딸라 이상에 달하는 유지비를 걸머지면서까지 외국 주둔을 용인하고 있습니다. 외군 철수가 시대적 추세로 되고 있는 오늘의 현실에 비추어볼 때 이것은 우리 민족의 수치가 아닐 수 없습니다. 바로 얼마 전에 우리 나라 동해해상 군사분계선 가까이에서 벌어진 《합동상륙훈련》은 북을 선제공격하기 위한 그들의 기도가 매우 위험한 단계에 이르고 있으며 바야흐로 접전의 번개불이 우리 눈앞에 당장 떨어지려 한다는 것을 보여주고 있습니다. 여기에서 한가지 명백히 하고 넘어갈 것은 최근 반평화세력들이 그 누구의 《곤난》을 떠들면서 우리를 걸고 《전쟁위협설》을 내돌리고 있는 문제입니다. 이것은 적반하장입니다. 다음으로 북과 남의 민간인들이 평화의 목소리를 합치고 반전평화운동을 보다 적극적으로 벌려나가야 한다고 봅니다(리금철, 1997).

일부만을 발췌한 위의 두 글은 현재 북한의 실상을 보여주는 것이며 남과 북의 사상적·정서적 키워드의 근본적인 차이를 짐작할 수 있는 예이다. 사상적·정서적 괴리는 현재 급격한 격차를 보이고 있는 경제적 문제보다 더욱 심각한 사회적 문제이다. 이러한 남북의 괴리는 한민족이라는 공감대를 말살시키고 서로를 적대적 대립관계로 고착시키게 된다.

이미 남북의 관계는 위의 글에서도 보여지는 바와 같이 불행하게도 민족공동체가 아닌 서로 다른 정치이념에 따라 각각의 상이한 정치제도, 사회제도, 교육제도, 경제제도, 종교제도, 군사제도 등 '살아가는 방식'과 '생각하는 방식'이 다른 국가이다. 50년 분단의 역사는 한민족을 상이한 언어, 문화, 역사를 형성하면서 심각한 민족의 이질화를 초래했다.

그러나 역사의 흐름에서 볼 수 있듯이 90년대 이후 세계는 이미 사상적 대립의 시대를 벗어났다. 이것은 분단된 한반도의 운명에 기회이기도 하다. 북한은 2002년 제한적이나마 시장경제체제로 들어갈 수밖에 없음을 보였고, 다시 스포츠를 비롯하여 적극적으로 남북교류를 재개하고 있다.

이러한 변화는 통일에 대해 더욱 구체적으로 생각하고 통일 이후의 문제까지도 생각해야 하는 과제를 던져준다. 언젠가는 이루어져야 할 통일이 되는 과정은 물론 통일 후에도 수많은 난관이 있을 것임을 짐작할 수 있다.

독일의 경우를 보면 통일 후에 오히려 더 많은 문제가 야기되고 있음을 알 수 있다. 문제의 핵심은 서·동독인들 간의 삶의 격차이다. 자유민주주의와 사회주의의 서로 다른 국가체제하에서의 생활에서 오는 어쩔 수 없는 '이질감'과 그로부터 파생되는 사회문제가 현재 통일독일의 현안이다.

현재 서울의 대림미술관(통의동 소재)에서는 1989년 베를린장벽이 무너진 지 13년 후의 모습을 담은 '하나로서의 세계'라는 제목으로 통독 이후 독일 사진작가들이 찍은 사진들을 통해 바라보는 오늘의 독일을 전하는 전시회가 열리고 있다. 동과 서로 분단되어 지낸 반세기 동안 서로 엇갈려 버린 삶이 다시 붙었을 때 일어날 수 있는 혼돈과 고통을 30, 40대 작가 19명이 2백여 점 사진으로 착잡하게 '증언'하고 있다. 통일의 기쁨도 잠시 이윤 챙기기에 발 벗고 나선 서방기업들의 사냥터가 되어 버린 동독을 다룬 사진들 속에서, 동독은 병든 닭처럼 졸고 있고 매춘으로 마약 값을 버는 중독된 여성들, 사람 온기라곤 느껴지지 않을 만큼 황무지가 된 데사우의 풍경, '친구도 적도 아니게 된' 서독 사람들, 통독이 뒤늦게 내민 계산서들은 가혹했음을 사진들은 웅·변하고 있다.

중앙일보의 한 기자는 "이 사진들이 더 우리 가슴을 치고 들어오는 것은 남과 북으로 살아가고 있는 우리 현실을 돌아보게 하기 때문이다. '우리의 소원'을 부르짖기 전에 준비해야 할 일이 얼마나 많은가를 이 사진들은 작품으로 말하고 있다. 독일보다 훨씬 나쁜 상황에서 더 오래 분단이 이어지고 있는 한반도가 '만약 통일된다면' 이란 가정법이 이 사진들 속에 체험되고 있는 셈이다" 라고 적고 있다(중앙일보, 2002년 8월 30일자).

독일의 사진전을 전하는 문화란의 이 짤막한 기사는 분단된 한반도정세의 어려움과 통일 이후의 과제를 냉철하게 대변해 주고 있다.

앞으로 남북교류의 주요 과제는 통일이 되더라도 심각한 사회문제로 대두될 남북 국민들 사이의 이질감을 어떻게 극복하여 민족적 동질감을 회복하느냐가 관건이다. 그 동안 지루한 결렬이 계속되는 가운데에서도 50년이란 긴 세월 동안 교류를 지속해 온 남북체육교류의 의의는 바로 이러한 민족적 이질감을 해소하고 민족공동체의식을 함양함으로써 '사회통합'에 기여한다는 데 있다.

그 동안 스포츠를 전략적으로 이용하는 북한의 의도와는 상관없이 스포츠가 가지고 있는 '현장성'과 '개방성'으로 인해 교류는 단순한 경기로 끝난 것이 아니라 그 과정에서 이념을 초월한 가장 인간적인 접촉과 교감이 이루어졌다는 사실이다. 또한 스포츠는 축제적 성격과 오락적 성격을 가진 가장 대중적 문화활동의 하나로서, 선수들만의 행사가 아닌 현장의 관객과 TV매체를 통한 엄청난 관객이 동시에 하나가 되어 기쁘게 흥분하고 즐길 수 있다는 데에 사회통합적 역량이 크다고 하겠다.

이미 강대국들의 전유물이 되어 버렸지만 강대국들이 앞 다투어 올림픽이나 월드컵 등 국제스포츠경기대회를 유치하려고 하는 것도 스포츠행사가 세계 최대의 '관객'과 '관심'을 끌어 모을 수 있다는 데에 있다. 그것은 곧 경제력이며 최고의 '광고' 효과가 있기 때문이다.

1896년 개화기 때, 우리 나라에서 처음으로 근대적 '운동회'가 열렸다. 아직 보수적인 전통사회 관습을 채 벗어나지 못했을 때임에도 불구하고 한일합병이 될 때까지 근 10년간 학교 운동장이나 동네 언덕, 개천가 등에서 열린 운동회에는 한복을 입은 관중들이 수만 명씩 모여들어 인산인해를 이루곤 했다. 이 때 민중들은 운동장에서 스포츠를 하면서, 보면서 그리고 강연을 통해 미처 배우지 못한 개화나 근대에 대해, 그리고 교육의 중요성과 독립의 필요성에 대해 배우면서 모두 '하나'가 되어 항일의식을 고취시켜 나갔다.

그리고 1백 년 후, 1990년대 분단된 남북이 하나 되어 뛰었던 축구대회, 탁구대회 등을 통해 민족의식과 동포애를 고취했고 남북한 민족의 일체감을 통해 남북이 동반자라는 것을 체험할 수 있었다. 남북의 언론은 한마음으로 남북체육교류의 의의와 감동을 다음과 같이 전했다.

남북정치회담이 형식적·수사적인데 비해 체육·문화분야의 교류는 즉각적인 민족동질성을 확인하고 민족적 정서의 통합을 이룩하는 직접적인 효과를 거둘 수 있음을 다시 확인한다 (중앙일보, 1990년 10월 13일자. 안민석 1998. 재인용).

'이번 북남통일축구가 북과 남의 체육인들 사이의 단합과 협력을 강화하고 축구분야에서의 북남유일팀 탄생을 가져오며 온 민족의 화해와

단합의 새로운 장을 펼치며 90년대 통일의 새 전기를 마련하는데 기여
하게 될 것을 진심으로 바라마지 않는다(로동신문, 1990년 10월 10일자.
안민석, 1998.재인용).

스포츠 현장에서의 감동은 생리적으로 쉽게 잊혀지지 않는다.
1988년 서울올림픽에서의 감동도 이번 월드컵에서의 감동도 아직
도 우리 가슴속에 그대로 남아 있다. 그 때의 그 함성이 아직도 귓
가에 울리는 듯하고 운동장에서, 길가에서, 카페에서 서로 얼싸안았
던 이름도 성도 모르는 이웃의 웃던 얼굴이 지금도 선하게 남아 있
다. 이것이 '스포츠의 힘'이다. 남북의 선수들이 함께 운동장에서 뛰
고 남북의 7천만 동포가 승패를 넘어서 통일을 바라는 한 마음으로
그들을 응원하고 함성을 지르던 그 순간은 그대로 우리 민족 모두
의 가슴에 새겨지게 되는 것이다.

그 동안의 남북체육교류의 의의는 '몸과 몸' '마음과 마음'을 맞닿
게 하는 체육교류야말로 상호 불신을 해소하여 민족적 동질성을 회
복시키고 민족적 화해 분위기를 조성하는 지름길이라는 사실을 확
인해 주었을 뿐 아니라, 이를 계기로 남북고위급회담의 총론적 합의
도출이 가능한 화해 분위기 조성에 기여한 것이라고 하겠다(이학래,
1992).

이와 같이 남북교류에 있어서 체육은 순수한 인적교류를 통하여
분단의 세월 이상으로 이질화되어 있는 7천만 한민족이 동질감을
회복하여 사회적 통합을 이루는데 그 역할을 담당했으며 앞으로 남
북교류 및 통일에 이러한 스포츠의 평화적인 사회통합적 역량이 기
여를 하게 될 것이다.

Ⅳ. 남북한체육교류의 추진과제

1. 체육행정기구 위상 강화를 통한 활성화 방안

2000년 6월 15일 최초로 남북의 두 정상이 평양에서 만난 일은 분단의 역사에서 최고의 뉴스라고 할 수 있다. 현 정부는 과거 어느 정부에서도 이루지 못한 남북정상회담을 이끌어 냈다. 또한 금강산 관광은 그 동안의 남북교류의 흐름을 바꾼 실리외교의 산물이었다.

체육교류에 있어서는 특히 '현대'가 체육교류에 민간인 자격으로 참여함으로써 새로운 국면을 창출하기도 했다. 10월이면 최초로 국내에서 개최되는 국제대회에 북한이 참여하게 됨으로써 남한에 인공기가 휘날리게 되었다.

이것은 90년대 이후 40년간 결렬을 계속하던 끝에 이루어진 탁구, 축구의 남북단일팀 구성과 남북 올림픽 공동입장 등에 이은 국제대회에서의 근 10년만의 만남이다. 특히 부산아시아경기대회의 북한 참가는 남한에서 열리는 국제대회에 북한이 처음으로 참가하게 되는 경기로서 역사적 의의가 크다고 하겠다. 또한 남북체육교류의 새로운 전기를 마련하는 계기가 될 것이다. 이것은 궁극적으로 남북문제의 진전을 의미하는 것이다.

특히 이상하리만큼 북측이 우리 제안에 빨려 들어 왔다고 우리측 회담 고위 관계자가 말할 정도로 연이어 체결되는 남북의 경협 현안과(중앙일보, 2002년 8월 30일자), 최초로 북·일 정상회담이 이루어진다. 그리고 부산아시아경기대회에 김정일 국방위원장의 답방이 이루어질 것이라는 소식도 간간이 나오고 있다. 그런 사이에 8월 28일 워싱턴발 뉴스는 미국 내에서 최고의 힘을 가지고 있다는 럼스펠드 국방부장관의 '북한은 곧 내부 와해될 수 있다'는 경고의 말을 전하고 있다.

미국의 북한문제 전문가인 스탠리 로스가 '북한정세에 대해 어떠한 예측도 하지 않는 것이 현명하다'고 경고했듯이 북한과의 문제는 스포츠교류에 있어서도 예외는 아니다. 부산아시안게임의 북한 참가도 분단이래 지속적으로 노력해 온 우리의 체육교류의 노력의 결과라고도 볼 수 있지만 북한의 치밀한 내부적 계산에서 나온 작품이라고 보아야 할 것이다.

우리가 추구하는 북한과의 체육교류의 목적은 비이념적 스포츠를 통해 이질감을 극복함으로써 한민족공동체의식을 회복하여 평화적인 사회통합을 이루자는 데 있다. 이것은 통일을 이루는 과정에서뿐만 아니라 통일 후에 올 사회적 혼란을 최소화시키는데 그 의의가 있다고 하겠다. 현재 남북교류에 있어서 체육교류는 이러한 의미에서 그 어느 분야보다 중요한 역할을 담당하고 있는 것이다.

남북문제가 새로운 전환적 국면에 접어 든 것은 확실하다. 동시에 남북체육교류도 이러한 전환적 국면에 대처해야 하는 중요한 시점에 와 있다. 통일이 점진적으로 이루어지든, 아니면 럼스펠드의 예언처럼 어느 날 북한이 와해되어 통일이 되든 남북간의 괴리에서 초래된 사회적 이질감은 가장 심각한 사회적 문제가 될 것이다. 현재 통독의 경우가 이를 증명해 주고 있다. 만약 후자의 경우가 된다면 그 심각성은 더욱 클 것이다. 앞으로 남북간 체육교류의 역할은 더욱 중요할 것이라고 보는 이유가 여기에 있다.

이러한 추세는 이에 대응할 수 있는 국내 체육의 정치적·외교적 역량을 요구하게 된다. 이것은 곧 대한민국의 체육정책의 역량을 의미하는 것이며 이를 집행할 강력한 체육행정조직의 필요성을 의미하는 것이다. 그러나 이를 관장해야 하는 국내 체육행정조직은 오히려 점점 축소되어 가고 있는 실정이다.

86아시안게임과 88올림픽 유치를 계기로 그 동안 독립된 부서 없이 문교부 산하 과·국에서 관장하던 체육업무를 1982년 체육부가 신설되면서 비로소 독립적인 정부 산하기구가 관장하게 되었다. 1990년에는 청소년의 사회문제가 심각하게 대두되면서 체육부가 체육청소년부로 개칭되고 청소년문제를 함께 담당하게 되었다. 그러다가 문민정부가 들어서면서 1993년 체육청소년부는 문화체육부로 개칭되면서 종전의 산하 3국이 2국으로 축소되었다. 그리고 대북정책에 대해 역대 정권 중 가장 유연하고 적극적인 '햇볕정책'을 펴고 있는 현 정부가 집권한 이후 1998년에는 체육이 완전히 빠진 문화관광부로 바뀌면서 2국에서 1국으로 더욱 축소됨으로써 현재 문화관광부 산하 1국(체육정책국)에서 겨우 그 명목을 유지하면서 분단된 조국의 체육교류까지의 업무를 포함해서 남한의 총괄적인 체육정책을 관장하고 있다. 물론 남북교류관계는 정부와 통일원과의 긴밀한 연계 속에 이루어지고 있지만, 체육의 주체적 기관으로서의 위상으로 볼 때 심각하게 재고되어야 할 문제이다.

현재 북한은 국가체육위원회라는 독립된 체육기구를 통해 강력한 체육정책을 실시하고 있다. 분단 이후 '체육지도위원회'를 시작으로 1987년 '국가체육위원회'로 개칭되었고, 1997년에는 '체육성'으로 그 명칭이 개칭되기도 했다. 그러나 이와 같이 명칭의 변화는 있었지만 북한은 일관되게 독립된 체육기구를 통해 체육정책에 힘을 실어 주고 있다.

남북체육교류 시에 북한은 행정조직상 대표성을 가지고 임할 수 있는 구조가 마련되어 있다. 반면에 우리는 문화관광부에 소속된 한 국(局)의 구조 속에서 그들과 교류에 임해야 하는 실정이다. 그러다 보니 우리는 사람이나 조직에서 일관성을 갖거나 독립된 대표성, 상징성을 갖기가 어렵다.

국가간 관계에 있어서 담당 행정조직의 장(長)의 상징성이 국가간 위상에 있어서 얼마나 예민하게 작용하는지는 최근 방한했던 미국 크리스토퍼 러플러에 관한 신문 반응이 잘 대변해 주고 있다. 서울의 한 신문은 '미국, 대선 주자들 면접 보나'라는 제목으로 다음과 같이 보도했다(중앙일보, 2002년 8월 31일자).

노무현 후보는 반미는 아닌 것 같다. 그렇게 우려할 만한 인물은 아니라고 느꼈다. 30일 이한한 크리스토퍼 러플러는 사석에서 자신의 방문 성과를 이처럼 말했다고 한다. 그는 미국무부 동아태담당 부차관보다. 우리로 치면 외교통상부 국장급이다. 그는 29일 민주당 노무현 후보와 무소속 정몽준 의원을 면담하고 2박3일만에 돌아갔다. 그의 방한 목적은 유력한 대선 주자들의 생각을 직접 들어보고 한국의 연말 대선을 전망해 보기 위한 것이었다. 말하자면 '대선주자 면접시험'을 본 것이다. 한나라당 이회창 후보는 이날 오전 9시에 여의도 당사에서 러플러 차관보와 만나기로 했다가 약속시간 두 시간쯤 전에 미국대사관을 통해 면담 취소를 통보했다. 미국측은 이 후보가 한국 유권자의 기분을 의식해서 그런 결정을 내린 것으로 이해하긴 했지만, 기왕에 잡은 약속을 돌연 취소한 것이 섭섭하다는 표정이다. 미국과 미군에 대한 한국 국민의 시선이 곱지만은 않은 때다. 대선 주자들의 대미관이나 미국의 평가 모두가 중요하지만 이런 때 미정부의 국장급 관리가 한국의 대통령후보군을 줄줄이 구술시험한 듯한 오늘의 상황은 개운치 않다. 한국 대통령후보의 위상이 미국에선 그런 정도밖에 취급되지 않느냐는 볼멘소리가 일각에서 나오고 있다. 노 후보와 정 의원도 러플러 부차관보를 당사와 국회의원회관 사무실로 각각 불러 만났고, 미국의 정책에 대하여 쓴 소리를 마다하지 않는 면모를 보이긴 했어도 '면담의 격(格)'을 의식했어야 했다는 지적은 피하기 어렵다. 러플러 차관보와 면담 약속을 정했던 이회창 후보도 이 같은 지적에선 자유롭지 못하다.

1990년 북경아시안게임 당시 감격적인 남북공동응원이 벌어질 때 남북의 '체육장관'들이 자연스럽게 만나 회동을 가짐으로써 남북체육교류 활성화를 위한 본격적인 남북체육회담의 계기를 마련하였던 것이다(이학래, 1992).

국내문제는 물론 더욱이 국제관계에서 그 명칭과 위상의 문제는 일의 성사과정에 있어서 헤게모니 장악이라는 측면에서도 중요한 역할을 한다. 남북체육교류는 남북간만의 교류가 아니고 국제교류이라는 인식이 필요하다. 주변 국가와의 관계와 특히 국제스포츠기구와의 긴밀한 관계 속에서 성공할 수 있는 일이다.

1963년 최초로 남북체육회담이 성사되기까지는 국제올림픽위원회의 중재가 기여를 했고, 이후 줄곧 IOC의 중재가 있었으며, 88서울림픽대회를 앞두고 IOC는 남북에 단일팀 구성 제안을 하기도 했다. 실제로 IOC는 북한에 국제경기대회 참가 촉진을 위해 평양에 위원을 파견하기도 하였다. 뿐만 아니라 FIFA나 각 종목의 국제연맹기구에서 한반도의 긴장완화를 위한 남북체육교류를 위한 중재역할의 의사를 밝히기도 했다.

앞서 언급했지만 남북체육교류는 고도의 정치적·외교적 역량이 필요한 분야이다. 국내에 산적한 체육정책의 문제는 물론 한반도 문제에서 남북체육교류가 차지하는 역사적 의의를 실현시키기 위해서도 남한측 체육계를 대표할 수 있는 독립적인 체육행정기구가 다시 부활하여 위상이 강화되어야 한다.

특히 북한의 50여 년간 김일성-김정일 부자로 이어진 일인독재체제하에서의 획일적인 대남정책(체육정책 포함)과 맞서 협상해야 하는 현 실정에서, 남한의 변화무쌍한 정책의 변화, 무엇보다 정권이 바뀔 때마다 변경되는 정치환경에서는 더욱 더 그 독자성을 인정받을 수 있는 체육계의 독립기구가 요구된다고 하겠다. 대북정책은 정권을 초월한 일관적인 정책이 필요한 영역이다. 남북체육교류에 있어서 체육정책 또한 이러한 맥락에서 추진되어야 한다.

불행하게도 체육분야는 분단 이후 정권의 교체에 따른 부침이 그 어느 분야보다도 컸다. 5·16혁명정권이 추진한 체육드라이브 정책은 엘리트체육의 성공을 가져 왔다. 이후 이 정권에서 자유로울 수 없었던 군인 출신의 전두환, 노태우 정권은 아시안게임과 올림픽 유치를 그들의 집권과정에서의 초래된 역사적 부담을 청산하기 위한 면죄부로서 이용한 것은 아닌가 라는 의구심을 갖기에 충분했다. 양 경기를 성공적으로 치르기 위해 체육부가 창설된 것이 이 때이고, 많은 민주투사들은 88서울올림픽 개최 반대투쟁에 나섰다. 이것이 우리 현대사의 불행이었으며 선진적 체육의 미래에 대한 불행이었다. 그리고 공교롭게도 오랜 투쟁 끝에 군사독재정권을 청산하고 집권에 성공한 민주투사 출신인 김영삼·김대중 정권이 세운 '문민정부(문화체육부)'와 '국민의 정부(문화관광부)'에 들어와 체육행정기구는 점점 축소되어 갔다.

이러한 일련의 과정을 보면서 아직도 일부 국가지도자들이 '체육=군사독재시절의 전리품'이라는 망상에 사로잡혀 있는 것은 아닌가 하는 의심을 지워버릴 수 없다. 체육에 대해 과거 군사정권 시절을 일컫는 '체육공화국'의 산물이라는 피해의식에서 벗어나야 국가적으로 체육의 선진적 철학이 자리잡게 될 것이라고 생각한다. 이제 체육은 내정(內政)에서나 남북체육교류 정책에서 정쟁에 이용되거나 희생되어서는 안 된다.

21세기 체육은 인류의 복지국가 실현의 세계 공통의 척도이다. 앞으로 남북체육교류의 목표도 궁극적으로는 통일 후의 '복지국가 실현'을 위한 것이어야 한다. 이를 국가의 최고책임자가 정책적 철학으로 인식해야 한다. 복지국가 실현을 위한 체육정책을 위해서는 물론, 앞으로 더욱 급변할 남북체육교류에 대비하기 위하여 체육부부활이 필요하며, 이에 따른 국가체육행정기구의 위상 강화가 선행되어야 할 것이다.

2. 비용절감과 현실적인 인적교류의 활성화 방안

현재 체육계와 법학계의 남북체육교류를 연구하는 학자들 중심으로 꾸준하게 제기되고 있는 비무장지대 내의 남북 공동스포츠시설 제안을 반대한다. 그리고 그 대안으로 남북의 기존 지역사회의 스포츠시설 이용 및 민박을 활용하자는 방안을 제안하고자 한다. 이렇게 했을 때 비용절감은 물론 지역사회 주민들과의 일상적인 접촉을 통해 진정한 남북간 인적교류를 활성화할 수 있다고 보기 때문이다.

우선 비무장지대 내 체육시설 방안에 대한 반대의견을 피력하고자 한다. 우스개 말로 미국의 미시간주에 위치한 미시간 호수에 한반도가 빠지면 퐁당 빠져 버린다고 한다. 그만큼 국토가 좁다는 말이다. 반면에 인구밀도는 세계 1위라고 한다. 이 통계는 당연한 결과이다.

우리 나라의 산야는 점점 고층아파트단지로 메워지고 있다. 그래도 내 집 마련이 어려운 실정이다. 경치 좋은 전국의 산과 계곡, 깊숙하게 자리 잡은 산사(山寺) 앞까지, 그리고 어느 틈에 해 뜨는 곳 동해의 정동진까지 모두 여관과 횟집과 고깃집과 노래방과 쓰레기로 뒤덮여 버렸다. 본인이 살고 있는 '통일 신도시' 파주(북한과 경계가 되는 임진강의 폭이 불과 3.2Km인 지역)의 통일전망대 주변도 한창 개발 중이다. 주말을 빼고는 아직 사람 구경하기가 쉽지 않은 한적한 곳임에도 불구하고 곳곳에 나무를 베고 무분별하게 상가와 음식점이 들어서고 있다. 그리고 무엇을 하려는지 짐작하기도 어렵게 산 하나가 몽땅 벌거숭이가 되어 가고 있다. 어디에도 통일을 상징하는 모습은 찾을 수 없고 오직 난개발의 상처와 온통 쓰레기뿐인 자연 파괴의 현장뿐이다.

21세기를 맞아 새롭게 신도시가 건설되고 있지만 주택과 학교와 유흥업소가 뒤죽박죽 섞여 연일 주민들의 집단항의가 끊이지 않고 있다. 이것은 국토가 좁은 원인이 아니라 정부의 비전 없는 무계획적인 난개발의 건설정책의 현주소를 잘 보여주는 현장이다. 어느 국제기구가 발표한 통계에 의하면 '삶의 질' 측면에서 우리 나라의 만족도가 방콕보다 훨씬 아래에 있다.

지난 지방선거에서 당선한 서울시장은 '청계천 복개'를 선거공약으로 내세워 시민들에게 신선한 충격을 주었고 시민들로부터 시선을 받았다. 30여 년 전에는 청계천을 덮는 것이 근대화이고 발전이고 잘 사는 것인 줄 알았다.

이번에 발견된 1906년 한국계 미국인 존 믹슨이 쓴 미래공상픽션 『1975년 서울 방문기(A visit to Seoul in 1975)』라는 작품에 1905년 서울을 찾은 저자가 청계천을 바라보며 1975년 이 부근의 도심 풍경을 상상하면서 서울은 파리보다 아름다울 것이라고 말했다고 한다(중앙일보, 2002년 9월 4일자). 요즘 신문마다 10년이 걸리더라도 이제는 제대로 하라고 하는 전문가들의 충고일색이다. 혹시 서울시장이 치적을 세우려고 자신의 임기 내에 무리하게 마무리하느라고 또 다시 부실공사가 될 것을 염려해서이다.

현재 전국에서 귀중한 역사적 유물마저 개발을 이유로 마구 훼손되고 있다. 우리는 그것을 막을 엄격한 정책적 시스템이 부족하다.

현대문명사회에서 '개발'은 필요불가결한 것이다. 그러나 선진국의 개발은 빨라서 세계 제일이 아니다. 인간 존중의 사고, 환경 존중의 사고가 그 중심에 있기 때문이다. 그리고 그렇게밖에 할 수 없는 엄격한 사회적·정책적 시스템이 그것을 받쳐주고 있다. 우리 사회가 안고 있는 문화적 척박함의 원인이 바로 이러한 요인의 부재에 있다고 하겠다.

비무장지대의 시설건설(스포츠시설건설 포함) 방안은 통일에 관계없이 앞으로 세월을 두고 충분한 검토가 필요한 중대한 국가적 사안이다. 불행하게도 아직 우리 나라는 개발에 대한 선진적 컨텐츠의 역량이 부족하다고 보기 때문에 만약 개발을 하더라도 통일이라는 '시간적 제약'에 구애됨 없이 문화적으로 충분히 준비가 된 후에 거시적인 측면에서 접근해야 한다고 본다. 시행착오적인 건설로 인한 비무장지대의 훼손은 다시는 돌이킬 수 없는 역사적 유물의 훼손을 의미하기 때문이다.

비무장지대는 분단 이후 50여 년이 지난 지금까지 전쟁의 포화를 견디면서 묵묵히 한반도의 분단의 역사를 지켜보고 있는 한민족 현대사의 유일한 산 '증인'이며 '상징'이고 한반도에서 마지막 남은 유일한 '그대로의 자연'의 현장이다. 환경보고에 의하면 비무장지대에는 회귀식물이 잘 보존되어 있고 동물들도 자유롭게 생존하고 있다고 한다. 비무장지대는 역설적이지만 결과적으로 신이 내려 준 한반도 분단의 '선물'이고, 세계 유일의 '자산'이다. 이것은 곧 세계의 유산을 의미한다. 세계에서 마지막 남은 분단국가인 한반도의 비무장지대는 벌써 세계인의 주목을 받고 있다. 비무장지대의 보존은 앞으로 인류역사에서 20세기의 동서냉전시대를 후대에 보여 줄 '살아 있는 박물관'이 될 것이며 세계적인 관광명소가 될 것이다. 이제 비무장지대를 잘 보존하는 것이 우리 후대가 해야 할 '역사적 사명'이라고 생각한다.

한편, 비무장지대의 보존은 역사적 가치 외에도 그대로 두는 것이 미래에 무산적(無算的)·경제적 가치로서 국익에 도움이 될 것이다. 영국 케임브리지대학과 미국 메릴랜드대학의 합동연구팀은 과학 전문지 「사이언스」 최신호에서 자연을 개발하는 것보다 그대로 보존하는 쪽이 비용이나 수익면에서 백배 이상의 경제적 이득을 얻을 수 있다는 연구결과를 보고했다(조선일보, 2002년 8월 12일자. 또한 세계가 자연을 개발하지 않고 보존할 경우 얻을 수 있는 혜택을 돈으로 환산하면 적어도 연간 4조4천 억에서 5조 2천억 달러에 이른다고 한다).

독일의 사상가 하이데거는 앞으로 인류가 해야 할 일은 '자연을 그대로 내버려두는 일'이라는 철학적 화두를 현대인에게 던지고 있다. 그리고 통일을 위한 전략적 측면에서도 비무장지대 안에 시설을 건설하여 활용하는 것보다 그대로 두고 보존하는 것이 더욱 효과적인 전략이라고 생각한다.

남북체육교류의 활성화를 위해 비무장지대에 체육시설을 건설하여 남북이 공동으로 활용하자는 의견 대신, 다음과 같은 측면에서 서울만이 아닌 전국의 지역사회 체육시설을 활용하고 민박을 활용할 때 더 큰 효과를 얻을 수 있다고 생각한다.

첫째, 경제적인 측면이다. 앞으로 정부의 한반도 통일과 그 후를 위한 비용의 부담은 엄청날 것이라고 예측하고 있다. 현재 통일독일이 겪고 있는 통일비용이 독일경제에 큰 부담으로 작용하고 있는 사실은 우리에게 교훈이 되어야 한다.

통일은 민족적 과업이다. 그러나 그 과정에서 부작용을 최소화할 수 있는 현실적이고 효율적인 전략이 요구된다. 통일이라는 대의명분 때문에 방법론에서 자칫 전시적인 측면으로 흐르기 쉬운 면이 있다. 전시적 행정은 과비용을 초래하게 되는 원인이다. 남북체육교

류에 있어서도 교류를 위해서 새로운 시설을 건설한다는 발상은 비
효율적 결과를 초래할 수 있다.

남한에서는 그 동안 86아시안게임, 88서울올림픽, 한일월드컵대
회, 그리고 부산아시안게임에 이르기까지 많은 국제스포츠행사를
치르면서 전국에 걸쳐 국제적 규모의 스포츠시설을 갖추게 되었다.
특히 한일월드컵을 치르면서 서울을 비롯하여 전국의 대도시에 현
대적 디자인과 규모의 스타디움을 갖게 되었다. 오히려 지방에서는
월드컵 이후 엄청난 비용을 들여 지은 시설의 활용이 부진할 것을
걱정하고 있다. 모든 시설이 그렇듯이 스포츠시설 또한 사후 사용하
지 않으면 오히려 낙후가 심화될 수 있다. 그리고 유지·보수하는데
더 큰 비용의 부담이 들게 된다. 북한도 우리와는 현격한 차이는 있
지만 체육의 국제화를 지속적으로 추진한 결과 국제적 규모의 체육
시설을 갖추고 있다.

이와 같이 남북한체육교류를 위한 새로운 시설을 만약 비무장지
대 외라도 건설한다는 것은 경제적 낭비와 국토이용의 역기능적 측
면에서 지양되어야 하며, 남북의 기존의 체육시설을 이용해도 충분
히 남북체육교류가 가능하다고 보며, 오히려 있는 시설을 어떻게 활
용할 것인가에 대해 적극 검토해야 할 것이다. 여기에는 스포츠시설
뿐만 아니라 경기력 향상 교류를 위한 연구시설까지 포함해야 한다.
그간 남북공동체육연구기관의 설치를 제안하는 의견도 있었다. 이
것도 새롭게 건설할 것이 아니라 기존의 국가 및 전국의 대학 산하
에 있는 시설의 교환활용이 경제적 효율성 외에도 다음에 언급할
인적교류의 측면에서도 더욱 효과적이라고 본다.

둘째, 일상적인 생활에서의 접촉을 통한 인적교류의 활성화이다.
위에서 언급했듯이 먼저 남북의 기존 체육시설을 이용하는 과정에
서 오는 중요한 기대는 남북의 사람들이 일상적인 삶 속에서 만날

수 있다는 것이다. 비무장지대 같은 한정된 장소에서는 일반인들의 참여가 어려워 남북간 당사자들과의 만남으로 제한적인 교류가 될 수 있다. 지역사회 시설을 이용했을 경우, 경기나 연습 시에 지역사회 주민이 관객으로 참여할 수 있고 이동시에도 자연스럽게 남북의 동포가 접촉하게 되는 기회가 될 것이다.

셋째, 선수들의 숙식해결 문제를 해결하는 방법으로 민박(home stay)을 활용하는 것이다. 민박은 그 사회를 이해하고 실상을 체험할 수 있는 가장 합리적인 방법이다. 우리가 외국에 갔을 때, 혹은 외국인이 우리 나라에 왔을 때 그 나라를 빨리 이해하기 위해 선택하는 방법의 하나가 민박이다. 남북간의 체육교류에서도 이것을 활용해 보는 가능성을 적극적으로 검토해 보기를 제안한다.

현재 남북이산가족 상봉에서조차 당국에서 지정한 제한된 장소에서만 가능하고 아직까지 서로의 가정을 방문하는 것이 허용되지 못하고 있는 실정을 볼 때, 현실적으로 어려운 점이 한두 가지가 아닐 것이다. 그러나 서로 간에 보다 성숙한 의지를 가지고 시도해 본다면 형식적인 틀을 벗어나 일상적인 삶을 통한 '진실한' 남북간 인적교류가 될 것이다. 이것은 초기에는 서로간의 격차를 느끼게 되어 혼란도 있을 수 있으나, 궁극적으로는 오히려 민족의 이질감을 해소하는 데 걸리는 시간을 줄여주게 될 것이다. 민박의 경험은 남북간 동포 간에 통일 후에 대한 선경험(先經驗)적 의의가 있다고 하겠다. 통일이 되면 어차피 남북 모두 있는 그대로의 삶을 노출해야 하기 때문이다.

3. 체육지도자·학자·전공학생 교류를 통한 활성화 방안

그 동안 남북체육교류에서 선수들의 교류에 치우쳐 체육학자들의 교류는 미진했다. 남한 교수로서는 처음으로 한양대 오희국(전자컴퓨터공학부), 차재혁(정보통신공학부) 두 교수가 2002년 6월 29일부터 두 달간 북한의 김책공대에서 IT분야 강의를 하고 돌아왔다. 그들은 "북한 대학생들은 한글판 윈도우가 없어 한글 입력이 어렵고 인터넷조차 연결되지 않는 컴퓨터를 가지고 학습 중"이라고 북한의 열악한 IT분야의 수준을 전하고 있다(중앙일보, 2002년 8월 31일자). 그밖의 북한과의 학술교류는 언어, 문학, 철학, 역사, 경제 등의 학계에서는 중국, 일본 등 제3국에서 남북간 학술교류를 진행하고 있다. 이에 관련된 미국이나 유럽의 학자들도 공동으로 참여하기도 했다.

체육은 위에 열거한 분야와는 다르게 경기와 병행하는 분야로서, 그 동안 남북간 경기교류를 통해 축적된 경험을 이제부터 체육학자 교류를 통해 더욱 활성화 시켜야 할 것이다. 남북 체육학자들의 교류를 통해 경기력 향상과 체육의 인문학적 발전을 기대할 수 있다. 체육학의 교류는 북한의 낙후된 IT분야와는 달리 상호보완적 교류가 될 것이다. 그 추진과제로서 다음과 같은 체육의 학문적 교류를 제안하고자 한다.

첫째, 대학 및 체육단체간 경기지도자의 교류이다. 경기력 면에서는 남한이 대체로 우위이지만 역도, 체조, 복싱, 사격, 소프트볼, 여자마라톤, 여자유도 등에서는 북한이 다소 우세하다. 이러한 면에서 남북간 스포츠과학의 이론적 교류를 통해 서로 부족한 분야의 경기력을 극대화할 수 있을 것이다. 최근 우리는 네덜란드의 히딩크 감독을 파격적으로 초빙함으로써 성공을 했다. 남북한 지도자교류는 인적교류이면서 각자의 경기환경에 새로운 변화를 주는 기폭제가 될 것이다.

둘째, 대학간 자매결연의 형태로 교수 및 학자교류를 통한 체육학의 통합적 발전을 기할 수 있다. 이것은 대학과 연구기관 간 상호

방문강의나 좀더 체계적인 교환교수제도 마련 등을 통해 기여를 할 것이다. 특히 역사분야에서의 교류는 큰 의의가 있을 것이다. 일반 역사학에서와 마찬가지로 그 동안 분단되어 반쪽의 체육의 역사서술에서 벗어날 수 없었다. 남북 체육사가들의 교류는 양측의 축적된 연구결과를 바탕으로 전통사회 체육사의 연구는 물론 한민족의 '스포츠 대일(對日)항쟁사'를 집대성할 수 있을 것이며 분단 이후의 체육사를 비교 정리함으로써 비로소 우리 민족의 현대체육사가 완성될 것이다. 남북공동의 체육사 연구의 의의는 현재 진행되고 있는 남북체육교류의 '시대정신'을 제공해 줌으로써 교류과정에 정신적 토대를 마련해 준다는 데 있다. 이러한 완성된 한반도 체육사의 성과는 일반 역사학의 발전에도 기여를 할 것이다.

그리고 그 동안 단절된 한민족의 민속경기에 대한 공동연구는 민족공동체의식 형성을 위한 기초자료로서도 남북의 체육학자들이 앞으로 반드시 연구하여야 할 중요한 과제이다. 그 밖에 현재 남한에서 학계에서나 언론에서 혼용되어 쓰고 있는 '체육'과 '스포츠'의 용어적 혼재와 경기영어에 대해 남북의 체육학자들이 모여 합일된 의견을 도출해 내는 것도 중요한 추진과제이다.

셋째, 체육학 전공학생들의 교류를 통한 체육의 학문적 교류의 저변확대이다. 학생들은 앞으로 통일을 이루거나 통일 신세대로서 중요한 위치에 있는 사람들이다. 체육을 전공하는 젊은 세대는 그 동안의 체육교류를 통한 남북관계 개선의 역할을 이어가야 할 의무를 가지고 있다는 측면에서 그들의 남북간 상호교류는 '차세대 체육교류'의 시작을 위한 첫걸음이 될 것이다.

V. 결론

현재 북한은 분단 이후 그 어느 때보다도 급격한 변화를 하고 있다. 이 글을 준비하는 두 달 동안은 하루 자고 나면 새로운 뉴스가 터지는 일의 연속이었다. 심지어 서론을 끝내고 다음 장을 쓰고 있는 중에도 계속 새 소식이 나오곤 하여 혹시 이러다가 결론을 쓸 때쯤 되면 '통일'이 되었다는 뉴스가 나오는 것은 아닌가 하는 망상을 하기도 했다.

중국에서의 연이은 탈북자의 행렬 소식과 함께 제2차 세계대전 종전 이후 57년 만에 처음 성사되는 북·일 정상회담 소식에 이어 김정일 국방위원장은 김일성 주석과 자신의 초상화를 떼라고 일본의 조총련계 초·중학교에 지시했다는 소식이 들린다.

이러한 북한의 예상치 못했던 숨가쁜 변화는 북한의 사정이 그만큼 어렵게 돌아가는 것을 의미하는 것이다. 북한은 이제 이념적 위기에 경제적 위기가 덮친 상황이 되었다. 김대중 대통령은 2000년 6·15남북공동성명을 끝내고 남북의 통일은 20~30년 후에나 가능하리라 본다는 말을 남겼다. 남북 모두 자나 깨나 '우리의 소원은 통일'이라고 외쳤던 기대에는 기대와 실망을 같이 준 전망이었다. 김경원 교수(고려대 사회과학원장)는 통일불가론이 우리 사회의 또 하나의 정설로 자리고 있다고 지적하고 있다(중앙일보, 2002년 8월 12일자).

통일에 대해 우리 국민들은 통일은 분명 우리의 소원이지만 그동안 경험으로 보아서 성취하기 위해서 노력한다고 해서 되는 일이 아니고 또 성취할 수도 없음을 습득하게 되었다. 독일의 통일 이후의 모습은 우리에게 통일에 대해 현실적인 태도를 가져야 한다는 교훈을 주었다.

세계정치학회 수석부회장이며 독일 브레멘대학 부총장인 막스카스 교수는 말하기를, 통독 12년은 옛 동독엔 좌절만 주었다고 하면서 40년간 정치·문화·사회적으로 단절되었던 양측의 이질감은 아직도 극복되지 못하고 있다고 했다. 그는 무엇보다 옛 동독의 경제시스템은 10년이 지나도 시장경제에 완전히 적응하지 못하고 있다고 지적했다(옛 동독의 실업률 20퍼센트, 옛 서독 실업률 7퍼센트). 그는 이어 독일의 이러한 경험은 시사하는 바가 크며 결코 잊어서는 안 될 문제라고 경고하고 있다(중앙일보, 2002년 8월 1일자).

'우리의 소원인 통일' 후에 남북의 민족이 함께 겪게 될 '이질감'에서 오는 고통과, 북한의 최근 제한적인 시장경제체제로의 전환도 현실적으로 얼마나 많은 난관이 있는 일인가를 냉철하게 보여 주는 글이다.

북한의 운명과 통일은 어느 누구도 예측할 수 없다. 이제 남북 모두에게 요구되어지는 사명은 통일지상주의가 아니고 역사에서 증명되고 있는 바와 같이 분단된 민족의 이질감을 어떻게 극복해 나가고 민족동질성을 회복하여 서로가 행복한 삶을 영위해 나갈 수 있는 길을 찾는 것이 관건이다.

한반도 통일을 위한 남북체육교류의 목적도 바로 여기에 있다. 체육교류는 남북의 민족간의 이질감을 해소하고 민족공동체의식을 회복하여 결과적으로 평화적인 사회적 통합을 이루어 낼 수 있는 가장 비이념적인 최선의 대안이다. 독일 현지에서 독일통일 연구를 통한 한반도 체육정책을 연구한 박정호 박사도 체육교류를 통한 한반도 문화적 유대감이 필요하다는 것을 그의 저서에서 강조하고 있다(박정호, 2002).

국내의 체육정책도 이를 직시해야 하며, 이를 위해서 무엇보다 이를 관장할 국가체육행정기구의 위상을 회복 강화하는 것이 선행되어져야 한다. 이는 국가지도자의 체육에 대한 역사의식이 요구되는 사항이다. 그리고 체육교류는 지금보다 더욱 유연하고 포용적 태도로 나아가야 할 것이다. 1992년 독일 쾰른방송국 스포츠편집국장 자격으로 '남북체육교류 국제학술대회'에 참석했던 피셔의 표현대로 체육교류에 임하는 모든 사람들은 '추리닝을 입은 외교관'(옛 동독 스포츠인을 가리켜 한 말)의 자세를 가져야 한다. 그리고 그는 당시 학술대회에서 본인이 남북체육교류를 어떻게 전망하는가 하고 물었을 때 다음과 같이 대답했다.

통일을 지향하는 스포츠교류의 차원에서 말씀드리고 싶은 것은 어떤 경우에도 인내를 잃지 말아야 한다는 점입니다. 당장에는 긍정적으로 평가되지 않는 교류라고 하더라도 그 교류를 진전시키는 것이 교류를 끊는 것보다 분명히 낫다는 것을 말씀드리고 싶습니다. 주제발표에서도 말씀드렸듯이 우리 서독 스포츠단체들은 뺨을 얻어맞을 각오로 교류에 임했으며 실제로 현장에 가서도 이러한 태도를 견지했습니다

연변조선족 체육운동 산생과 발전으로부터 본
남북체육교류의 필요성

김 용 철*

I. 서론

　조선민족은 유구한 력사와 문화를 가지고 있는 위대한 민족이다.
지난 세기부터 압록강, 두만강 이남의 조선반도로부터 이주한 중국
조선민족은 조선에서 이미 우수한 문화를 가진 민족으로 형성된 뒤
중국 땅에 건너왔다. 그들은 조선반도의 인민들과 한 핏줄을 타고난
동일 민족으로서 원시공동체사회, 노예사회, 봉건사회의 사회력사
발전단계를 함께 경유하면서 민족문화를 찬란하게 꽃피워 왔다.
　2백여 만 명이나 되는 중국의 조선민족은 반일투쟁의 특수한 력
사배경 하에서 장성되고 민족 자치의 독자적 자태를 가지고 줄기차
게 발전해 온 어엿한 민족으로서 백여 년 사이에 자기의 총명과 지
혜를 다하고 억척보두 노력하고 분투하여 세계 다민족문화사의 찬
란한 한 페지를 장식하였다.

* 중국 연변대 교수

중국 조선족 체육운동은 중국 체육운동사의 한 개 구성부분이며 우리 민족의 자랑이며 우리 민족 문화유산의 한 개 구성부분이기도 하다. 예로부터 문화를 숭상하고 교육과 체육에 남다른 중시를 돌려 온 조선족은 지난 백여 년의 세월을 주름잡아 오면서 자기의 민족적 특색의 체육운동을 활달이 전개함으로서 중국 체육사에 빛나는 한 페지를 장식하여 주었다.

그럼 아래에 정치적 영향 하에서의 조선족 체육운동의 산생과 발전에 대하여 고찰하여 남북체육교류에 도움이 있기를 기원한다.

Ⅱ. 연변지구의 자연개황과 간도성 명칭의 유래

독자들로 하여금 연변지구에 대한 인상을 깊게 하고저 연변지구 개황과 간도성이라는 명칭의 유래를 밝히는데, 연변조선족자치주는 중국조선족의 주요한 집거지구이다.

중국 길림성 동남부에 위치하고 있는 연변은 북위 41도로부터 44도, 동경 127도로부터 131도 사이에 있으며 동쪽으로는 러시아 연해주하산지구와 이어져 있고, 남쪽으로는 도문강을 사이에 두고 조선의 함경북도와 마주하고 있으며, 서쪽으로는 교하, 화전, 무송과 접해 있고, 북쪽으로는 흑룡강의 동녕, 영안, 해림, 오상현과 붙어 있다. 자치주 내의 국경선 총길이는 755.2km이다. 전주 면적은 4만 2.700㎢로서 길림성 총면적의 4분의 1을 차지한다.

자치주에는 조선족, 한족, 만족, 몽골족 등 16개 형제 민족이 살고 있다. 82년도 통계에 의하면 그 중 조선족은 자치주 내에 있어서 지방자치를 행사하는 주체 민족으로서 인구는 75만 4,567명인 바 전주총인구의 40.32%를 차지하고 있다. 연길, 도문, 훈춘, 화룡시의 조선족은 총 인구의 절반이상을 차지하고 있다.

인구의 분포정황을 놓고 보면 동쪽으로부터 서쪽에 이를수록, 그리고 남쪽으로부터 북쪽에 이를수록 인구가 적다. 이 특성은 이전에 조선으로부터 이주해 들어온 노선과 서로 일치한 것으로 볼 수 있다. 한족 인구는 107만 4,240명으로서 총인구의 57.4%를 차지하고 인구분포는 조선족과 반대로 서쪽으로부터 동쪽에 이를수록 적다. 이것 역시 관내로부터 이주해 들어온 노선과 서로 일치한 것이다.

기후조건을 보면 중온대 습윤계절풍 기후에 속하는데 주요 특징은 계절풍이 뚜렷하여 봄은 건조하고 바람이 많이 불고, 여름에는 비가 많이 오고 더우며, 가을은 서늘하고 비가 적게 오며, 겨울은 춥고 긴 것이다. 때문에 가을은 체육운동이 황금계절인 것이다.

지난날 연변지구를 간도라고 부르게 된 것이 유에 대하여 설법이 많은데 대체적으로 보면 아래 몇 가지로 귀결된다.

첫째, 연변지구의 지리적 분포상황을 보면 동남쪽에는 도문강이 있고 서북쪽에는 목단강과 수분하가 있고 동쪽에는 홍기하가 있어 연변의 당시 4개 현을 바닷가의 섬처럼 둘러싸서 이 지구를 간도라는 설법이 있었다.

둘째, 력사적 원인으로 볼 때 연변지대는 중국과 조선의 변계에 위치하여 청조시기 봉금정책 실시로 중립지역으로 되었기 때문에 간도라는 설법이 있었다.

셋째, 조선어의 발음으로부터 볼 때 간자와 간자의 음이 같으므로 조선의 많은 이주민이 연변지대에 들어와서 황무지를 개간하였다는 간자의 음으로 하여 간도라는 설법이 있다.

넷째: 문자적으로부터 볼 때 간도는 간동의 략음으로 하여 간도라는 설법이 있다.

다섯째: 화룡현의 광제곡(지금의 용정시 광개향 광소촌)과 조선의 종

성지간의 도문강 중심에 작은 섬이 있었는데, 이 섬이 어느 나라에 속하는가 하는 문제에 대하여 쟁론이 있어 간도라고 불렀는데 후에 시간의 흐름에 따라 이것을 간도라는 설법이 있었다.

이상과 같은 간도의 명칭에 대한 구구한 설법이 많았는 바 주요 하게는 지리적 원인과 중립의 뜻으로 간도라고 약칭하였던 것이다. 연변지대는 옛날 만주국의 성립과 더불어 1934년 1월에 간도성으로 명명되었던 것이다(당시 동북3성을 10개성으로 나눔).

III. 연변지구 개척과 조선민족 이주 및 문화 특색

18세기 중엽으로부터 연변지구는 한족과 조선족을 위주로 한 기타 여러 민족들이 이주하여 개발하기 시작하였다. 1638년 청나라 황태극은 연변지구를 소위 황제의 발생지라는 미명하에 봉금정책을 실시하여 황량한 지역으로 되었다. 그러나 청조와 조선의 이조정부는 근 200년이라는 기나긴 세월의 흐름 속에서 제아무리 변경을 봉쇄한다 하여도 기아에 허덕이는 농민들이 생명의 위험도 마다하고 살길을 찾아 연변지대에 밀려들었고 또한 당시 사회정세의 영향으로 봉금정책은 완화되는 추세도로 발전하였으며 변강 지역도 점차적으로 개발되기 시작하였다.

조선족이 연변지구의 대량적 이주는 당시 조선의 사회, 정치, 경제 및 안전 여부에 따라 기인된 문제였다. 이 외에도 1860년의 자연재회로 하여 《월경죄로 죽을지언정 앉아서 죽지 말자》는 구호 밑에 도문강 대안에 밀물처럼 들어왔다.

또한 당시 쏘련 짜리정부가 중국에 대한 침략의 마수를 벋치는 형세하에 청조정부는 조선정부와 「길림-조선상민무역지방 규약」을

체결하고 도문강 이북, 해란강 이남의 길이 700여 리 너비 50여 리
나 되는 지역을 《조선민개구역》으로 정함으로서 봉금정책은 18
85년에 드디어 취소되였다. 뿐만 아니라 1910년 한일합병 이후 많
은 반일애국지사와 노예되길 싫어하는 파산된 농민이 대량으로 천
입하였으며 1936년에는 위만주국과 조선총독부 협정에 의하여 매
년 만여 호를 만주국에 이민시키기로 되었다. 불완전 통제에 따르면
1910년 9월부터 1918년 연변지구의 이주민은 25만 3,961명으로 늘
어났고 1931년에는 39만 4,900명이 연변에 거주하고 있었다.

　연변지구의 개발과 조선이주민의 거주는 연변지구의 학교 건설
과 체육운동의 산생과 발전의 주요한 토대로 되였다.

　우리 연변조선족 문화는 천입 초기에는 대부분 분산되여 있고 소
부분만이 집결하여 본민족이 독립적으로 부락을 형성하여 거주하고
일하며 생활하였으며, 본 민족의 학교를 창설하고 본 민족의 언어와
문자를 사용하였으며, 본 민족의 풍속습관을 그대로 보류하여 본민
족 전통문화를 계승하여 기타 민족으로부터 《문명한 민족》, 《깨끗
하고 위생적인 민족》, 《체육운동을 잘하며 예술을 즐기는 민족》,
《례절이 바른 민족》 등등의 절찬을 받았다.

　개혁개방 이후 연변으로 유람오신 해외조선족들은 이구동성으로
중국 조선족은 한반도 이외 세계 140여 개 나라와 지구의 조선족
중에서 민족언어, 문자와 풍속 습관을 그대로 고유하고 있다고 치하
하고 있다. 이것은 왜냐하면 중화민족은 13억 인구의 92%를 차지하
고 있는 한족 대가정에서 조선족 인구는 오로지 1/65 차지함으로서
한족 및 기타 민족과 밀접한 정치, 경제, 문화, 령역에서 생활하고
사업하고 일하며 학습하는 과정에서 적지 않게 한국, 조선의 언어,
예술, 음식, 복장, 문학 등 방면에 모종 구별되는 성분을 가지고 있
으며 이것은 곧 중국 특색의 중국 조선족 문화체계를 형성하였다.

알다싶이 이것은 조선반도에서 뿌리박고 꽃을 피는 조선족문화의 합리한 뻗음이였으며 조선족 민족문화유산을 풍부히 하고 첨가한 공헌이다. 이로부터 조선민족문화는 세 가지 고봉이 있다는 설법이 있는데, 하나의 고봉은 서울을 대표로 하는 문화이고, 다른 하나는 평양을 대표로 하는 문화이고, 세 번째로서는 연길을 대표로하는 중국 특색이 있는 조선족 문화이다.

Ⅳ. 학교 설립과 체육운동의 산생 발전

예로부터 문화를 숭상하고 교육에 남다른 관심을 갖고 있는 우리 민족에게는 《소를 팔아서라도 자식을 공부시킨다》는 영광스러운 전통이 있다. 외래침략자와 지방봉건계급의 이중삼중 압박 착취로 인해 노예 처지에 처한 그들은 자신이 비참한 운명을 자식들에게 모면시키려고 반일 민족선각자들의 《배우는 것이 힘이다》《배워야만 망국노의 처지에서 벗어날 수 있다》는 웨침에 쉽게 호응할 수 있었다.

이 시기 조선의 저명한 계몽사상가 박은식은 '서우(鮫堂)'에 발표한 글에서 《대개 힘은 지혜에서 나오고 지혜는 학문에서 나오는 까닭에 현세계의 문명하고 부강한 국면은 각기 학업을 장려하여 그 지식을 넓힌 효과》라고 교육의 필요성에 대하여 강조하면서 《부형된 사람은 낡은 … 습성에 물젖어 … 새로운 지식을 개발하기가 어려울 것이다. 그들의 자손들까지 태만하게 하여 무식하고 쓸모 없는 인물로 떨어져 남의 노예로 하겠는가? … 우리 동포형제는 서로 분발하고 격려하면서 한마음으로 자제의 교육에 힘써야 한다고》호소하였다.

이한 호소는 민중의 공명을 일으켰고 연변 각지에서는 교육열이가 앙양되고 도처에 사립학교가 설립되게 되었다. 1911년과 1913년의 조사에 의하면 연변에는 1910년 이전에는 조선족 사립학교가 7개밖에 없었는데 1911년에는 19개소로, 1913년에는 88개소로 급격히 늘어남으로서 학교체육운동의 산생과 발전의 기초로 되었다.

당시 연변지구에 설치된 첫 근대학교로서는 조선의 반일애국지사 이상설이 1907년 6월 네델란드의 헤이그에서 개최된 제2차《만국평화회의》에 가서 일제의 조선 강점의 비법성에 대한 국제적 사회여론을 환기시키고자 당시 조선의 국왕 고종의 밀서를 가지고 가는 도중 1905년에 연변에 와서 1년간 머물게 되었다. 그 동안 그는 이동녕, 여조현, 전순만(왕창동), 박정세(박무림), 황달영(전공갈)(괄호안의 성명은 별명)등 애국지사들과 함께 1906년에 용정지구에 서전서숙을 설립하였다.

서전서숙 숙장에 이상설씨였고 교원 4명에 22명 학생이 있었으며 근대식 학교교육을 진행하여 반일사상으로 학생들을 교육하였다. 그러나 이 서전서숙은 설립된 지 8개월 만에 당시 룡정에 거처한 '일본통감부 간도파출소' 소장 사이또 스게지로의 간섭으로 문을 닫지 않으면 안 되었다. 서전서숙의 해산과 더불어 학생과 교원들은 간도 각지에서 여러 가지 사립학교를 창설하였는데 창동, 명동, 정동, 광성, 북일 등 강습소를 꾸려 후일 중학교를 발전시키였다. 1926년 통계에 따르면 총독부 학교는 30여개 소이고 외국선교사가 설립한 학교는 19개소이고 1928년에는 사립학교가 211개소에 달하였다.

학교에서의 체육운동의 전개는 조선의 반일애국지사들과 해외로부터 온 조선족인사들에 의하여 먼저 진행되었으며 학교의 체육과목 대부분이 체조와 육상종목이 많았고 구기운동은 대부분 과외시간에 진행되었다.

1913년의 단오 명절날에는 명동학교를 비롯한 사립학교들이 용정촌 부근의 합성유라는 들에서 운동모임을 가졌고 1914년 단오절에는 연길국자가에서 명동학교를 비롯한 50여개 소 사립학교들이 운동회를 대성황리에 가졌는데, 당시 이런 형식의 운동회는 개회전 '광복가'를 목청껏 높이 불렀고 경기가 시작되면 학생과 군중들은 '응원가' '학도가' '한산도'가를 높이 불렀다(가사는 생략).

운동회의 마지막에는 항상 나팔수들이 나팔을 불며 앞장서고 학생들과 군중들이 함께 그 뒤를 따라 시가행진을 하였다. 이 외에도 민간에서는 마을마다 명절이 오면 전통적인 민간민속적 형식이 체육활동이 있었는데 례하면 씨름, 그네, 널뛰기, 밧줄 당기기, 장기, 바둑, 윷놀이 등이였다.

각 학교들에서는 매주 토요일이 오면 학생들은 각종 유형에 강연회, 변론회, 운동회를 조직하여 일제의 침략 죄행을 성토하고 단오절과 같은 명절이 오면 여러 학교들에서는 통일적으로 운동회를 소집하고 반일민족 사상을 선전하여 주었다.

뿐만 아니라 각 학교들에서는 체육장정을 세우고 체육부를 설치하였으며 체육활동에 참가할 때에는 저마다 흰 광목천으로 머리를 질끈 동여매고 체육활동에 종사하였다. 조선족 사립학교들에서는 학생들이 신체를 단련하며 그들에게 완강한 인내력을 키워주기 위하여 체육교육을 정상화하였다.

이와 더불어 1922년부터 조선족 이주민들이 모여 사는 마을에서는 학교의 '학우회' 설립과 더불어 사회청년혁명단체들을 결성하였는바, 예컨대 '국자가청년회' '동진청년' '기양청년회' '약수동청년회' '두도구청년회' '대홍구청년회' 등 16개 청년회가 조직되었는데, 이러한 조직의 탄생은 사회에서의 체육활동에 생기를 가져다주었다.

연변지구의 체육운동이 신속한 발전은 반일애국지사들의 영향과 더불어 부패한 봉건세력과 일제를 반대하는 연변 인민의 개화발전, 자주적 역량을 강화하기 위하여 정치, 교육, 경제, 문화생활의 모든 영역에서 애국적 기치를 높이 추겨든 연변조선족들에게 새로운 문화생활활동으로서의 체육운동이 신속한 발전도 계속 요구되였던 것이다.

연변의 체육운동은 학교로부터 사회로, 성시로부터 농촌으로 신속히 보급 발전하여 나아갔다. 당시 문화개혁운동과 사회교류, 일제를 반대하는 투쟁에서 체육운동은 하나의 유익한 수단으로서 사회 중산계급과 지식층 및 청년학생들에게 없어서는 안될 생활의 필수품으로 되었다.

이러한 역사발전추세는 체육운동을 위한 자체 조직의 탄생을 초래하게 되었는데, 1926년에 이르러서야 '간도체육회'라는 체육조직이 용정에서 설립되고 회장에 간도홍업주식회사사장 강재후였고 비서로서는 류명운이 담임하였다.

V. 연변지구의 체육경기 상황

연변지구의 체육경기는 먼저 학교로부터 시작되였는데, 최초에는 임의적으로 학교와 학교지간에 경기 날자와 시간을 정하고 공동규약을 제정하고 이를 엄숙히 준수하면서 우호적인 기분 속에서 경기를 진행하던 데로부터 세월이 흐름에 따라 조선족 사립학교, 종교계통의 학교, 일본인이 주되는 보통학교, 국민학교, 민중단체들이 자체로 꾸리는 학교 등 류파가 많아 그들은 자기 학교의 영예와 민족심을 소중히 여기고 정치적 색채도 띠고 있었기 때문에 상호간이 경쟁이 아주 치렬하였다.

1926년 6월 15일 감독에 김영화, 간사에 김구현으로 한 용정 동흥중학교 축구팀 일행 17명은 평양관서체육회에서 주최한 전조선 제2차 축구대회에 참가하고저 룡정을 떠났다. 경기 후 안주, 정주, 선천, 신이주 등 지방을 돌아다니며 친선경기를 치르고 돌아오는 길에 서울 회문중학교 운동장에서 전조선 축구팀과의 친선경기에서 2대 2로 비겼다. 동흥중학교팀의 조선으로의 출전은 아마 연변축구사에서 처음일 것이다. 1936년 9월 19일 중학조에서 우승한 룡정 동흥중학교 축구단은 엄정덕을 감독겸 지도원으로 박동규를 주장으로 일행 15명이 조선 서울에 대한 친선방문을 하게 되었다. 경기 결과 연희전문과에 3대 4로, 배재중학교에 2대 3으로, 경신중학교 팀에 0대 1로 지고 말았다.

1930년대와 40년대 연변지구 학교계통에서는 많은 우수한 축구선수들이 배출되였는데 그들의 이름을 살펴보면 다음과 같다.

룡정 동흥중학교 : 김응호, 리영광, 최증남, 차금돌, 류시률, 김천을, 허죽산, 박동규.

룡정 광명중학교 : 리종갑, 최승준, 김응세, 오용준, 장두렬, 신성식, 최승필.

룡정 은진중학교 : 박익환, 김호주, 전치권, 로광진, 김진규, 김지성, 박장송, 남증남, 최죽송.

룡정 대성중학교 : 오봉희, 박광준, 엄봉춘, 강성철, 조남기, 송휘규, 리진귀, 김상은.

연길 국민고등학교 : 박송림, 지광겸, 배상길.

위에서 서술한 선수들의 후임일의 정황을 살펴보면, 차금돌, 리영광, 류시률, 허죽산은 해방 후 조선에 가서 축구사업에 종사하였고 박동규는 본래 조선 아오지 사람인데 쏘련 홍군에게 붙잡혀 가서 10여 년이라는 징역살이 후 조선 회령기중기공장에서 일하다가 죽었다. 룡정 광명중학교의 리종갑은 학교를 졸업한 후 길림시에서 8·15 해방을 맞은 후 서울에 갔다. 그는 서울 축구무대에서 적극적으로 활약하였고 60년대에는 한국축구협회 부회장으로 추대되였다. 최승준은 해방 후 조선축구무대에서 활약하다가 조선청진사범대학에서 교편을 잡았다. 김응서는 졸업 후 해방되자 조선에 나가 축구사업에 큰 공헌을 하였는바 1966년 제8차 월드컵 때 조선축구팀 인솔자로서 8등이라는 영광을 안아왔다. 오용준은 졸업 후 길림에 있다가 해방되자 서울축구무대에서 활약하다가 사망되였고 장두렬, 신성식은 해방 후 룡정에서 중학교 교원사업을 하다가 조선 축구무대에서 활약하였으며 은진중학교의 박익환은 졸업 후 조선에 나가 연희전문학교를 다니였는데 그의 출중한 축구기교로 하여 조선함흥축구단 선수로 선발된 후 조선을 대표하여 일본체육대회에 출전하였다. 그 후에는 수구운동에 종사하였는데 유감스럽게 수구운동에서 자기의 생애를 마쳤다. 김호주는 조양천 사람으로서 해방 후 심양체육학원에서 선수로 활약하다가 흑룡강성 축구팀 감독으로 사업하였다. 정치권은 룡정 사람으로서 해방 후 조선에서 축구운동에 종사하다가 후에 서울에 가 축구사업에 종사하였다. 로광진은 본래 서울 사람으로서 해방 후 조선에 가 축구사업에 종사하였다. 그는 조선에서 《우리 나라 축구》라는 축구서적을 편찬하여 조선 축구사업에 큰 공헌을 하였다.

1931년 9월 18일 일제는 9·18사변을 일으키고 연변지구를 총 한 방 쏘지 않고 강점하였으며 1932년 3월 1일에는 이른바 만주국 건국선언을 발표하고 1934년 3월에 만주제국이라는 괴뢰정부를 세웠다. 이와 동시에 12월에는 연변지구를 간도성으로 고쳤다(당시 동북을 10개성으로 획분). 1935년 위만주국체육연맹이 결성되여 동북의 체육운동을 통달하게 되었다. 그리고 그 산하에 축구, 륙상, 수영, 롱구, 배구, 럭비, 정구, 탁구, 체조, 마술, 빙상, 스키, 자전거 등 17개 경기종목협회를 두었다. 《간도체육회》(조선인측)은 1925년 10월 19일에 발족전이래 매년마다 각 종목의 경기대회를 조직하였다. 1926년에는 제1회 축구대회, 1931년부터 전간도 롱구대회와 1936년 전간도 남녀롱구선수권대회, 1927년 륙상경기대회, 1932년 전간도 정구대회, 1935년에는 제1회 마라손경기대회, 1937년에는 제1회 전간도 빙상대회가 해란강 천연스케트장에서 개최되였다. 이외에도 각 민간단체들이 지방 또는 전간도 종목별 운동대회를 개최하여 우리 민족의 체질을 증진시키고 민족의 위풍을 떨쳤다.

무릇, 간도체육회에서 주최한 각 종목별 체육대회에는 조선선수단과 선수들을 초빙하였다. 그 대부분은 함경북도 선수들이 많았다. 그 가운데서 축구, 빙상, 씨름에서 그들은 많은 우수한 성적을 따내였다.

1936년 2월 2일부터 1938년 1월까지 진행된 3차례의 선반빙산대회 성적을 각 종목우승 대부분은 조선에서 차지하였다. 1939년 2월에 진행된 《일, 선, 만》빙상대회에서도 조선과 만주국 조선족들이 많은 우승을 따내였다. 간도씨름대회에도 조선의 회령, 종성, 청진, 북청, 아오지, 주을지 등등이 선수들도 임이로 마음껏 참가할 수 있는 이것은 우리민족이 단결심과 민족심을 보여주는 것이다.

정구운동에서 간도와 조선 함경북도 사이에는 제 나름대로 할 수 있었다. 예하면 1935년 8월 4일 제9회 함경북도 도립병원대항전은 간도룡정병원의 주최 하에 룡정병원 정구장에서 성대히 진행된 이 사실은 우리 민족은 나라 구별 없이 광복이 한길이라면 지역별, 구별 없이 한 종족끼리 체육을 즐기였다.

간도 축구팀들이 조선 내지에로의 원정이 이따금 있는 외에도 조선 함경북도와 간도지간의 민간적 축구 및 기타 종목 체육의 민간적 교류가 빈번하였다.

1939년 8월 중순 조선 경성의 남산록 종합경기장에서 선만 축구대항경기가 있은 이후 1941년부터 해마다 두만강 이북과 이남 지역들 사이에 선만축구대회가 도문에서 거행되였다. 1941년 6월에 거행된 대회를 보면 사회조에 참가한 팀들로서는 조선측에서는 청진, 주을, 아오지, 라남, 남양 등 팀들이였고 간도측에서는 도문, 룡정, 왕청 영림서팀들이였다.

만주국 체육련맹이 창설된 이후 1935년부터 매년 체육대회를 열었는데 간도성 축구팀은 10차 경기에서 9차나 우승보좌에 오르므로서 조선 민족의 기량을 과시하였다. 당시 정황을 보면 우수한 선수들을 서로 쟁탈하는 일까지 있었는데 예하면 용정 동흥중학교에서는 조선으로부터 박동규, 김응호 등 선수들을 데려왔으며 1939년에는 역시 서울로부터 이혜봉 등 우수한 선수를 데려왔다. 용정 대성중학교에서도 이에 뒤질세라 조선으로부터 엄봉춘, 박광충 등 선수들을 데려왔던 것이다.

해방 전 연변조선족인민들이 체육운동흥기와 발전상황을 회고하여 보면 아래와 같다.

첫째, 체육운동은 조선민족대중들 특히는 광범한 청년학생들 속에 침투되고 학교가 있는 곳이면 어디서나 체육운동이 성행되였고 날따라 사회에로 파급되였으며 민간에서의 주요한 문화생활방식으로 전변되여 매년마다 봄부터 가을에 이르기까지 도처에서 각종 체육경기가 벌어졌다. 특히 민간체육단체와 선진청년단체들이 성립은 대중적 체육운동을 고조에로 이끌어갔다.

둘째, 체육경기는 선수들과 관람자들로 하여금 강렬한 경향성을 가지게 하였으며 비교적 강한 민족적, 집단적 의식과 응집력을 보여주게 하였다. 연변에 이주한 조선민족은 의연히 일제의 억압을 받았고 게다가 장기간 청정부와 봉건군벌세력의 잔혹한 착취와 압박을 받아온 력사적 조건과 생활정황은 조선족 민중들에게 집단주의적 의식을 고취하였다. 체육경기는 이따금 사람들의 억눌린 기분을 남김없이 터뜨리는 장소로 되었고 자기의 지향을 대표한 팀이거나 선수들의 연기를 통하여 홍분과 긍지 비애 등을 체험하군 하였으며 매번 경기에서의 우승을 마치도 싸움터에서의 승리처럼 여겼다.

셋째, 일제의 철기아래 신임하는 체육운동이였것만 민족의 설음과 나라일은 원한은 전반 조선족은 매일반이였다. 세상에 오로지 하나인 배달민족은 방방곳곳에서 마음은 하나였고 바라는 것은 나라를 되찾아 기쁨을 함께 나누어 보려는 일념으로 체육운동 역시 지역별 구분 없이, 나라와의 구별 없이 (위만주국)체육경기를 진행하였으며 허물없이 나라 일을 설음을 서로와의 토로하였던 것이다.

해방 후 정치상, 경제상 해방된 연변조선족은 체육운동의 주인의 자태로 활개치며 자기민족체육의 광영한 전통을 계승하고 발양하여 나아갔다.

해방 후 연변에서는 거이 매년 규모가 비교적 큰 종합성적인 체육대회를 개최하였는데, 례하면 1948년 8월 15일부터 1955년까지 8차의 연변체육대회가 소집되였는데 12000여 명 선수와 80여 만 관중이 참여하였고 1953년부터 1957년 5년간 주·현급에서 75차의 각종 운동회 소집과 3만여 명 선수들이 출현하였다.

자치주 성립 10여 년래 연변에서는 585명 선수들을 39차례의 전국대회에 출전시키였는데 그 중 20여 종목에서 4등 안에 들었고 여러 차례 전국 기록을 돌파하였다. 1959년 제1차 전국체전에 연변에서는 75명 선수들을 출전시키였는데, 그 중 54명이 등수 안에 들었고 28명 선수들이 각기 하나의 금메달, 은메달과 동메달을 얻었다.

자치주 성립 30년래 25개 단일체육협회가 설립되고 체육공작대,

체육학교, 체육학원, 체육장, 체육관 등등이 건립되였고 체육간부 소양이 제고되고 선수들이 훈련과 경기조건이 큰 개선을 가져왔으며 많은 체육인재들이 배출되였다. 례하면 축구, 속도스케트, 배구, 씨름, 육상, 자전거, 체조, 권투 등등이 종목에서 연변선수들은 전국대회에 132차의 전국 우승과 138차의 2등, 179차의 3등을 따내였고 20여 차례의 전국 기록을 돌파하였고 75명의 운동건장을 육성하였으며 내지 각성에 몇 백명 선수들을 수출하였고 80여 명 선수가 국가급 선수단에 선발되였다.

해방 후 연변의 각 종목 체육선수단은 조선인민민주주의 체육운동회 초청으로 빈번하게 조선에 대한 친선방문을 하여 그들에게서 많은 체육영향을 섭취하였으며 민간차원에서도 빈번한 래왕, 정부차원에서의 호상 래왕으로 친선을 강화하였으며 또한 개혁개방 이후에는 한국과의 정치, 경제, 문화, 교육, 종교, 체육 및 민간, 정부차원에서 호상간의 래왕 및 각종 활동으로 민족간의 친선을 가강함으로서 중국연변은 제3자의 차원에서 남북통일체육문화교류에서 응당하여야 할 기여를 하고 있으며 앞으로도 계속 이렇게 할 것이라고 생각된다.

VI. 중국 조선민족으로 불리우게 된 유래

1931년 9월 18일 사변 이전에는 중국의 조선민족을 보통 흔히 《한국인》, 혹은 《고려인》으로 불리여 왔다. 일본제국주의가 중국 동북을 점령한 이후로는 《선계》 혹은 《조선인》, 《반도인》 등으로 불리웠으며 아울러 동북조선족의 호적은 일본 식민지 조선과 위만주국 두 개 국적을 가진 민족이였다.

조선족이 력사상 처음으로 중국소수민족 행렬에 들어서게 된 대표적 사람으로서는 양림(양림은 동북조선독립운동 군관학교를 졸업하였을 뿐만 아니라 운남강무학당을 졸업하고 황포군관학교교관으로서 북벌군 교관직도 보았다)은 1932년 중국 강서 중앙쏘베트 정부위원회위원으로 추대되였다.

모택동 동지께서 1939년에 집필하신 《중국혁명과 중국공산당》 저서에서는 중국에 거주하고 있는 조선인을 중국소수민족행렬에 귀속시켰다. 1945년 11월 팽진을 서기로 한 중공중앙 동북국은 매하구에서 중국국민당이 동북조선인민을 교민으로 정한데 대처하여 동북조선인민은 토지를 분배받을 권리가 있으며 본 민족학교를 창설할 수 있다고 결정함으로써 동북의 110만 조선인민들에게 토지개혁을 실시하고 학교를 설치하게 하였으며 참군참전에 유력한 담보를 하여 주었다.

그러나 당시 력사조건하에서 조선족이라는 이 특수한 개념함의는 전국 범위 내에서 승인을 받지 못하였다. 중국 소수민족 하나인 조선민족으로서 진정으로 전국 범위 내에서 확인을 받기는 신 중국이 성립된 이후의 일이다.

1949년에 제정한 《중국인민정치협상회의 공동강령》의 유관조항에 의하면 1952년 중국 경내에 조선족이 가장 많이 집결한 지방인 길림성 연변에 연변조선족자치주를 성립하였다. 이로부터 공식적으로 《조선족》이라는 새로운 명칭이 세상에 알려졌으며 아울러 1954년 중화인민공화국 헌법이 반포이후 조선족은 전국 각 민족형제인민과 함께 전국 범위 내에서 중화인민공화국 공민의 신분으로 중국 력사무대에 오르게 되었다.

Ⅶ. 결론

앞에서 이미 언급했듯이 조선민족이 정든 고향을 떠나 중국으로의 대량적 이주와 연변지구의 개척 및 설음 많은 타향살이에서 우리는 아래와 같은 몇 가지 경험과 교훈을 총화하여 볼 필요가 있다고 본다.

첫째, 1910년의 한일합병은 당시 나라 정치의 부패와 경제의 부진으로서 전반 민족이 나라 잃은 설음과 타향살이 원한을 자아냈다. 이 모든 것은 나라 국력이 쇠태로 빚어진 비극으로서 심심히 생각하지 않으면 안 될 문제인 것이다.

일제시기 일본철기유린에 신임하던 체육도 조선민족이 통일된 의념에서 각종 체육대회에서 우리 민족은 나름대로 체육활동을 진행하였고 서로와의 선수단 파견과 선수를 기용은 우리 민족의 기량을 과시하기 위한 것이였다. 하물며 오늘날 민족이 나름대로 체육운동을 즐기지 못하는 것은 참으로 가슴 아픈 일이다.

둘째, 체육운동의 발전은 나라 정치제도의 안정을 요구하고 있으며 또한 이한 안정을 위하여 자신이 작용을 기여하고 있다. 2차 세계대전 이후 한반도는 응당 통일된 국가로서 나라 진흥을 위한 복구사업 대신 무엇 때문에 외부세력의 희생품으로서 분란국가가 되어야 하는가 하는 문제는 절실히 생각할 필요가 있다. 1910년 한일합병 이후 조선민족은 통일되여 일제를 몰아내고 광복을 되찾기 위해 1945년 8월 15일까지 줄곧 투쟁하여 왔다. 그러나 정치체제의 다름으로 하여 오늘날까지 분란은 민족이 비극인 것이다. 세계에서의 단일민족인 조선반도가 무엇 때문에 분단되여 있는지, 무엇 때문에 반드시 분단되여야만 되어야 하는지, 이것은 만백성이 심사숙고하여야 할 문제이다.

2차 세계대전 이후 독일이 분단국으로 되었으나 일본은 되지 않았다. 반대로 한반도가 무엇 때문에 분단되여 오늘날까지 분단의 쓰라림을 맞보아야 하는가. 훗날 독일은 분단력사를 종말지었으나 조선반도의 오늘날까지의 분단은 중국 조선민족으로서 실로 가슴 아픈 일이라고 생각한다. 조선반도는 꼭 통일되여야 하며 앞으로 반드시 통일될 것이라고 필자는 믿어마지 않는다.

셋째, 정치의 안정성과 불안정성은 체육운동 발전에 직접적 영향이 미치는 것이다. 2차 세계대전은 월드컵뿐만 아니라 세계 여러 나라에서 나름대로 체육활동을 할 수 없었으며 중국의 10년 동안의 문화혁명 동란으로 체육활동이 마비상태에 처하였다. 한반도의 분단과 정치제도의 차이는 반도의 체육과 문화발전에 큰 영향이 있다. 분단이 아니였다면 2002년 월드컵 개최는 가능하게 한반도에서 진행되였을 것으로도 짐작되며 민족의 기량을 떳떳이 세계에 과시하였을 것이다. 2002년 한국월드컵에서 붉은 악마 응원단의 성원 활동은 국민을 한마음으로 뭉치게 하였고, 정치당파도 민중의 뜻에 순응할 수밖에 없을 만큼 체육운동 역시 그 본신의 작용과 위력을 과시하였던 것이다.

넷째, 중국조선족은 한반도의 제3국의 민족으로서 근간 한반도의 체육과 문화발전에 적극적인 작용과 기여를 하여 왔으며 많은 우수한 체육문화를 섭취하였다. 다시 말하면 민간차원에서의 체육교류, 각종 명분에서의 학술회 개최, 정부차원에서의 선수단이 호상 래왕, 교육, 종교문화 방면에서 상호협력과 교류, 이한 것은 보이거나 혹은 보이지 않게 남북통일체육교류에 일정한 기여가 있으리라고 보아진다.

총적으로 물은 낮은 곳으로 흐르고 사람은 높은 곳으로 오르며, 사람은 행복을 바라고 나무는 봄을 그리는 도리에서 볼 때, 남북은

큰 문제에서 호상간의 일치를 얻으며 작은 문제에서 서로와의 리해
와 신뢰, 하였튼 모든 것은 하늘의 뜻에 따라야 하는바 하늘이 뜻이
란 백성들이 뜻을 말하는바, 필자는 본 문장에서 일제시대의 우리
민족의 상호와의 체육교류와 지지, 협력, 단결, 투쟁의 력사를 적으
므로 하여 이를 본보기로 21세기에 새로운 체육문화의 찬란한 력사
가 기원될 것을 바라마지 않는다.

남북한 체육학술교류를 위한 재외동포의 역할

이 선 한*

I. 남북학술교류와 해외동포학자들의 가교적 역할

불확실한 통계에 의하면, 우리 민족은 한반도에 7천만이 살고 있는 외에 6백만이나 되는 동포들이 중국, 일본, 미국 등 수십 개 나라에 거주하고 있다고 한다. 해외에 있는 우리 동포들은 거주국에 정착된 삶을 영위하면서도 자기 조국이나 모국에 대한 깊은 사랑을 가슴속에 간직하고 있으며 특히는 남과 북으로 분단된 현실을 가슴 아파하고 통일에 대한 절절한 념원을 지니고 통일을 위하여 각자의 기여를 하고 있다. 6백만 재외동포는 모국의 세계화와 한반도의 통일에 긍정적인 역할을 할 수 있는 귀중한 존재이며 민족의 거대한 재부라고 할 수 있다.

이러한 재외동포에 대한 모국의 일반적 관심이 적다고는 할 수 없지만 민족통일과정에 있어서의 남북학술교류 영역에 대한 연구로 놓고 볼 때 재외동포의 역할은 거의 주요 관심사 밖에 있어왔거나

* 중국 북경대 교수

정확한 인식이 부족했던 것으로 이해된다. 남북학술교류의 역사를 회고해 보면, 물론 조사연구를 하지 못해 확실하지는 못하지만 지금까지의 남북학술교류는 거의 해외동포들에 의하여 진행된 것으로 알고 있다. 그럼에도 불구하고 이에 관련된 연구는 언급된 글들이 적은 것 같다. 이번 학술회의는 '체육학술교류를 위한 해외동포의 역할'이란 주제를 하나의 발제로 선정하고 논의를 전개하는 것은 남북학술교류에서 상당히 의미 있는 것으로 이해된다.

남북의 기타 분야의 교류에 비하여 학술교류는 다소 늦게 시작되었으며 최초의 교류는 해외동포학자들의 노력에 의해 83년도 일본에서 이루어진 것으로 알고 있다. 일본 동경에서 개최된 언어학학술회의는 남의 권위적인 언어학자들이 참가했고 북은 그 시기 조건에서 직접 참가할 수는 없고 일본 조총련의 조선대학 언어학자들이 참가하였는데 본질적으로 말하면 남북의 최초 학술교류였다고 해야 할 것이다.

이 남북학술회의를 계기로 한반도관계의 학문을 통칭하여 조선학, 한국학 혹은 코리아학 등 명칭의 국제학술회의가 중국, 일본, 미국, 유럽 등지에서 개최되기 시작하였는데, 절대 대부분의 학술회의는 해외동포학자들의 가교적 역할에 의해 남과 북의 학자들이 함께 참가함으로써 남북학술교류의 역사에서 중요한 장을 마련함으로 하여 현재는 서로 엇갈리는 평가들을 하고 있는 것으로 알고 있지만 장차 역사적인 평가를 받을 것으로 믿는다.

필자가 알고 있는 바에 의하면, 남북학술회의는 90년대 초부터 90년대 중반까지 일정하게 활성화되어 일본에서, 미국에서, 유럽에서, 그리고 중국의 북경, 연변 등지에서 적지 않게 진행되었다.

필자는 이 분야를 지금 조사와 연구가 거의 전무한 상태에서 논의하고 있기에 확실한 자료들을 열거한다는 것은 어려우나 북경대학 조선문화연구소와 국제고려학회, 국제고려학회 아시아분회가 주최한 남북학술회의를 참고로 다음과 같이 적어본다.

① 1986년 8월 조선언어문학 국제학술토론회(북경대학 조선문화연구소 주최, 중국 북경 개최, 조선·중국·일본·미국·카나다 학자 100명 참가 - 한국 학자는 참가하지 못했음)

② 1988년 8월 제2차 조선학 국제학술토론회(북경대학 조선문화연구소·오오사카경제법과대학 아시아연구소 공동주최, 중국 북경 개최, 조선·중국·일본·미국·카나다·구 소련 등 11개국 3백 명 학자 참가, 언어·문학·역사·문화·정치·경제분야 토론 - 중국의 사정으로 한국의 학자는 직접 참가하지 못했으나 미국·일본 등의 한국 국적 학자가 참가)

③ 1990년 8월 제3차 조선학 국제학술토론회(북경대학 조선문화연구소·오오사카경제법과대학 아시아연구소 공동주최, 일본 오오사카 개최, 남북한 등 12개국 8백여 명 학자 참가. 언어·문학·역사·문화예술·교육·정치·경제·철학·종교·법률·의학·과학기술 등 11개 분과로 나뉘어 토론 - 체육은 문화예술분과에 소속되어 남북 학자들의 체육관련 논문이 교류되었음)

④ 1991년 5월 남북 서화세미나 및 작품전시회(국제고려학회 주최, 중국 북경 개최, 남북 등 학자 60명 참가)

⑤ 1991년 7월 코리아학 소장학자 국제학술토론회(국제고려학회 주최, 중국 연길 개최, 남북 등 3백여 명 소장학자 참가)

⑥ 1991년 7월 코리아의학 국제학술토론회(국제고려학회 주최, 중국 연길 개최, 남북 등 학자 1백여 명 참가)

⑦ 1992년 8월 제4차 조선학 국제학술토론회(북경대학 조선문화연구소·오오사카경제법과대학 아시아연구소·국제고려학회 공동주최, 중국 북경 개최, 남북 등 12개국 8백여 명 학자 참가, 언어·문학·역사·문화예술·교육·정치·경제·철학·종교·법률·의학·과학기술 등 11개 분과로 나뉘어 토론 - 체육은 문화예술분과에 소속되어 남북학자들의 체육관련 논문이 교류되었음)

⑧ 1993년 8월 통일을 지향한 언어와 철학(국제고려학회 철학종교부회 주최, 중국 북경 개최. 남북 등 50여 명 학자 참가)

⑨ 1994년 2월 통일을 지향하는 철학(국제고려학회 철학종교부회 주최, 중국 북경 개최, 남북 등 40여 명 학자 참가)

⑩ 1996년 8월 코리아학 연구의 현황과 과제(북경대학 조선문화연구소, 한국숭실대학교 사회과학연구원 공동주최, 중국 북경 개최, 남북 등 40여 명 학자 참가)

⑪ 1996년 12월 전환기의 현대세계와 코리아민족의 진로(국제고려학회 철학종교부회 주최, 중국 북경 개최, 남북 등 40여 명 학자 참가)

⑫ 2002년 8월 정보화시대에 따르는 민족어의 통일적 발전과 언어정보산업표준에 관한 학술모임(국제고려학회 아시아분회, 국제고려학회 평양지부, 한국정보표준위원회 공동주최, 중국 북경 개최, 남북 등 30여 명 학자 참가)

지난 십여 년간의 남북학술교류는 제한된 지역과 제한된 범위 위에서 진행되어 남북의 학술교류는 경제, 정치 등 교류에 비교하면 극히 미미하다고 할 수 있지만 이러한 교류의 긍정적 의의를 결코 폄하해서는 안 되며, 그 경험과 교훈을 잘 총화하여 긍정적인 면을 잘 살린다면 장차 남북의 학술교류에 많은 유익한 점들을 제공해 줄 것이다.

이러한 남북학술교류들은 제한적이긴 하였지만 그 의의는 아주 크다. 남북의 학자들이 서로 만날 수 있는 장을 마련하게 됨으로써 수십 년 동안의 분단으로 인한 서로의 반목과 의구심을 해소하고, 비록 분단의 역사는 수십 년이 되었지만 민족의 동질성은 조금도 변함이 없다는 것을 직접 확인하게 되었으며, 학자들 간의 직접적인 접촉과 교류를 통하여 서로의 친목과 우의를 도모하여 남북학술교류의 유대와 기틀을 마련하였다고 할 수 있다. 또한 이러한 학술교류를 통하여 남과 북은 서로 남북학술연구의 역사와 현황을 파악하고 상호 학술정보를 교환함으로써 남북의 학술연구 수준을 높이는 데도 긍정적인 역할을 하였다고 할 수 있다.

더욱 중요한 것은 통일의 과정에서 제기되는 사실상 통일의 기반을 닦고 장차 민족공동체를 구축해 나가는데 있어서 중요한 역할을 담당했다고 할 수 있겠다. 이러한 심원한 의의는 오랜 시일을 거치면서 날이 갈수록 가시화 될 것으로 믿는다.

Ⅲ. 남북학술교류 역사가 시사하는 몇 가지 문제

2000년 6월 역사적인 남북정상회담을 계기로 남과 북은 사회문화부문에서의 교류·협력을 대할 수 있는 기틀을 마련했으며 이로 인해 남북학술교류도 사회문화부문의 교류의 한 내용으로 어느 정도 활성화할 수 있는 조건들이 마련되어 가고 있다. 그리하여 몇 년간 소강상태에 처해 있던 남북학술교류도 2000년도 이래 중국 등 지역에서 해외동포의 가교적 역할에 의하여 남북학술교류가 제한적이나마 재개되고 있다. 바야흐로 남북학술교류는 정치, 경제, 사회문화교류와 더불어 어느 정도 활성화될 조짐이 보여지고 있다. 이러한 시점에서 남북학술교류의 유익한 경험들을 잘 총화하고 살리는 것이 중요하다고 생각된다. 지난 남북학술교류의 역사가 시사해주는 문제는 적지 않은데 다음과 같은 것들을 들 수 있겠다.

첫째, 남북학술교류는 정치와 별개의 문제인 것이 사실이지만 남북이 분단된 현 시점에서 항상 정치와 연관되어 있는 과제로 등장하기 마련이다. 그리하여 남북학술교류는 정치와는 별개의 문제임에도 불구하고 남과 북의 정치적 요인과 주변정세 등 구조적 요인에 의해 민감하게 반응해 왔다. 90년대 초부터 중반까지 남북학술교류는 상당히 활기를 띠고 진행되어 왔으나 97년도 초부터는 정지된 상태에 들어섰는데, 이것은 남북의 정치적 요인과 직결되고 있으며 이로 하여 남북학술교류의 인식에 대한 부정적 결론을 갖게 된 것과 직접적으로 관계된다. 2000년 6월에 진행된 남북정상회담은 남북학술교류를 추진할 수 있는 결정적인 전제적 조건을 제공해주었다고 할 수 있겠다. 그러므로 학자들은 그때그때의 정치적 요인들을 배제하고 민족의 숙원인 평화적 통일만이 최고의 정치라는 인식과 자세로 남북학술교류에 접하는 것이 중요하다고 생각된다.

둘째, 남북학술교류는 비정치적 분야의 교류라는 점에서 '사실상의 통일'과정을 구축해 나가는 장기적이고도 지구적인 과제로서 즉시 보여지는 가시적 효과는 기대할 수 없지만 선차적이고도 중요한 내용이라는 인식이 절대적으로 필요하다. 그러므로 학문이라는 순수한 차원에서 장기적이고도 인내성 있는 노력이 필요한 것이다. 일부 개인의 정치적 수요를 만족하기 위한 1회적 학술행사나 가시적 효과를 노리어 언론을 이용하는 것들은 남북학술교류에 걸림돌로 작용할 수밖에 없다.

남북학술교류의 필요성에 대한 인식은 남과 북이 현 시점에서 일정한 차이가 있을 수 있다. 그것은 남과 북의 여러 가지 여건이 동일하지 않고 경중환급의 사정이 다르기 때문이다. 현 시점에서 보면 남북학술교류는 남의 학자들이 보다 절박할 수도 있다고 생각된다. 남북학술교류의 성사와 그것의 지속적인 전개를 위하여 북의 학술연구조건이 못한 사정을 고려하여 학술연구조건을 개선하기 위한 지원도 곁들임으로서 남과 북이 함께 학문연구 수준의 제고와 학술의 공동번영을 추구하기 위한 초석을 마련해야 할 것이다.

셋째, 지난 시기 남북학술교류는 거의 해외동포학자들의 가교적 역할로 해외에서 이루어져 왔다. 앞으로 남과 북의 직접적인 학술교류도 당분간은 어려울 것으로 생각되며, 해외동포학자들의 가교적 역할에 의해서 진행될 것으로 예견된다. 그러므로 지난 시기 남북학술교류에서 존재했던 해외학자들의 역할에 대한 편파적인 인식이 극복되어야 할 것이다.

해외동포학자들에 대하여 냉전시대의 사고방식으로 흑백논리에 의한 친북 혹은 친한 등의 간단한 분류는 남북학술교류에 걸림돌로 작용해 왔던 것도 사실이다. 그리하여 국제적으로 학술분야의 인위적인 '남북분단'의 맹아도 나타났던 것이며, 일부 지역의 학술연구기관과 단체에 이른바 '친한' 혹은 '친북'이라는 딱지를 붙여 지원하거나 제한하는 유감스러운 일들이 있었던 것으로 알고 있다. 이러한 것들은 남북학술교류에서 나타난 절실한 교훈으로 받아들여야 한다고 생각된다.

사실상 해외동포학자들은 한민족에게 있어서 소중한 인적자원으로 되며, 절대다수의 학자들이 민족의 통일을 바라보는 견해상의 차이는 어느 정도 있을 수 있지만 나라와 민족을 사랑하고 민족의 통일을 념원하는 절절한 마음은 공통한 것이다. 이러한 인식이 있어야만 남북학술교류에서 해외동포학자들이라는 소중한 인적자원을 충분히 이용하고 그들의 적극성과 잠재력을 충분히 동원하여 해외학자들이 남북학술교류를 위한 가교적 역할을 충분히 할 수 있도록 보장할 수 있는 것이다.

Ⅳ. 남북학술교류를 위한 몇 가지 제안

본인은 남북통일문제의 전문가는 아니지만 이 기회를 빌어 남북학술교류를 활성화하고 통일의 과정에서 '사실상의 통일'기반을 구축하기 위한 나름대로의 미성숙한 몇 가지 제안을 분수에 넘을 수도 있지만 말해보고자 한다.

첫째, 지금까지의 남북학술교류는 거의 해외학자들의 가교적 역할에 의하여 해외에서 성사되어 왔으므로 그 효과가 제한적일 수밖에 없었다. 가급적이면 이러한 국면을 하루빨리 타개하고 남과 북이 직접 교류할 수 있는 조건을 창출해야 할 것이다. 그러자면 남북학술교류를 위한 제도적 장치가 마련되어야 할 것으로 본다. 남북 정상이 만나 합의한 역사적인 6·15공동선언문은 이러한 제도적 장치를 마련할 수 있는 토대를 닦았으므로 시기적절하다고 생각된다.

사실상 여러 분야에서 남북간의 직접적인 교류가 서서히 활기를 띠기 시작하였으나 유독 직접적인 학술교류는 진행되지 못하고 있는 실정이다. 직접적인 남북학술교류가 진행되기 위해서는 남북 양측 정부가 학술교류를 사회문화적 교류라는 측면에서만 언급될 것이 아니라 남북교류의 독립된 과제로 선택하여 정부적 차원에서 구체적인 제안을 함으로써 가칭 '남북학술교류협의회'와 같은 기구를 만들어 내고 민간차원에서 양측에 실질적인 도움이 될 수 있는 과제들을 선별하여 사회, 인문, 자연과학 및 과학기술의 모든 분야에 걸쳐 학술교류가 진행될 수 있도록 보장해야 할 것이다.

미래의 세계는 지식과 학문이 선도한다는 것을 고려할 때 민족의 미래를 위하여 학술분야의 상호 교류협력을 무엇보다도 우선순위에 놓아야 할 것으로 본다. 남북의 정부가 이러한 인식을 수립하게 되면 학술교류는 비정치 분야이므로 어느 분야보다도 쉽게 해결될 수 있는 소지가 있다고 생각되는 것이다.

둘째, 현 시점에서는 남과 북의 직접적인 학술교류가 진행되지 못하고 있고 당분간은 이러한 상황이 빨리 해결되지 못하는 것을 감안하여 해외동포학자들의 가교적 역할을 충분히 담당할 수 있는 제도적 장치와 구체적인 방안들이 마련되어야 할 것으로 본다. 남측이 남북학술교류를 추진할 수 있는 경제적·재정적인 조건이 우위에 있으므로 남측이 이러한 제도적 장치의 구축에 적극적이어야 할 것으로 본다. 지금까지는 해외동포학자들의 자의적인 노력에 의해 남북학술교류 행사를 진행하여 왔거나 민간학술단체의 개별적인 제의에 의해 이루어져 왔기에 산발적으로 진행되어 기대효과에 못 미치는 경우가 적지 않았으며, 또한 재정적인 어려움도 적지 않았던 것으로 알고 있다.

이러한 문제들을 극복하기 위해서는 남북학술교류를 위한 해외지원기금을 조성하고 기금운영조직체를 구성함으로써 이러한 기금을 바탕으로 제3국의 해외연구기관이나 학술단체를 간판으로 남북학술교류기금을 운영하는 방안도 고려할 만하다고 생각된다. 그리하여 해외학술기관이나 단체를 이용하여 학술교류행사를 주최하고, 학술정보를 교류하고, 학술연구도서 및 설비를 지원하는 사업들을 전개하는 외에 북측 학자의 제3국 학술연구활동을 지원하는 장학활동도 진행함으로써 남북학술교류를 광범위하게 활성화할 수 있는 여건을 마련할 필요가 있다고 본다.

동서독 체육교류 사례 및 시사점

이 학 래*·김 진 우**

Ⅰ. 서론

1980년대 후반 구 소련을 위시한 공산권의 체제 붕괴로 인해 동서간의 냉전적 대립구도가 와해되면서 세계질서는 자본주의 시장경제체제로 급속히 재편되고 있다. 이와 같은 국제정세의 변화를 배경으로 하여 근래 남북관계에도 새로운 지평을 여는 기념비적 사건들이 있었다. 2000년 6월 15일 첫 남북 정상회담이 개최되어 민족화합을 위한 공동선언이 발표되었고, 그 실현을 위한 후속회담들이 열리고 있는 것이다. 서로 상이한 체제와 이데올로기로 분단이 된지 반세기 이상을 대치와 반목으로 일관하여 왔던 한반도에 바야흐로 화해와 대화의 물꼬가 트인 것이라 하겠다.

남북통일이 21세기 우리 민족의 비약적 발전을 위한 전제조건이라고 한다면, 그 성취는 우리 민족에게 부여된 중요한 과제의 하나

* 민족통일체육연구원 이사장
** 법무부 법무자문위원회 전문위원

라 할 것이다. 우리 민족의 성공적 재통합을 위해서는 평화적 통일
이 실현되어야 하며, 이를 위해서는 통일 전에 남북 사이에 상호 신
뢰의 구축 및 이질감의 해소가 절실히 요청되고 있다. 그리고 이를
실현하기 위한 구체적 방안에 관하여는 미리 충분히 논의 검토되어
야 할 것이다.

그런데 지금 우리 사회에서는 평화적 통일을 위한 구체적 방안의
하나로서 남북스포츠교류의 활성화가 적극 거론되고 있다. 남북스
포츠교류의 활성화는 남북관계 발전의 원동력을 이루는 동시에 남
북의 교류와 화해 및 협력을 도출하기 위한 기반이 될 수 있다는 기
대가 그것이다. 그렇다면 이 시점에 동서독의 스포츠교류와 그것이
통독에 미친 영향을 분석해보는 것은 의미가 적지 않을 것이다.

통일관련 문제에서 흔히 그러하듯, 제2차 세계대전의 종전 이후
오랜 기간 동안 분단상황에 있었던 독일은 다소의 시행착오를 거치
면서도 국제정세의 변화에 적절히 대처하여 우리보다도 한 발 앞서
민족의 평화적 통일을 신속히 이루어 내는데 성공한 소위 '통일모
델'로서 인식되고 있다. 독일의 재통일은 아직 국가적 분단을 극복
하지 못하고 있는 우리에게 모든 분야에서 주목의 대상이 되고 있
으며, 이 점은 스포츠분야에도 예외일 수 없다.

이와 같은 시각에서 본 연구는 통독 전의 양독간 스포츠교류와
이에 영향을 주었던 독일의 국내외 정세, 그리고 이것이 통독에 기
여한 바를 살펴봄으로써[1] 우리에게 주는 교훈과 시사가 무엇인지

---

1) 이에 관한 비교적 상세한 문헌으로는 Herbert M. Fischer, The West-East Sports
Exchanges Influence on Reunifying Germany, 남북체육교류 국제학술대회 보고서
·분단국에 있어 체육교류의 정치·사회적 기능, 남북체육교류 국제학술대회 조직위원
회, 1992년, 204면 이하; 통일원, 동서독 교류협력 사례집, 1993년, 657면 이하; 국토
통일원, 10년간의 독일정책, 1969~79년간 동서독관계 발전 중심」, 동서독관계 자료
Ⅰ, 1989년, 246면 이하가 있다.

를 알아보고자 한다.

동서독의 스포츠교류를 살펴봄에 있어서는 다양한 방법론이 활용될 수 있겠으나 본 연구는 분단과 대립의 시대(1945~1960년대 중반)에 있어서 동서독의 스포츠교류, 그리고 소위 '신동방정책'의 전개(1960년대 중반 이후)와 동서독의 스포츠교류로 대별하여 검토하기로 한다.

동서독 스포츠교류를 검토하기에 앞서 독일을 둘러싼 국내외 정세를 언급하는 까닭은 그것이 동서독 스포츠교류의 성쇠(盛衰) 내지 진퇴(進退)에 커다란 영향을 주었던 까닭에서이다.

II. 분단과 대립시대의 동서독 스포츠교류

1. 일반적 국내외 정세 : 갈등과 대치의 심화

나치독일이 1945년 5월 8일 무조건적으로 항복함에 따라 1945년 6월 5일 승전국인 미국, 소련, 영국 및 프랑스는 독일에서 최고통치권을 인수받았다.[2] 1945년 7월 17일에서 동년 8월 2일까지 미국의 트루먼, 소련의 스탈린, 영국의 처칠은 종전 후의 유럽의 질서와 독일의 장래 지위를 논의하기 위해 독일 포츠담에서 회담을 가졌다. 그 결과는 1945년 8월 2일 '포츠담조약'으로 나타났는데, 패전국 독일이 향후 미국, 소련, 영국, 프랑스 등 4개국이 관할하는 점령지역으로 나뉘어 관리되며, 독일 전체에 관련된 문제는 이들 승전국의 '연합관리위원회(Alliierter Kontrollrat)'[3]가 결정한다는 것, 장래의 평

---

2) 이에 관하여는 www.dhm.de/lemo/html/Nachkriegsjahre/index.html 참조.
3) 연합관리위원회는 점령군의 최상위 통치기관이었다. 이 위원회는 점령군의 4인의 최

화를 보장하고 독일의 재건을 규율하기 위해 독일의 '민주화, 무장
해제, 탈나치화, 정치·경제의 탈중앙집권화'라는 4가지 목표가 합의
되었다.

그러나 중부유럽에서의 동서간 냉전의 결과로[4] 1949년 독일에서
는 2개의 국가가 탄생하였다. 하나는 서방승전국의 지원을 받는 독
일연방공화국(Bundesrepublik Deutschland, BRD), 즉 서독이고, 그 다
른 하나는 소련의 지원을 받는 독일민주공화국(Deutsche Demo-
kratische Republik, DDR), 즉 동독이다. 동독지역을 점령한 소련군정
청은 그곳에서 정치적으로는 공산당의 1당 독재체제의 수립을 꾀하
고 경제적으로는 중앙계획경제 시스템을 도입함에 반해, 서방승전
국은 그들의 점령지역에서 의회민주주의와 시장경제시스템을 구축
하려 했다. 이를 통해 동서독은 소련과 서방이라는 양대 블록에 편
입되었고, 냉전을 통해 양독의 분열은 점차 심화되었다.[5]

고사령관으로 구성되었다. 이들은 독일 전체에 관련된 문제에 대해 만장일치로 결정
하도록 되어 있었다. 연합통제위원회는 포츠담조약에서 확정된 목표를 포고, 법률,
명령 등의 형태로 각각의 점령지역에서 실행하는 임무를 부여받았다. 또한 연합통제
위원회는 나치의 법률과 명령을 제거하는 임무도 담당했다. 서방승전국과 소련 사이
에 불신이 커지고 또 독일과 관련된 프랑스의 독자적 생각은 연합관리위원회의 임무
수행을 파행으로 몰고 갔다. 서독에 연방국가를 설립한다는 1948년 2월 23일에서 3
월 6일까지의 런던 6대강국회담에 대한 저항으로 소련점령군 최고사령관은 1948년
3월 20일 연합관리위원회에서 탈퇴했고 그 이후 더 이상의 만남은 없었다.
4) 영국의 처칠은 중부유럽에 위치한 독일에서의 동방과 서방 사이의 대립관계를 가리켜
'철의 장막'으로 표현하기도 했다.
5) 가령 1948년 6월 24일부터 서방승전국과 소련 사이에 긴장이 고조되었다. 스탈린은
서방점령지역의 통화개혁을 구실로 연합관리위원회 및 베를린의 사령관을 철수시켰
다. 베를린의 서방 점령지역으로 가는 통행로는 차단되었고, 소련 점령지역으로부터
의 전기, 석탄, 생필품의 공급이 끊겼다(Berlin-Blockade, 베를린봉쇄). 스탈린은 전
베를린을 그의 점령지역으로 편입시키려 했던 것이다. 이에 대해 서방측은 항공기를
통한 공수로 서베를린 시민이 일상생활을 유지하도록 조력했다. 베를린 시민의 끈질
긴 인내심과 서방의 지원으로 인해 베를린 봉쇄가 실패로 끝나자 1949년 5월 소련측
은 그 봉쇄를 종료했다. 베를린봉쇄는 냉전의 첫 번째 정점을 이루는 것이었으며, 서
독과 서유럽에서의 반공산주의가 형성되게 한 중요한 요인이 되었다. 이에 관하여는
Presse und Informationsamt der Bundesregierung, Deutschland -Von der Teilung
zur Einheit, 1995, S. 11, 13도 볼 것.

이어 서부지역에서는 1949년 5월 23일 독일연방공화국(서독)의 헌법인 기본법(Grundgesetz)이, 소련 점령지역인 동부지역에서는 1949년 10월 7일 독일민주공화국의 헌법(Verfassung der Deutschen Demokratischen Repub- lik)[6]이 공포되었다. 서독정부는 동독에서 수립된 정권을 자유선거 없이 이루어졌다 하여 위법한 것으로 선언하기도 했다.

1950년대 초반에는 한국전쟁으로 인해 동서간 갈등의 골이 깊어졌다. 1955년 5월 9일 서독이 북대서양조약기구[7]에 가입하자, 이에 대한 반응으로 동년 5월 14일 동방측의 군사동맹인 바르샤바협정[8]에 가입하면서 양독의 대립은 격화되었다.

독일사회주의통일당(SED)[9]은 '한 탁자로의 독일인(Deutsche an einen Tisch)'이라는 모토 아래 이미 1950년대 초부터 그들의 독일정책을 선전했다. 동독은 독일의 재통일에 관해 승전국을 배제하고 양

---

6) 1949년의 동독헌법은 바이마르헌법을 모방한 것이었다. 그에 따라 적어도 헌법상으로 동독은 민주적·의회적·연방제적 법치국가였다. 그러나 이 헌법은 사실상의 권력관계를 당초부터 반영하지 못했기 때문에 큰 의미를 갖는 것은 아니었다.

7) 동서 대립의 상황에서 1949년 4월 4일 미국 워싱턴에서 설립된 서방측의 군사동맹이다. 민간적 측면과 군사적 측면을 함께 지닌 이 동맹에는 10개국의 유럽국가와 캐나다 및 미국이 소속되어 있다. 그리스와 터키는 1952년 이 동맹에 가입했다. 회원국이 침공을 받을 경우 나머지 회원국은 원조를 해야 할 의무를 부담한다. 방어 시에는 각 회원국의 군사력이 공동의 나토사령관의 지휘에 복종하도록 되어 있다.

8) 알바니아, 불가리아, 폴란드, 루마니아, 체코슬로바키아, 헝가리, 소련 및 동독 사이의 '우호, 협력 및 상호원조에 관한 조약'이다. 이 바르샤바협정은 동방 블록의 정치적·군사적 협력을 도모함으로써 나토에 대항하기 위해 성립했다. 이 협정을 통해 소련은 모든 회원국에 그의 군사력을 주둔시킬 권리를 보장받았다. 이 바르샤바협정은 특히 동방 블록에 대한 소련의 헤게모니를 담보하는데 기여했다. 군사적 간섭을 통해 1956년 헝가리와 1968년 체코의 바르샤바협정으로부터의 탈퇴에 대한 시도를 막을 수 있었다. 단지 알바니아만이 이데올로기적 상이를 이유로 바르샤바협정으로부터 탈퇴할 수 있었다.

9) Sozialistischen Einheitspartei Deutschlands. 이 당은 종전 후 소련의 스탈린이 1946년 4월 21/22일 동독지역에서의 사회민주당(SPD)을 독일공산당(KPD)에 강제 편입시켜 만든 동독의 집권당이다. 동독사회주의통일당의 국가지도적 역할은 1968년의 동독헌법 제1조에도 명정된 바 있다.

독이 직접 교섭할 것을 제창했다.[10] 그러나 서방측은 당초 통독에
는 관심이 없었다. 오히려 내심으로는 서독이 소련과 결탁하는 것을
우려했고 서독을 서방동맹에 편입시킴으로써 소련과 거리를 두도록
했다. 그러나 형식적으로 서독 정부는 유엔의 감시 하에 전(全) 독일
의 자유로운 총선거를 요구함으로써 동독측의 제안에 응했다. 이러
한 기본적 요건이 충족되지 않는 한 동독과 대화를 하지 않겠다는
것이 당시 서독 정부의 기본입장이었다.

동독이 1952년 2월 13일 '평화조약의 즉각적인 체결'을 제안하며
승전 4개국에 보낸 통첩이 소련을 제외한 서방승전국에 의해 무시
되자[11] 소련의 스탈린은 1952년 3월 10일 '스탈린 통첩(Stalin-Note)'
을 통해 서방측에 대해 통독방안을 제시했다. 즉각적인 평화조약 체
결, 1년 이내 점령지역으로부터의 점령군 철수 및 통독된 독일의 중
립성 보장이 그 주된 골자였다.

서방측은 1952년 3월 25일 자유선거에 의해 독일 전체를 대표하
는 정부가 먼저 수립되어야 할 것을 요구하고, 독일의 중립화에 반
대한다는 입장을 분명히 했다. 이에 대해 소련은 서방측이 제시한

---

10) 서독의 재무장화를 저지하기 위해 동독 총리 그로테볼(Otto Grotewohl, 1894~1964
년: 1949년부터 동독사회주의통일당 중앙위원회 위원이자 정치국 국원 및 동독의 총
리와 내각평의회 의장을 역임)은 1950년 12월 1일 서독의 아데나워 수상에게 전 독
일적 차원의 평의회를 구성할 것을 제안하는 내용의 서신을 보낸 적이 있다. 이에
대해 아데나워는 1951년 1월 15일의 기자회견에서, 동독의 입장에서는 수용하기 불
가능한, 전독일 차원의 대화를 위한 다음과 같은 전제조건을 밝혔다. 첫째, 무제한적
개인의 자유와 모든 주민의 안전이 보장되어야 한다. 둘째, 동독은 무제한으로 결사
의 자유를 보장하고 또 '평화보호법(Gesetz zum Schutze des Friedens)'을 철회해야
한다. 셋째, 인민경찰을 해체하고 또 독일의 분단은 동독에 의해 야기된 것임을 시인
해야 한다. 동독 지도부가 이러한 아데나워의 대화를 위한 조건을 거부했음은 물론
이다. Chronik des 20. Jahrhunderts, Dortmund 1983, S. 747 f.
11) 서방 승전국은 동독정권을 승인하지 않았기 때문에 동독측의 통첩에 대해 답하지 않
았다. 이에 관하여는 동독의 통첩 내용을 소개하고 있는 Meiners, Jochen: Die dopp-
elte Deutschlandpolitik, zur nationale Politik der SED im Spiegel ihres Zentralor-
gans "Neues Deutschland" 1946 bis 1952, Frankfurt a.M. 1987, S. 538 ff. 참조

자유선거에는 찬성하면서도 이를 위해서는 우선 독일 전체를 대표하는 정부가 수립되어야 한다는 점을 밝혔다. 통일된 이후의 독일의 중립화도 계속 주장했다.

이처럼 서방측과 소련의 상이한 시각은 평행선을 긋다가 마침내 1952년 9월 대화가 중단되고 말았다. 통독을 위한 대화의 중단은 소련측의 주장에도 그 원인이 있었지만, 당시 서독 수상이자 연방외무장관이었던 아데나워12)의 태도에도 일단의 원인을 찾을 수 있다.

스탈린이 통독을 위한 제안을 할 당시, 서독은 유럽방위공동체를 위한 협상에 몰두하고 있었다. 이 협상에서는 서독이 서방군사동맹의 일원이 되는 것, 또 그로써 서방시스템으로의 통합이 문제되었다. 아데나워에게는 이 유럽방위공동체가 추구하는 정책의 한 목표였다. 때문에 통독을 위한 교섭의 여지는 당초부터 크지 않았다. 아데나워는 소련 제안을 전적으로 상이한 세계관으로 말미암아 수용할 수 없다고 밝혔다. 그는 소련의 목표가 중립화를 통해 독일을 고립시키고 또 그로써 유럽의 통합을 불가능하게 만들 것으로 확신하고 있었던 것이다. 중립화된 독일은 공산화되고 또 필경 소련의 통제를 받게 될 것이라고 생각한 것이다. 아데나워에게 있어 중립화는 소련화를 의미했다. 이러한 아데나워의 우려는 서방승전국의 그것과 일치하는 것이었다.13)

서방세계로의 편입이 종전 후 서독을 재건하고 소련과 공산주의로부터 서독을 보호할 수 있는 유일한 길이라 여겼던 당시 서독 수

---

12) 아데나워(Konrad Adenauer, 1876~1967)는 1949년 9월 15일 연방하원(Bundestag)에 의해 73세에 독일연방공화국의 초대 수상으로 선출된 이래 1963년 10월 15일 퇴임할 때까지 14년간 서독 수상을 역임한 기독민주당(CDU) 출신의 정치인이다. 1955년 6월 6일까지 연방외무장관도 겸임했다.

13) Presse und Informationsamt der Bundesregierung, Deutschland-Von der Teilung zur Einheit, 1995, S. 28.

상 아데나워는 동서간의 갈등 국면 아래 서방통합과 동독 불승인 (Nicht-Anerkennung der DDR), 서독만이 독일의 유일한 합법적 대표라는 주장(Alleinvertretungsanspruch),[14] 그리고 이와 연계하여 1955 년부터 할슈타인 독트린(Hallstein-Doktrin)[15])을 취했다. 동방 아니면 서방의 양극으로 편이 갈리던 시대에 아데나워는 서방으로의 이데올로기적·경제적·정치적 통합을 통해 독일의 장래를 보장받으려 했던 것이다. 독일의 분열을 기정사실화했으며 동독의 대표자를 대화의 상대로 여기지 않던 그는 동독과의 관계를 설정할 의사가 없었다.[16] 더욱이 그의 투철한 반공주의는 서방과의 통합에 지렛대로서 역할을 했다.[17]

---

14) 1949년의 건국부터 1960년대 말까지 서독(독일연방공화국)은 독일제국(Deutsches Reich)의 유일한 권리 승계자로서 독일의 이해관계에 대한 유일한 합법적 대표자라는 주장을 했다. 동독에서는 주민들의 자기결정권 행사가 불가능하고 또 독일사회주의통일당(SED)의 독재가 존재하는 반면, 독일연방공화국에서는 자유롭게 선출된 정부에 의해 통치가 이루어진다는 점을 그 논거로 내세웠다. 이와 같은 단독대표 주장에 기하여 동독 사회주의통일당 정권과는 어떠한 공식적 접촉도 거부되었고, 심지어 동독(DDR)이라는 명칭 자체의 사용도 극력 회피되었다.

15) 1955년 아데나워 정권에서 외무부장관을 하던 할슈타인(Walter Hallstein)의 이름을 따라 붙여진 이 원칙은 1960년대 후반까지 서독 정부의 기본적 독일정책이었다. 1955년 모스크바를 방문하고 귀국한 아데나워는 동독이 자유선거 없이 성립했으며, 또 독일 국민의 다수에 의해 거부되었으므로 서독이 독일의 유일한 정당한 정부라고 했다. 따라서 동독과 외교관계를 갖는 국가는 서독에게 '비우호적 행위(unfreundlicher Akt)'를 한 것으로 간주되며 또 이에 대해 제재를 가하겠다는 것이다. 이 정책에 기하여 서독은 1957년 및 1963년 유고슬라비아 및 쿠바와 외교관계를 단절하기도 했다. 유일한 예외는 소련이었다. 즉, 소련은 1960년대까지 양독에 대사관을 둔 유일한 국가였다. 서독정부는 이 정책을 통해 그가 독일에서의 유일한 대표라는 점을 세계에 대해 관철시키려 했다.

16) 이에 관하여는 Meiners, Jochen: Die doppelte Deutschlandpolitik, zur national Politik der SED im Spiegel ihres Zentralorgans "Neues Deutschland" 1946 bis 1952, Frankfurt a.M. 1987, S. 371. 또한 1954년 2월 중순 베를린에서 있었던 평화조약과 독일의 재통일 문제를 위한 서방동맹의 외무부장관회담이 실패로 끝나자, 아데나워는 이를 반겼다고 하는 당시 미국 관리 James Bryant Conant가 미국무성에 대한 보고를 게재한 1989년 제30호 독일의 SPIEGEL誌, S. 26도 참조

17) 아데나워가 1953년 미국을 처음으로 방문하여 워싱턴의 내셔널 프레스클럽에서 행한 연설 중 다음의 구절은 그가 당시 어떠한 사상을 품고 있었는지 극히 압축적으로 표현해 주고 있다. "우리는 자유를 원합니다. 우리는 공산주의를 혐오합니다. 따라서

동독과 소련은 처음부터 베를린을 동독의 수도로 여겼다. 그들은 서베를린을 동독 수도 안에 존재하는 '자본주의의 섬(kapitalistische Insel)'으로 간주하여 항상 신경질적 반응을 보였다. 1958년 11월 소련의 흐루시초프 서기장은 미국, 영국, 프랑스에 대해 베를린은 자유롭고 비무장의 도시여야 하므로 점령군은 철수되어야 하며, 그것도 6개월 이내에 실행하라고 최후통첩을 보냄으로써 이른바 '베를린 위기'를 맞았다. 그로부터 5주일 뒤인 1959년 1월 소련은 독일과의 평화조약을 위한 초안을 제시했는데, 그 내용은 동독의 국제법적 승인, 독일의 중립화와 비무장화, 종국적인 동독의 국경으로서 오더 -나이세강 라인(Oder-Neiße-Linie)의 승인 및 공산당의 재허용[18]이었다. 서방측은 이를 거부했다.

'베를린 위기'를 극복하기 위해 1959년 5월 스위스 제네바에서 미국, 영국, 프랑스 및 소련의 외무장관이 '독일문제'[19]에 관한 회담을 가졌다. 이 회담은 독일문제와 관련해서는 아무런 성과를 얻지 못한 채 종료되었으나 '베를린 위기'를 완화하는 데에는 기여했다. 그리고 1959년 9월 중순 흐루시초프가 아이젠하워 미국 대통령의 초청으로 소련 국가원수로는 최초로 미국을 방문하면서 '베를린 위기'는 별다른 사태의 전개 없이 해소되었다.[20]

우리는 독일 민족의 장래를 서방의 민주주의에 가장 밀접히 연결하려고 합니다(Wir wollen die Freiheit. Wir verabscheuen den Kommunis mus. Wir wollen daher die Zukunft des deutschen Volkes aufs engste mit den Demokrat- ien des Westens verbinden)". Presse und Informationsamt der Bundesregierung, Deutschland - Von der Teilung zur Einheit, 1995, S. 28에서 인용.

18) 1956년 8월 17일 독일공산당(Kommunistische Partei Deutschlands, KPD)은 서독에서 금지되었다.

19) 과거 독일에서는 서독과 동독 사이의 재통일과 관련된 문제를 흔히 '독일문제(Deutsche Frage)'라고 일컬었다.

20) 미·소 정상의 만남 뒤에 흐루시초프는 동방과 서방의 평화적 공존을 지지한다고 밝혔다.

1960년 9월 8일부터 동베를린으로 여행하는 서독인은 동독당국의 허가를 받아야 했다. 1966년 10월 10일 서베를린에 긴급한 가족문제를 위한 통행증발급사무소가 개설되었다.

한편, 1968년 체코사태의 진압을 위해 소련군이 체코에 진입하고 동독이 이를 무조건적으로 지지함으로써 내독관계에 긴장을 조성시켰다. 그 결과, 1968년 6월 11일 동독은 서독과 서베를린 사이의 여행 및 통행에 있어 여권과 비자를 취득할 의무를 부과시켰다.[21]

동독의 부자유, 정치적 억압, 경제적 궁핍으로 인해 많은 동독인이 매일 서독으로 탈출하고[22] 국제정세 또한 긴장되자 그 존립에 위협을 느낀 동독은 호네커[23]의 지휘 아래 1961년 8월 13일을 기해 동베를린에 45킬로미터가 넘는 장벽을 설치했다. 장벽, 가시철조망, 감시탑 및 지뢰밭은 독일인을 독일인으로부터 분리했으며 분단은 고착화되기 시작했다. 28년간 분단독일의 가장 중요한 상징이자 동독에 의해 '반파시즘적 보호벽(antifaschistischer Schutzwall)'이라 일컬어졌던[24] 이 장벽은 동독을 세계로부터 고립시켰으며 자칫 미·

---

21) Arbeitsgemeinschaft Jugend und Bildung e.V., Ein Rückblick auf die deutsche Teilung, Berlin 1990, S. 60.

22) 1949~61년간 약 260만 명 이상, 그리고 1989년까지 300만 명 이상의 동독 주민(그 대부분은 청년 또는 노동력을 가진 사람들)이 서독으로 탈출했다(1959년 약 14만 명, 1960년 약 36만 명). Presse und Informationsamt der Bundesregie- rung, Deutschland-Von der Teilung zur Einheit, 1995, S. 48, 52, 84.

23) 호네커(Erich Honecker, 1912~1994)는 1971년 5월 3일 울브리히트가 노령 및 건강상의 이유로 퇴진하면서(그러나 실제로는 소련 브레즈네프의 압력에 의한 퇴진이었다) 독일사회주의통일당의 서기장으로 선출되었다. 동년 6월에는 역시 울브리히트의 후임으로 국가방위위원회(Nationaler Verteidigungsrat)의 의장에 등극했다. 1971년 12월 17일의 통과협정과 1972년의 기본조약에 서명한 것에서 볼 수 있듯이, 호네커로의 동독 지도부 변화는 내독관계의 활성화를 위한 계기가 되었다. 1976~1989년에는 슈토프 후임으로 동독국가평의회 의장을 역임했다.

24) 1989년 1월 19일 호네커는 베를린 국경에 대해 다음과 같이 언급한 바 있다. "1961년의 반파시즘적 보호장벽의 구축과 더불어 유럽의 상황이 안정되었고 평화가 보호되었습니다. …이 장벽은… 그 설치를 유발했던 제반 조건이 변화되지 않는 한 50년이건 100년이건 존재하게 될 것입니다. …이는 우리 공화국을 약탈자로부터 보호하

소간의 핵전쟁으로 치달을 뻔했던 1962년의 쿠바 위기와 더불어 또
다시 냉전을 정점에 이르게 한 요인이 되었다. 그러나 1963년 가을
에르하르트[25]가 서독 연방수상으로 취임하고 폴란드, 루마니아, 헝
가리 및 불가리아에 무역대표부를 설치함으로써 동방에 대해 문호
를 개방하기 시작했다.

2. 동서독의 스포츠교류

독일사회에서 스포츠는 항상 커다란 역할을 담당해 왔다. 더욱이
패전 후 독일의 특수한 정치적 상황에서 스포츠는 극히 중요한 의
미를 갖는 것이었다. 종전 후 약 반년이 지나자, 나치스포츠를 깊이
불신하던 승전국의 연합관리위원회는 '명령 제23호(Direktive Nr.23
)'[26]로 나치시대로부터 존속하고 있던 스포츠단체와 조직을 거의

기 위해서도 부득이 합니다.", in: Neues Deutschland, Nr. 17, 1989년 2월 20일자,
5면.

25) 에르하르트(Ludwig Erhard, 1897~1977)는 아데나워 정권의 제1~2대 내각에서 연방
경제장관을 제3~4대 내각에서 부수상겸 경제장관을 역임하다가 1963년 10월 16일
아데나워의 후임으로 연방수상으로 선출된 기독민주당(CDU) 출신의 정치인이다.
아데나워 정권의 경제장관으로서 제2차 세계대전 후 독일의 경제기적을 일궈낸 장본
인으로서 유명하다.

26) 연합관리위원회 명령 제23호:
1. Allen vor der Kapitulation in Deutschland bestehenden sportlichen, militäris-
chen oder paramilitärischen athletischen Organisationen(Klubs, Vereinigungen, An-
stalten und andere Organisationen) wird jede Betätigung untersagt, und sie sind bis
zum 1. Januar 1946 spätestens aufzu- lösen.
2. Die Leitung und Weiterentwicklung aller militärischen athletischen Organisatio-
nen unter der deutschen Bevölkerung ist verboten. Dieses Verbot bezieht sich na-
mentlich auf Flugübungen, Fallschirmabsprung, Segelflug, Fechten, militärische
oder paramilitärische Ausbildung oder Vorführung, Schießen mit Feuerwaffen.
3. Die Ausbildung in athletischen Übungen militärischen oder militär- ähnlichen
Charakters in Erziehungsanstalten, in öffentlichen oder politischen Organisationen,
bei Handelsgesellschaften, in Fabriken und in allen anderen Organisationen sowie
die Leitung derartiger Übungen ist verboten.
4. a) Das Bestehen nichtmilitärischer Sportorganisationen örtlichen Charakters auf

모두 해체시켰으며 지역차원에서의 비군사적 스포츠단체의 활동만
을 허용했다.27) 그러나 독일스포츠는 종전 직후의 파멸상태로부터
급속히 회복되어 1949년 9월 24일 뮌헨에서는 독일국가올림픽위원
회(Nationales Olympisches Komitee für Deutschland),28) 1951년 4월 22
일에는 동독국가올림픽위원회(Nationales Olympisches Komitee der
DDR)가 설립되었다. 1950년 12월 1일 서독에서는 37세의 다우메29)
를 초대회장으로 한 독일 최대단체인 독일스포츠연맹(DSB)이, 1957
년 4월 28일 동베를린에서는 라이헤르트(Rudi Reichert)를 초대회장

---

deutschem Gebiet ist gestattet. b) Diese Organisationen dürfen das Niveau eines
Kreises nicht übersteigen und von keiner über dem Kreisniveau stehenden öffentli-
chen oder privaten Körperschaft überwacht, angeleitet oder finanziell unterstützt
werden, außer mit der Erlaubnis des Zonenbefehlshabers. Diese Erlaubnis besch-
ränkt sich streng auf solche Sportarten, denen in keiner Weise eine militärische
Bedeutung zukommen kann. c) Jede neugegründete sportliche Organisation örtli-
chen Charakters bedarf der Genehmigung der örtlichen Alliierten Besatzungsbehoe-
rde, und ihre Tätigkeit untersteht der Aufsicht dieser Behörde. Das Schwergewicht
bei der körperlichen Jugenderziehung muß auf das Gebiet der Gesundheit, der Hy-
giene und der Erholung, unter Ausschluß aller Bestandteile militärischen Charakte-
rs, gelegt werden.
5. Die Zonenbefehlshaber in Deutschland sind mit der Durchführung der Bestim-
mungen dieser Direktive beauftragt. Ausgefertigt in Berlin, den 17. Dezember
1945.
27) 다음과 같은 연합관리위원회 명령 제221호도 참조
   1. Die folgenden Abteilungen werden bei den Sport-Commitees zugelassen werden:
   Volleyball, Basketball, Hockey, Rugby, Fußball, Schlittschuhlaufen, Tennis, Kegeln,
   Angeln, Kinder-Gymnastik, Körper- Gymnastik.
   2. Alle anderen Sportabteilungen müssen innerhalb 72Stunden nach Empfang dieser
   Anordnung aufgelöst werden.
   3. Die erlaubten Sportabteilungen dürfen keinen militärischen Charakter haben,
   und Sie werden volle Verantwortung für deren Tätigkeit tragen.
   4. Bestätigen Sie den Empfang dieser Anordnung unter Nummer und Datumsan-
   gabe.
28) 이에 관하여는 Krüger, Arnd: Sport und Politik, Hannover 1975, S. 101 참조
29) 다우메(Willi Daume)는 1950~70년 사이에 독일스포츠연맹 회장을 역임했으며, 1956
   년부터 국제올림픽위원회 위원으로 활동했고, 1961년 서독국가올림픽위원회 회장으
   로 선임됨. 1980년에는 서독의 모스크바올림픽 보이콧을 지지하던 바이어와 달리 그
   참가를 주장했으나 표결에서 패배함.

으로 한 독일체조·스포츠연맹(Deutscher Turn und Sportbund, DTS B)[30]이 창설되었다.

양독의 스포츠교류는 국내외 정세변화에 민감하게 반응했다. 우선 1940년대 중반부터 후반까지 동독은 서독 스포츠계의 교류 제의를 거부했다. 동독이 자신의 스포츠 독자성 확립에 장애가 될 것으로 판단했기 때문이었다.

그러나 1950년대 초반부터 이러한 태도는 변하기 시작했다. 1952년 공산권의 맹주 소련이 올림픽에 최초로 참가하고 이를 자본주의에 대한 투쟁의 장으로 삼은 이래, 공산주의국가의 선수들은 그들의 명예만이 아니라 공산주의 이데올로기의 우수성을 증명하기 위해 자본주의국가의 선수들과 경쟁해야 했다. 그 연장선상에서 동독 또한 스포츠를 체제선전 도구로 이용했다. 1950년대 울브리히트[31]와 독일사회주의통일당의 지령은 '독일의 모든 스포츠기록은 동독 선수가 갱신해야 하며'[32] 또 동독 선수는 '운동복을 입은 외교사절(Diplomaten im Trainingsanzug)'로서 역할을 할 것을 외치고 있었다. 그는 국제경기의 시상대 위에 서 있는 동독 선수는 '독일의 단독대표권을 주장하는 서독정권에 대한 최선의 답이자 복수'라고까지 말했다. 또 통상 중립적으로 인식되는 스포츠단체들을 이용하여 동독

---

30) 1990년 12월 5일 해체될 때까지 서독의 독일스포츠연맹과 비견되는 동독 최고, 최대의 스포츠단체이다.

31) 울브리히트(Walter Ulbricht, 1893~1973)는 1950년 독일사회주의통일당(SED) 중앙위원회 총서기가 됨으로써 사실상 이 당을 지휘하는 위치에 올랐으며, 1953년 독일사회주의통일당 중앙위원회 서기장에 등극하고 1960년 신설된 국가방위위원회 의장 및 국가평의회 의장으로 선임됨으로써 1971년 퇴진할 때까지 동독정권의 제1인자였다. 1970년 소련 지도부는 울브리히트가 서독과의 관계 형성 및 동독의 경제정책에 문제가 있다고 판단하여 종래의 무제한적 지지로부터 거리를 두자 울브리히트의 권력이 흔들리기 시작했으며 1971년 결국 호네커로 대체되었다.

32) "Direktive des Politbüros der Sozialistischen Einheitspartei Deutsch-land zur weiteren raschen Aufwärtsentwicklung von Körperkultur und Sport in der Deutschen Demokratischen Republik" vom 13.7. 1954. SAPMO DY 30/J IV 2/2/397.

체제의 우월성을 선전하고 서방제국주의 타도를 외치게 했다.

독일사회주의통일당은 동독 스포츠인들로 하여금 스포츠교류를 통해 서독인을 포섭하라는 지령을 내렸다. 그에 따라 예컨대 1952년 동독스포츠위원회(DSA)[33]는 독일스포츠연맹 소속단체와 회원들에게 정치적 선동 목적의 서신을 보내기도 했다. 중요한 정치적 이슈가 있을 때마다 서독 지도부에 대항할 것을 부추기는 각종 공개서한을 보내기도 했다.[34] 이처럼 동독지도부는 스포츠교류를 순수한 스포츠 차원에서가 아니라 정치적 수단으로 적극 이용했다.[35] 그런가 하면 독일스포츠연맹은 1952년 동독의 서베를린 봉쇄에 대해 동독과의 교류 중단을 선언하기도 했다.

1952년 오슬로와 헬싱키에서 제2차 세계대전이 끝난 후 처음으로 독일의 올림픽 참가가 허용되었다. 그러나 이때에는 서독 선수단만 참가했다. 독일 단일팀의 파견을 위한 선발에 동독이 합의하지 않았기 때문이었다.

한국전쟁으로 인한 동서간 대립의 격화는 서방에 우호적이었던 국제올림픽위원회 내에서 동독올림픽위원회에 불리하게 작용했다. 1953년 6월 17일 동독은 서독과의 분리를 강조하면서 독자적인 올림픽팀을 구성했다. 이를 저지하기 위해 서독올림픽위원장 폰 안할트[36]는 IOC집행위원회로 하여금 동독올림픽위원회의 정치적 독립성 여부를 심사해줄 것을 요청했다.[37] 이에 대해 IOC는 1955년 동

---

33) 1948년 10월 1일 설립된 1957년의 동독체조·스포츠연맹(DTSB)의 전신임.

34) 이에 관하여는 통일원, 동서독 교류협력 사례집, 1993.12, 658면 참조.

35) Fischer, a.a.O.(Fn. 1), S. 212 f도 참조

36) 폰 안할트(Karl Ritter von Halt)는 1929~64년 IOC위원, 1951~61년 서독올림픽위원회 회장을 역임.

37) Krüger, Deutschland und die olympische Bewegung(1945-1980), in: Ueberhorst, Horst(Hrsg.), Geschichte der Leibesübungen, Bd. 3/2, Berlin/München/Frankfurt a.M. 1981, S. 1057.

독올림픽위원회의 일시적 가입을 승인했다. 그러나 이 승인은 동서독이 공동 올림픽팀을 조직하여 멜버른대회에 파견하는 것이 불가능한 것으로 판명될 때에는 자동적으로 소멸하도록 되어 있었다.[38] 즉, 동독이 올림픽에 참가하려면 서독올림픽위원회와 단일팀을 구성해야만 했었다.

동서독의 올림픽 단일팀이 멜버른대회 참가를 위해 출발하기에 앞서 헝가리 사태의 진압으로 인해 양독 사이에는 긴장이 조성되기도 했지만 양독은 1956년부터 올림픽 단일팀을 구성하여 출전했다. 그러나 올림픽팀의 '단일성'은 의복과 휘장의 통일적 사용에 국한되었다. 그리고 대부분의 선수가 서독 출신이었기 때문에 팀 인솔도 주로 서독측에서 담당했다.

한편 동독이 서베를린 스포츠를 특별히 우대하면서 서독스포츠와 분리시키려는 시도를 보이자, 독일스포츠연맹은 1952년 9월 22일 동독과의 스포츠 관계를 즉각 단절했다.[39] 그러나 이러한 반응은 서독 스포츠계마저도 정치화되었다는 비난도 받았다. 그 뒤 스포츠교류는 1952년 12월 12일부터 재개되었다.

1950년대 말, 서독 스포츠는 두 가지의 유감스러운 상황에 직면했다. 하나는 동독이 서독과의 대립성을 부각시키기 위해 1959년 10월 1일 그 동안 양독이 공동으로 사용하던 흑·적·황색의 3색 독일기에 망치와 컴퍼스 및 이삭 환이 새겨진 휘장을 도입하는 등[40] 갖가지 수단을 강구했다는 점이고, 다른 하나는 당시 서독 수상인 아데나워와 외무장관 폰 브렌타노[41]가 양독간 스포츠교류를 중단할

---

38) Bulletin Nr. 52 des IOC, Krüger, Sport und Politik, Hannover 1975, S. 119에서 인용.

39) Fischer, a.a.O.(Fn. 1), S. 214도 참조

40) 동독인민의회는 이와 같은 동독의 새로운 국기 도입을 위해 1959년 10월 1일 법률을 제정했다.

194

것과42) 경우에 따라서는 단일올림픽팀 구성을 포기할 것을 서독의 스포츠지도자들에게 종용한 적이 있다는 점이다. 가령, 스포츠가 양독의 유엔에 관한 동독의 협상 제의에 대한 서독 정부의 거부 입장을 회석시킬 수 있다는 우려에 기한 것이었다.

한편, 1961년 8월 13일 동독의 베를린장벽 설치에 대해 서독의 독일스포츠연맹은 동년 8월 16일 동독과의 스포츠관계를 일체 단절할 것을 선언했고 또 동독의 모든 스포츠지도부에 대해 서독 출입을 금지했다.43) 나아가 서독올림픽위원회는 동독의 베를린장벽의 설치에 대한 제재로서 IOC로부터의 축출을 요구했다. 이로써 이 시기에 양독의 스포츠관계는 실로 '시계 제로(0)'에 가까운 것이 되었다. 이러한 상황에서 IOC위원장 브런디지44)는 서독측의 일방적인 스포츠관계의 단절에 대해 깊은 우려를 표명했고, 서독올림픽위원회는 한발 물러서 동독의 독자적인 올림픽팀 참가를 방해하기 위해 독일 단일올림픽팀을 유지하려고 시도했으며, 1965년 10월 30일 독일스포츠연맹 중앙위원회는 1961년 베를린장벽이 설치된 후 중단되었던 양독간 스포츠교류를 재개할 것을 의결했다.45)

이와 같이 스포츠 분야에서 양독 사이에 불협화음이 끊이지 않자 스위스 출신의 IOC위원 알베르트 마이어(Albert R. Mayer)는 1962년

---

41) 브렌타노(Heinrich von Brentano, 1904~1964)는 1955년 6월 8일부터 1961년 10월 30일까지 서독의 연방외무장관을 역임한 기독민주당(CDU) 출신의 정치인.

42) 1961년 2월 2일 이후 동독기는 서독에 의해 거부되었고, 서독선수는 동독기가 승인된 경기에는 참가할 수 없게 되었다.

43) 독일스포츠연맹은 베를린장벽이 설치되자 그의 구성원들에 대해 동독으로 가거나 혹은 동독의 스포츠인을 초청하는 것을 일체 금지시켰다(Krüger, Deutschland und die olympische Bewegung(1945~1980), in: Ueberhorst, Horst(Hg.), Geschichte der Leibesübungen, Bd. 3/2, Berlin/München/Frankfurt a.M. 1981, S. 1058).

44) 브런디지(Avery Brundage, 1887~1975)는 1936년 베를린 올림픽에서 IOC 위원으로 선출되었으며 1945년에 IOC 부위원장, 1952~72년간 IOC 위원장으로 활동한 미국인이다.

45) www.dhm.de/lemo/html/1965.

12월 "(양독간의) 배척 다툼을 포기하고 또 동일한 깃발과 단가 아래 2개의 분리된 팀을 허용할 것"을 제안하기도 했다.[46] 이보다 2년 전인 1960년 서독 연방외무장관 폰 브렌타노(Heinrich von Brentano)는 독일 올림픽단일팀의 구성은 외부에 대해 마치 공산주의자와 화해하는 것과 같은 인상을 주므로 이제 종지부를 찍어야 할 시점이라고 언급하기도 했다.[47]

베를린장벽 설치 이후 국제적으로 고립되었던 동독은 국제스포츠회의를 통해 이를 완화시키려는 다각적인 노력을 전개했다.[48] 1950년대에도 소련의 지원 아래 몇 차례 IOC 가입을 시도한 바 있었으나(1951년 5월 8일의 오스트리아 비엔나 IOC회의 동년 5월 21~22일의 스위스 로잔느 IOC회의) 서독측의 방해로 실패했다. 당시 서독에 편향되었던 IOC는 '하나의 국가에는 하나의 국가올림픽위원회만 존재할 수 있다'는 이유로 동독의 IOC 가입을 거부했던 것이다.[49]

1965년 4월 8일 IOC위원장 브런디지는 베를린에서 독일을 단일 국가올림픽위원회 체제로 두되, 서베를린을 위해 3등분하자는 동독의 제안을 거절한 적도 있다. 그러나 동독의 집요한 노력은 마침내 결실을 거두어 1965년 10월 8일 IOC는 동독올림픽위원회를 독자적 회원으로 승인했다.[50] 이는 동독의 입장에서는 '대승리'였다.[51] 이

46) Krüger, Deutschland und die olympische Bewegung(1945-1980), in: Ueberhorst, Horst(Hg.), Geschichte der Leibesübungen, Bd. 3/2, Berlin/München/Frankfurt a.M. 1981, S. 1058.
47) Daume, Deutscher Sport 1952-1972, hrsg. vom Deutschen Sportbund, München 1973, S. 194.
48) 1955년까지 동독의 스포츠는 총 19개의 국제적 전문연맹에 가입했으며 그 중 14개는 올림픽 스포츠종목이었다.
49) Krüger, Arnd: Sport und Politik, Hannover 1975, S. 102; Krüger, Arnd: Deutschland und die olympische Bewegung(1945-1980), in: Ueberhorst, Horst(Hrsg.), Geschichte der Leibesübungen, Bd. 3/2, Berlin/München/Frankfurt a.M. 1981, S. 1051.
50) 마드리드에서의 1965년 IOC회의에서는 동독이 장래 주권국가로서 독자적 국가올림픽위원회를 구성하며, 독자적인 국기와 국가로 올림픽에 참가할 수 있음이 확인되었

로써 동독은 향후의 올림픽부터는 독자적인 선수단을 이끌고 출전할 수 있게 되었다. 동독의 입장에서는 올림픽경기에 독일 단일팀으로 출전하여 메달을 획득한다 하더라도 큰 의미가 없는 것으로 여겨졌던 것으로 보인다. 동독 선수가 메달을 획득하더라도 그 메달리스트는 국제스포츠계에서 동독인이 아니라 '독일인'이었고 승리 또한 동독의 것이 아니라 '독일'의 것이었기 때문이었다. 이러한 사정은 국제무대에서의 정치적 독립을 염원하는 동독의 정치 및 스포츠지도부의 생각에 부합하지 못하는 것이었다.

1965년의 국제올림픽위원회 의결로써 국제올림픽위원회의 단일올림픽팀을 위한 양독의 끝없는 다툼은 종식되고, 소모적이고 신경을 쓰이게 하던 배척투쟁은 사라지게 되었다. 그 전까지 양독의 스포츠연맹은 단일팀 구성 때 가급적 자기쪽 선수와 지도부를 올림픽대표로 선발하기 위한 노력을 경주하고 있었는데, 1968년부터는 과거의 팀 동료가 라이벌로서 등장하게 된 것이다. 이와 같은 스포츠분야에서의 동독의 자주성 확립을 위한 노력은 동독이 1960년 중반이후 전개된 국제적 긴장완화 및 서독측의 동방정책의 영향에 대해서방측과의 분리를 강화시킴으로써 대처하기 위한 방편의 일환이기도 하다. 다시 말해 동독의 분리정책에 기하여 그때까지 전 독일적제도로서 존재하던 스포츠는 분열되기에 이르렀다.

이러한 복잡한 배경 아래 1956년, 1960년, 1964년에 있었던 세 차례의 동·하계올림픽에서 독일 단일팀이 구성되었음도[52] 불구하고

다(찬성 44표 대 반대 4표). Arbeitsgemeinschaft Jugend und Bildung e.V., Ein Rückblick auf die deutsche Teilung, Berlin 1990, S. 66.

51) Berliner Zeitung, 1965년 10월 9일자, 1면.

52) 양독은 1956년의 멜버른올림픽 이래 흑·적·황색의 깃발과 올림픽 상징의 오륜기를 앞세우고 중립적인 베토벤의 '환희(An die Freud)'를 공동의 團歌로 하여 단일 올림픽팀으로 출전했다. 그런데 동독은 동독 성립 10주년인 1959년 10월 7일을 맞아 흑·적·황색의 독일기 대신에 망치와 컴퍼스가 그려진 동독기를 사용하기 시작했다. 서

양독의 분단은 심화되기만 했다.

선행연구에 의하면, 1957년부터 1961년 8월 16일까지 각각 1천5백30건(1957년), 3백86건(1958년), 6백83건(1960년), 7백38건(1961년)에 걸쳐 활발한 내독간 스포츠교류가 이루어졌으나 베를린장벽이 설치된 1961년부터 1965년까지는 교류가 거의 단절되었다. 이 기간 내에는 1964년 올림픽 단일팀 결성과 관련한 출전선수 선발경기가 고작이었다.[53] 1966년 82건, 1967년 88건, 1968년 46건, 1969년 57건, 1970년 19건, 1971년 18건, 1972년 17건, 1973년 11건, 1974년 37건, 1975년 53건, 1976년 61건, 1977년 62건, 1978년 74건, 1979년 68건, 1980년 56건, 1981년 65건, 1982년 78건, 1983년 80건의 교류가 있었다.[54]

Ⅲ. 신동방정책 전개와 동서독 스포츠교류

1. 일반적 국내외 정세 : 긴장완화

1) 1960년대 중반에서 1970년대 중반

양독관계는 1960년대 중반부터 새로운 변화를 경험하게 되고, 특히 1960년대 후반부터는 독일 문제가 새로운 국면을 맞게 된다. 서독에서 대연합정권(大聯政)[55]이 성립된 1966년부터는 독일문제를

독정부의 강력한 항의조치로 말미암아 IOC는 독일공동팀을 위해 중립적인 올림픽 오륜기를 사용하게 했다(Daume, Willi: Deutscher Sport 1952-1972, hrsg. vom Deutschen Sportbund, München (1973), S. 133 f.).

53) 통일원, 동서독 교류협력 사례집, 1993. 12, 658~659면에 의함.

54) 국토통일원, 10년간의 독일정책, 1969~79년간 동서독관계 발전 중심, 동서독관계 자료 Ⅰ, 1989, 248면; 김학성, 동서독 인적교류실태연구, 민족통일연구원, 1996, 114면.

55) 1966년 기독민주당(CDU)/기독사회당(CSU)과 자유민주당(FDP)의 연합정권이 붕괴되었다. 그에 따라 연방수상이던 에르하르트는 퇴진하지 않을 수 없었다. 이것은 서독의 경제위기와 연방재정에 대한 충돌에 기한 것이었다. 그러나 기독민주당/기독사

공개적으로 하였으나 동독에 대한 승인은 여전히 행해지지 않았다. 그러나 동독을 포함한 전 동방블록에 대해 무력포기를 선언했고56) 서독의 연방수상인 키이징어57)와 동독 총리 슈토프58) 사이에 처음 으로 서신교환이 있는 등 긴장완화 분위기가 형성되기 시작했다. 그 러나 서독측의 태도 변화에 대한 동독 지도부의 의심과 1968년 체 코의 '프라하의 봄'59)으로 인해 양독관계에 큰 진전은 없었다. 그러

회당과 사회민주당(SPD)은 대연정에 합의했다. 사회민주당은 17년간의 야당생활에 종지부를 찍고 연방차원에서의 통치능력을 입증해 보이려 했다. 그리하여 1966년 12 월 1일 연방하원은 기독민주당 소속의 키이징어(Kurt Georg Kiesinger)를 새로운 연 방수상으로 선출했다. 키이징어 내각은 10인의 기독민주당/기독사회당 출신의 장관 과 9인의 사회민주당 출신의 장관으로 구성되었다. 사회민주당의 브란트는 연방외무 장관이 되었다. 총 518명의 연방의원 중 468명의 의원이 이 대연정에 소속되었다.

56) Presse- und Informationsamt der Bundesregierung, Deutschland — Von der Teilung zur Einheit, 1995, S. 54.

57) 키이징어(Kurt Georg Kiesinger, 1904~1988)는 1966년 기독민주당/기독사회당과 자 민당(FDP)의 연합정권이 와해되면서 사임한 에르하르트를 이어 독일연방공화국 수 상으로 선출된 기독민주당 출신의 정치인이다. 기민당/기사당과 사회민주당(SPD)의 이른바 대연합정권을 구성했다. 동방과의 관계개선을 위해 1967년에서 1968년 루마 니아, 체코슬로바키아공화국 및 유고슬라비아와 외교관계를 맺음으로써 할슈타인원 칙을 무너뜨리는 계기를 제공함.

58) 슈토프(Willi Stoph, 1914~99)는 1950년 동독 국가안전부(Ministeriums fur Staatssi- cherheit, MfS) 창설에 관여했으며, 1953~89년 독일사회주의통일당 정치국원, 1964 ~73년 내각총리, 1973~1976년 울브리히트의 후임으로 국가평의회 의장을 역임한 동독의 정치인. 1989년 10월 18일 인민의회에서 호네커의 퇴진을 유도하고 그 자신 도 동년 11월 7일 내각과 더불어 총리직을 사임.

59) 1968년 1월 5일 공산당 전당대회에서 서기장으로 당수로 선출된 개혁공산주의자인 두 프체크는 즉시 정치적·경제적 개혁을 했다. 노동조합과 문화관련 조직은 종전보다 더 많은 자주성을 갖게 되고 검열은 폐지되었다. 그러나 공산당의 지도적 역할은 불 가침의 것으로 존속했다. 이러한 두프체크의 노선은 많은 공산주의자들에 의해 공산 주의에서도 개인의 자유가 보장될 수 있는 제3의 길로서의 가능성에 대한 증명으로 여겨졌다. 그러나 소련 시각에는 이러한 '프라하의 봄'이 동방블록의 일체성에 대한 위협으로서 여겨졌다. 또 동독의 사회주의통일당도 체코공산당의 개혁을 당초부터 반혁명적이고 평화를 파괴하는 일이라고 공격했다. 동독 지도부는 특히 프라하의 개 혁공산주의의 동독으로의 파급을 우려했다. 이 때문에 동독사회주의통일당은 프라하 의 봄을 진압하는 것에 찬성했고 여타의 동방블록도 이에 동조했다. 그에 따라 1968 년 8월 20일 밤 바르샤바 협정국의 5개국 군대가 체코에 진입했고, '프라하의 봄'으로 명명되던 공산당의 개혁시도가 무력에 의해 종료되었다. 체코공산당의 서기장인 두 프체크는 체포되었고 소련으로 압송되었다. 두프체크는 1969년 4월 모스크바에 우호

나 1969~72년은 소위 '동방계약(Osrverträge)'의 준비와 체결이 있었던 시기이며, 이 때 양독관계의 진전을 위한 기본적 틀이 마련되었다. 이하 보다 상세히 살펴보기로 한다.

1960년대 후반 동독에서는 반드시 긴장완화 상태만이 있었던 것은 아니다. 이를테면 이 시기에 동독에서는 '독일국가' 및 '재통일'에 대한 언급이 점차 사라져가고 있었다. 동독 지도부는 1967년 2월의 국적법60)을 통해 스스로 자주국가임을 선언했고 또 그로써 종래 유지되어 왔던 전독일적 국적은 포기되었다. 이어 1968년에는 그 때까지 전독일 차원에서 존재했던 독일개신교가 분열되기에 이르렀다. 그리하여 1969년 6월 10일 동독 지역의 개신교 지도자들은 동독 정권의 압력에 굴복하여 '동독의 개신교연합(Bund der Evangelischen Kirchen in der DDR)'을 새로 창설함으로써 서독의 개신교와 분리되었다.

그러나 1960년대 후반은 대체로 서독측이 동독과의 대화노력을 주도적으로 전개한 시기라고 볼 수 있다. 이러한 대화 노력은 1966~69년에 기독민주당(CDU)과 사회민주당(SPD)의 대연정 때부터 시

적인 후계자에 의해 대체되었다.

60) 정식 명칭은 '독일민주공화국의 국적에 관한 법률(Gesetz über die Staatsbürgerschaft der Deutschen Demokratischen Republik)'이다. 1960년대 중반부터 시도된 서독정부의 동독에 대한 새로운 접근에 대해 동독은 보다 강화된 분리정책으로 대응했다. 1967년 2월 20일 동독 인민의회는 국적법을 의결했다. 이로써 그 때까지 동독에서는 독일 전역에 걸쳐 적용되던 1923년의 국적법이 실효(失效)되었다. 1949년의 동독헌법에도 들어 있던 통일적 독일국적은 동독의 법적 관점에 따라 해소되었던 것이다. 이러한 동독의 국적법은 동독에 대해 자기의 주권을 표현하고 또 사회주의적 국가를 강화하기 위한 것이었다. 이미 1964년이래 동독의 신분증명서는 '독일민주공화국의 국민(Bürger der Deutschen Demokratischen Republik)'이라는 기재가 표기되었다. 1972년의 동독 국적법은 1972년 1월 1일 전에 동독을 떠난 자들을 그의 국적으로부터 소거하고 또 더 이상 형법적으로 소추하지 않았다. 서독은 동독의 국적법을 승인하지 않았으며 1913년의 국적법의 유효성을 주장했다. 때문에 동독으로부터 망명한 자들은 독일연방공화국의 여권을 가질 수 있었다. 국적에 관한 양독의 상이한 관념은 1972년의 기본조약에 의해서도 좁혀지지 못했다.

작되었지만61) 양독관계의 전환점을 이룬 것은 1969년 브란트62)가
사회민주당과 자유민주당의 소연정(小聯政)에 의해 수상으로 선출된
것이라 하겠다. 브란트정권의 독일문제 내지 독일정책에 관한 특징
은 한 마디로 긴장완화정책이라고 요약할 수 있다.63)

아데나워정권 14년 동안 서방과의 통합정책에 일방적으로 치우
쳐진 것과는 달리, 브란트정권은 이를 보완하여 이른바 '신동방정책
(Neue Ostpolitik)'64)을 적극 펼쳤으며 양독관계의 정상화에도 부단한
노력을 기울였다. 브란트는 1969년 10월 28일의 연방하원에서의 시
정연설에서 최초로 '두 개의 독일국가(zwei deutsche Staaten)'를 언급
했고65) 동독정권과 동권(同權, Gleichberechtigung)의 베이스 위에서
만날 것, 그리고 독일문제는 유럽의 평화질서의 테두리 내에서 자결
(Selbstbestimmung)로서 해결되어야 함을 천명한 바 있다. 당시 그의
연설 중에서 독일문제에 관한 부분을 보면 다음과 같다.

61) 대연정에서 외무부장관 및 부수상직에 취임한 훗날의 수상 브란트는 동구블록과의 관
   계정상화 정책을 신중하지만 힘이 있게 그리고 체계적으로 전개시켜 갔다. 소위 '할
   슈타인 독트린'을 포기하기 시작한 것도 이 때부터이다.
62) 브란트(Willi Brandt, 1913~92)는 1957~66년 서베를린 시장, 1966년의 기민당과 사
   민당의 대연정에서는 외무장관 및 부수상을 역임하고, 1969년 사회민주당과 자유민
   주당의 소연정에서 수상으로 선출되어 1974년 5월 6일 비서의 스파이연루사건으로
   급작스럽게 사임할 때까지 서독의 수상을 지냈으며 독일인으로서 4번째로 노벨평화
   상의 수상한 사회민주당 출신의 정치인.
63) Fischer, a.a.O.(Fn. 1), S. 217도 참조
64) 브란트는 1961~63년 바아르(Egon Bahr)와 함께 작고 실질적인 일부터 해 나감으로
   써 내독관계를 정상화시킨다는 의미에서의 '작은 걸음의 정책(Politik der kleinen
   Schritte)' 및 '접근을 통한 변화(Wandel durch Annäherung)'로 대표되는 독일문제에
   대한 지도사상을 세상에 내놓았으며, 이는 훗날 '신동방정책'의 기초가 되었다.
65) 브란트 수상은 1969년 10월 28일 연방하원에서 독일정책(Deutschlandpolitik)에 관하
   여 "동독에 대한 국제법상의 승인은 고려될 수 없다. 설령 두 개의 국가가 독일에
   존재한다 할지라도 이들은 서로 외국이 아니다. 이들의 상호적 관계는 단지 특별한
   종류일 수 있다(Eine voelkerrechtliche Anerkennung der DDR kann nicht in
   Betracht kommen. Auch wenn zwei Staaten in Deutschland existieren, sind sie
   doch fuereinander nicht Ausland; ihre Beziehungen zueinander koennen nur von
   besonderer Art sein)"라고 언급한 바 있다. 이에 관해서는 이 연구보고서의 부록도
   참조

이 정부는 독일 민족에 대해 제2차 세계대전으로부터 또 히틀러 정권에 의한 국민적 배신으로부터 나온 문제가 궁극적으로 유럽 평화질서에서만 답하여질 수 있다는 것을 출발점으로 삼고 있다. 그러나 어느 누구도 다른 민족과 마찬가지로 독일인이 자결권을 갖는다고 말할 수는 없는 입장이다.

이제 우리 앞에 놓인 몇 년간의 실용적 정책의 임무는 현재의 부자연성으로부터 독일의 일부 사이의 관계를 해소하여 민족의 통일을 보장하는 것이다. 독일인은 그 언어만이 아니라, 영광 및 불행을 함께 한 역사와 결부되어 있다. 우리는 모두 독일을 고향으로 삼고 있다. 우리는 또한 공동의 임무와 공동의 책임을 지고 있다. 우리 사이와 유럽에서의 평화가 그것이다.

독일연방공화국과 독일민주공화국이 건립된 지 20년이 지난 오늘, 우리는 독일 민족의 계속적인 대치생활을 막아야만 하며, 규율된 병존을 넘어서 공존을 시도해야 한다. 이것은 단순히 독일의 관심사만이 아니다. 왜냐하면 그 의의는 유럽의 평화와 동서관계에 대해서도 의미가 있기 때문이다. 우리와 우리 우방의 동독에 대한 국제관계의 중단은 동베를린의 태도에만 달린 것은 아니다. 그 밖에 우리는 우리 국민들이 국제무역과 문화교류의 이득을 좁히기를 원치 않는다.

연방정부는 1966년 12월 연방 수상 키이징어와 그의 정부에서 도입된 정책을 지속할 것이며 또 동독 내각에 대해 차별 없이 정부 차원의 양자가 조약으로 합의된 협력을 이끌어내야 할 협상을 새로 제안한다. 동독에 대한 정부의 국제법상의 승인은 고려될 수 없다. 설령 두 개의 국가가 독일에 존재한다고 해도 이들은 상호 외국이 아니다. 이들 상호간의 관계는 특별한 종류의 것일 수 있다.

연방정부는 전 정권의 정책과 연계하여 동독에 대하여도 유효한 무력 사용 또는 무력의 협박의 상호 포기에 관한 구속력 있는 협정을 체결할 준비가 되어 있음을 선언한다. 연방정부는 베를린 상황의 완화와 개선에 관해 이미 시작된 소련과의 협의를 역점을 두어 계속할 것을 미국, 영국 및 프랑스에게 조언할 것이다. 4대강국의 특별한 책임 아래 있는 베를린의 지위는 불가침으로 존속해야 한다. 이것은 베를린에서의, 또 베를린으로의 교통에 대한 완화책을 찾는 것을 방해해서는 안 된다. 우리는 계속해서 베를린의 생존력을 담보할 것이다. 서베를린은 독일의 양 부분의 정치적·경제적 및 문화적 관계를 개선하는데 기여할 가능성을 가져야 한다.

우리는 내독무역이 재개된 것을 환영한다. 1968년 12월 6일의 합의에 의해 발생된 완화가 이에 기여했다. 연방정부는 상린적 무역관계의 계속적 구축을 바람직한 것으로 간주한다.

우리는 종전의 전독일문제를 위한 부(部)를 그의 임무에 상응하도록 내독관계를 위한 부로 개칭하였다. 독일정책의 총체는 한 부처의 소관사항일 수 없다. 독일정책은 모든 정부의 상시적 과제이며 또 외교정책, 안전정책 및 유럽정책, 그리고 우리 민족의 결합을 위한 노력 및 분단된 독일에서의 관계라는 측면도 포괄한다.[66]

---

66) 원문은 다음과 같다.

Diese Regierung geht davon aus, daß die Fragen, die sich für das deutsche Volk aus dem Zweiten Weltkrieg und aus dem nationalen Verrat durch das Hitlerregime ergeben haben, abschließend nur in einer europäischen Friedensordnung beantwortet werden können. Niemand kann uns jedoch ausreden, daß die Deutschen ein Recht auf Selbstbestimmung haben, wie alle anderen Völker auch.

Aufgabe der praktischen Politik in den jetzt vor uns liegenden Jahren ist es, die Einheit der Nation dadurch zu wahren, daß das Verhaltnis zwischen den Teilen Deutschlands aus der gegenwärtigen Verkrampfung gelöst wird.

Die Deutschen sind nicht nur durch ihre Sprache und ihre Geschichte-mit ihrem Glanz und ihrem Elend-verbunden; wir sind alle in Deutschland zu Haus. Wir haben auch noch gemeinsame Aufgaben und gemeinsame Verantwortung: für den Frieden unter uns und in Europa.

20 Jahre nach Gründung der Bundesrepublik Deutschland und der DDR müssen wir ein weiteres Auseinanderleben der deutschen Nation verhindern, also versuchen, über ein geregeltes Nebeneinander zu einem Miteinander zu kommen.

바야흐로 아데나워 정권에서의 '힘의 정치'와 '동독 비승인정책'으로부터 탈피가 이루어지기 시작한 것이다. 아데나워 시절의 서독만이 독일의 유일대표라는 '단독대표권 요구(Alleinvertretungsanspruch)'와 이와 연계되어 1955년부터 고수되어 온 할슈타인 독트린은 폐기

Dies ist nicht nur ein deutsches Interesse, denn es hat seine Bedeutung auch fuü den Frieden in Europa und für das Ost-West-Verhältnis. Unsere und unserer Freunde Einstellung zu den internationalen Beziehungen der DDR hängt nicht zuletzt von der Haltung Ostberlins selbst ab. Im übrigen wollen wir unseren Landsleuten die Vorteile des internationalen Handels und Kulturaustausches nicht schmälern.

Die Bundesregierung setzt die im Dezember 1966 durch Bundeskanzler Kiesinger und seine Regierung eingeleitete Politik fort und bietet dem Ministerrat der DDR erneut Verhandlungen beiderseits ohne Diskriminierung auf der Ebene der Regierungen an, die zu vertraglich vereinbarter Zusammenarbeit führen sollen. Eine volkerrechtliche Anerkennung der DDR durch die Bundesregierung kann nicht in Betracht kommen. Auch wenn zwei Staaten in Deutschland existieren, sind sie doch füreinander nicht Ausland; ihre Beziehungen zueinander können nur von besonderer Art sein.

Anknüpfend an die Politik ihrer Vorgängerin erklärt die Bundesregierung, daß die Bereitschaft zu verbindlichen Abkommen über den gegenseitigen Verzicht auf Anwendung oder Androhung von Gewalt auch gegenüber der DDR gilt.

Die Bundesregierung wird den USA, Großbritannien und Frankreich raten, die eingeleiteten Besprechungen mit der Sowjetunion über die Erleichterung und Verbesserung der Lage Berlins mit Nachdruck fortzusetzen. Der Status der unter der besonderen Verantwortung der Vier Mächte stehenden Stadt Berlin muß unangetastet bleiben. Dies darf nicht daran hindern, Erleichterungen für den Verkehr in und nach Berlin zu suchen.

Die Lebensfähigkeit Berlins werden wir weiterhin sichern. West-Berlin muß die Möglichkeit bekommen, zur Verbesserung der politischen, wirtschaftlichen und kulturellen Beziehungen der beiden Teile Deutschlands beizutragen. Wir begrüßen es, daß der innerdeutsche Handel wieder zunimmt. Hierzu haben auch die Erleichterungen beigetragen, die durch die Vereinbarung am 6. Dezember 1968 eingetreten sind. Die Bundesregierung hält einen weiteren Ausbau der nachbarlichen Handelsbeziehungen für wünschenswert.

Wir haben das bisherige Ministerium für gesamtdeutsche Fragen entsprechend seinen Aufgaben in Ministerium für innerdeutsche Beziehungen umbenannt. Die Deutschlandpolitik insgesamt kann nicht Sache eines Ressorts sein. Sie ist eine ständige Aufgabe der ganzen Regierung und umfaßt Aspekte der Auswärtigen Politik, der Sicherheits- und Europapolitik ebenso wie die Bemühungen um den Zusammenhalt unseres Volkes und um die Beziehungen im geteilten Deutschland.

되었다. 그리하여 1970년 8월 12일 구 소련과의 모스크바조약,[67] 동년 12월 7일 폴란드와의 바르샤바조약,[68] 그리고 1973년 12월 11일 독일·체코조약 등과 소위 '동방조약(Ostverträge)'이 체결되었다.

여기서 주목해야 할 점은 동유럽과의 모든 교섭을 위한 열쇠는 모스크바가 쥐고 있었다는 것이다. 따라서 구 소련과의 협정은 당시의 정치적 역학관계에 따라 다른 동유럽국가와의 협정 체결을 위한 전제요건이 되었다. 때문에 서독은 모스크바조약을 여러 동방조약 가운데 맨 먼저 체결했던 것이다. 이들 동방조약의 요체는 구 소련을 위시한 동구유럽국가와 서독 사이의 무력사용을 포기하는 것이었다.

한편 이러한 동방조약은 오랫동안 서독에서 터부시되었던 사항을 정면으로 다룬 것이었기 때문에 그 비준을 둘러싸고 1972년 서독의회에서 격렬한 투쟁이 전개되기도 했다. 야당은 동방조약을 '포기정책' 및 '독일 이익을 헐값에 파는 것'으로 매도하기도 했다. 이와 달리 동방조약을 지지하는 그룹은 유럽에서의 '정치적 현실의 승인'이라고 높게 평가했다. 우여곡절을 거쳐[69] 동방조약은 1972년 5월 17일 연방의회에서 비준을 받았고, 브란트는 유럽 긴장완화에 대한 공로를 인정받아 1971년 노벨평화상을 수상하면서 이를 둘러싼 논쟁은 희석되었다.

서신교환과 기타 까다로운 사전준비를 거쳐 1970년 3월 19일 마

---

67) 이 조약의 핵심은 서독과 소련의 관계정상화, 무력포기, 서독과 동독간의 국경을 포함한 제2차 세계대전 후 형성된 유럽의 국경을 불가침의 것으로 한 것이었다.

68) 이 때 오더·나이세 국경선의 인정에 관한 합의가 있었다.

69) 1972년 4월 27일 당시 야당이었던 기독민주당 총재 바르쩰(Rainer Barzel)의 주도로 연방수상인 브란트에 대한 불신임 표결이 있었다. 브란트 수상에 대한 불신임이 가결되기 위해서는 총 249표의찬성표가 필요했는데, 여당측의 몇몇 의원조차 동방조약의 체결에 반대하는 입장에 있었기 때문에 불신임은 거의 기정사실처럼 보였다. 그러나 전혀 기대하지 못한 247표로써 불신임표결은 실패로 끝나고 말았다. 기독민주당의 의원 중 두 사람이 불신임에 반대표를 던졌기 때문이었다.

침내 브란트 수상이 동독의 에어푸르트(Erfurt)로 가서[70] 동독 총리 슈토프(Willi Stoph)를 공식적으로 만남으로써 최초의 동서독 정상회담이 열렸고, 슈토프는 같은 해 5월 21일 양독의 접경지역에 위치한 서독의 카셀(Kassel)로 와서[71] 브란트를 답방했다. 서독에 의한 국제법상의 승인에 대한 희망은 동독으로 하여금 양독 정상간의 회담을 성사시킨 주요한 계기가 되었다. 이 두 번의 정상회담에서는 동서독의 기본적 입장 차이로 말미암아[72] 실질적인 성과는 없었으나 내독관계의 정상화를 위한 디딤돌이 되어 양독의 대화와 화해분위기를 조성하는데 기여했다. 이듬해인 1971년 9월 3일에는 미국, 프랑스, 영국, 소련이 '베를린에 관한 4대국 협정'[73]을 체결함으로써 베를린의 상황을 안정시키고 또 긴장을 완화시켰다.

한편 1971년 1월 31일에는 19년 만에 서베를린 사람과 동베를린 사람이 다시 전화통화를 할 수 있게 되었다.

1971년 12월 17일에는 동베를린에서 서독의 바아르[74]와 동독의

---

70) 회담의 장소 선정 문제로 정상회담 개최 여부가 불투명해지자, 브란트 수상은 회담 장소 문제는 본질적인 문제가 아닌 만큼 제3의 장소에 대해 토의할 것을 제의함으로써 최종적으로 에어푸르트가 회담장소로 결정되었다.

71) 이 때 서독 전역에서 온 우익 또는 좌익의 시위군중 사이에 충돌이 있었다.

72) 슈토프는 회담에서 동베를린과 본의 즉각적인 외교관계를 요구한 반면, 브란트는 양독 국민들의 자유로운 이동을 강조했고, 단지 동독의 동권(同權)에만 동의했기 때문에 구체적인 성과는 없었다. 더욱이 양독은 1969년 12월 이후 전개될 본과 모스크바 사이의 대화의 결과를 기다려 보고자 했다. 이 때문에 슈토프는 브란트에게 생각할 시간을 갖자고 제안했다.

73) 1970년 3월 26일 이래 전승 4국인 미·소·영·불의 대사들은 방문자들의 서베를린으로의 접근과 서독 관청의 서베를린에서의 안전에 관한 회담을 계속했다. 핵심 쟁점은 베를린의 지위에 관한 것이었다. 즉, 서방의 전승국들은 베를린시 전체에 걸친 전승4국의 관할권을 주장한 반면, 소련은 이를 서베를린에만 국한시키고자 하였던 것이다. 결국 1971년 9월 3일 소련은 1945년 이래 처음으로 서베를린과 서독간의 도로, 철도 및 수로상의 방해 없는 왕래를 보장했다. 이로써 소련은 서베를린에 대한 서독의 경제적·사회적·법적 질서에 관한 사실상의 관할권을 수용했으나 다른 한편으로는 서베를린이 종래와 마찬가지로 서독의 구성부분이 아니라고 확인했다.

74) 베를린의 언론인이었던 바아르(Egon Bahr, 1922~)는 당초 브란트가 베를린 시장을 재임하고 있을 때 자문인으로서 출발했으나 후에 서독의 동방정책에 있어 중요한 역

코올(Michael Kohl)이 최초로 정부차원의 독·독조약인 '통과협정'[75) 을 체결했다. 이어 1972년 5월 26일에는 '통행조약'[76)이 체결되었는데, 이 조약은 내독간 왕래에 관한 기술적 상세를 규정했고 또 특히 긴급한 가족문제로 인한 동독시민의 출국을 완화하는 내용을 갖는 것으로 4강 협정의 보충적 성격을 갖는 것이었다.

1972년 12월 21일에는 동베를린에서 양독간에 전문(前文)과 총 10개 조문으로 된 '기본조약'[77)이 체결되었다.[78) 이 조약은 양독이 동권(同權)의 기초 위에 정상적인 선린관계의 발전, 유엔의 목표와 원칙에 대한 존중,[79) 국경에 대한 상호불가침, 무력포기, 내독간의 무역, 상주대표부의 설치, 유엔에의 가입 및 양국의 독립성 등을 규정하고 서독의 단독대표권 요구를 종국적으로 포기한 획기적인 것이었다.[80) 이 기본조약은 '베를린에 관한 4대국협정'이 발효된 이후에

할을 담당했다. 브란트가 수상직을 수행할 때 바이르는 장관직과 특사를 역임했다.

75) 정식명칭은 '독일민주공화국의 정부와 독일연방공화국의 정부 사이의 서독과 서베를린간의 시민과 물자의 통과교통에 관한 협정(Abkommen zwischen der Regierung der Deutschen Demokratische Republik und der Regierung der Bundesrepublik Deutschland über den Transitverkehr von zivilen Personen und Gütern zwischen der Bundesrepublik Deutschland und Berlin(West))'임.

76) 정식명칭은 '1972년 5월 26일의 통행문제에 관한 독일연방공화국과 독일민주공화국 사이의 조약(Vertrag zwischen der Bundesrepublik Deutschland und der Deutschen Demokratischen Republik über Fragen des Verkehrs vom 26. Mai 1972)'임.

77) 정식명칭은 '1972년 12월 21일의 독일연방공화국과 독일민주공화국 사이의 관계의 기초에 관한 조약(Vertrag über die Grundlagen der Beziehungen zwischen der Bundesrepublik Deutschland und der Deutschen Demokratischen Republik vom 21. Dezember 1972)'임.

78) 1973년 6월 21일 발효.

79) 1973년 9월 18일 서독과 동독은 동시에 유엔에 가입했다.

80) 동독은 서독의 할슈타인정책이 시행된 이후에 국제적으로 고립되었다. 사회주의국가 외에는 어느 국가도 동독을 주권국가로서 승인하지 않았다. 양독의 협력은 경제적·교통기술적 문제에 국한되었다. 서독이 동독을 승인하지 않는 한 동독도 내부안정을 위협할 수 있는 서독 승인을 하려고 하지 않았다. 즉, 독일사회주의통일당 지도부는 내부적 안정성과 그들의 권력을 위협할 수 있는 서방의 영향을 배제하고자 했던 것이다. 때문에 울브리히트는 서독측의 모든 접근을 거부하고 동독의 승인을 그 요건으로 고수했다. 그러나 서독의 브란트 수상이 1969년 집권하게 되면서 긴장이 완화

양독이 교섭을 하여 얻어낸 성과이다.

기본조약의 법적 성격과 관련하여 당시 서독의 연방헌법재판소 (BVerfG)는 1973년 6월 18일과 동년 7월 31일의 판결에서 '양독간에 존재하는 특수한 관계(zwischen den beiden Staaten bestehende besondere Beziehungen)'를 강조하면서, 동독은 국제법상으로는 국가인 동시에 국제법의 주체(Voelkerrechtssubjekt)이기는 하지만 서독은 이를 국제법상 승인하지 않으며, 기본조약의 체결은 독일연방공화국의 동독에 대한 긴장완화정책에 비추어볼 때 특수한 성격을 지닌 단순한 사실상 인정(als eine faktische Anerkennung besonderer Art)으로 이해될 수 있다고 판시했다. 나아가 기본조약을 '형식상으로는 국제법상의 조약이나 내용상으로는 내부관계를 규정하고 있는 이중적 성질을 지닌 조약(Der Vertrag hat einen Doppelcharakter; er ist seiner Art nach ein voelkerrechtlicher Vertrag, seinem spezifischen Inhalt nach ein Vertrag, der vor allem inter-se-Beziehungen regelt)'으로 평가하면서 위 조약의 합헌성을 인정했다.[81]

서독의 입장에서 기본조약은 통독정책을 당분간 포기하는 것을

되기 시작했다. 그는 동독측에 대해 조약상 합의된 협력관계를 도출할 것을 제안했으나 울브리히트는 여전히 동독을 전적으로 승인하지 않는 한 이에 응할 수 없다는 입장을 밝혔다. 하지만 울브리히트의 태도는 긴장완화를 지향하던 소련의 의사에 반하는 것이었고, 동독사회주의 독자성을 외치면서 소련에 대해 사전통지 없이 단독으로 주도권을 행사하려 했기 때문에 1971년 5월 소련의 압력에 의해 호네커로 대체되었다. 호네커는 울브리히트에 비해 융통성이 있었다. 호네커 아래 양독의 교섭이 진전을 보았고 1972년 기본조약이 체결되었던 것이다.

81) BVerfGE 36, 3. 이러한 논조는 1990년 5월 18일의 이른바 국가조약(Vertrag ueber die Schaffung einer Waehrungs-, Wirtschafts- und Sozialunion zwischen der Bundesrepublick Deutschland und der Deutschen Demokratischen Republik [Staatsvertrag] vom 18. 5. 1990, BGBl 1990 II, 537)의 법적 성질에 관한 이해에도 그대로 연결되고 있다, vgl. B. Schmidt-Bleibtreu, Der Vertrag ueber die Schaffung einer Waehrungs-, Wirtschafts- und Sozialunion zwischen der Bundesrepublick Deutschland und der Deutschen Demokratischen Republik, DtZ 1990, 138; N. Horn, Das Zivil- und Wirtschaftsrecht im neuen Bundesgebiet, 2. Aufl., 1993, § 2 Rn. 32.

의미했다. 즉, 서독은 그의 단독대표권을 포기했고 동독의 내정에 대해 더 이상 간여하지 않게 되었던 것이다. 반면에 동독을 종래의 차별로부터 해방했고 국제적으로 승인 받게 하는 계기가 되었다.[82] 동독은 이제 국제무대에서 개선된 지위로 등장하여 공동결정권을 가질 수 있게 되었다. 이와 같은 사태의 추이를 배경으로 하여 세계와 심지어 독일인에게도 어느덧 익숙해져 있던 독일의 분단상태에 대한 새로운 전기가 마련되었다.

이와 같이 1971~73년의 양독간의 조약 내지 협정의 체결의 결과, 1973년 2백30만 명의 서독인이 동독을 방문했는데, 이는 1970년의 2배에 해당하는 수치였다.[83] 양독간의 전화통화는 1970년 70만 회가 있었으나 1980년까지 매년 2천3백만 회 이상으로 확장되었다. 또한 동독은 일부 지역을 제외하고 서독의 방송을 수신할 수 있었고 이를 통해 서독의 상황을 파악할 수 있었다.[84]

1972년 10월 통행조약이 발효되기 전까지 동독은 서독의 주민들에게 사적 여행을 최근친(最近親)의 방문에 한해, 그것도 1년에 단 한 번 4주간의 기간만 허용했었다.[85] 또한 동독 주민은 연금생활자에 한해 1년에 한번 서독 및 서베를린을 방문할 수 있었다.[86] 그 외에

---

82) 동독은 기본조약이 체결된 지 1년도 안 되어 68개국과 외교관계를 맺었으며, 1978년에는 123개국에 의해 국제법적 승인을 얻었다. Arbeitsgemeinschaft Jugend und Bildung e.V., Ein Rückblick auf die deutsche Teilung, Berlin 1990, S. 70.

83) Arbeitsgemeinschaft Jugend und Bildung e.V., Ein Rückblick auf die deutsche Teilung, Berlin 1990, S. 84.

84) www.bpb.de/info-franzis/html/body_i_250_2.html.

85) 서독과 동독의 이질화의 심화는 제한된 방문·여행 가능성에서도 찾을 수 있다. 보통의 시민에게는 동독에서 서독으로 또는 서독에서 동독으로 여행할 수 있는 기회가 거의 주어지지 않았다. 서독의 경우에는 단지 특별한 가사의 경우에만 당국의 허가를 받아 예외적으로 동독으로의 여행이 가능했다. 여행허가는 동독의 특정지역에 국한하여 인정되었으며 허가를 받는데 수 주일이 소요됨이 일반적이었다.

86) BZ am Abend: Das Abendblatt des Berliners, 1964년 9월 9일자; Berliner Zeitung, 1964년 9월 10일자.

동베를린에서 당일치기의 체재는 가능했다. 그런데 통행조약의 체결로 서독 시민들은 동독에서 지인(知人)을 방문할 수 있게 되었고, 그것도 1년에 30일까지는 수차례 방문할 수 있게 된 것이다. 또 처음으로 서독 주민들은 동독의 상업, 문화, 종교 및 스포츠와 관련된 주무관청의 초청에 대하여도 출입허가를 받을 수 있게 되었다. 나아가 서독 주민들은 서독의 여행사와 동독의 여행사 중앙집행위원회 간의 협의에 기한 동독으로의 관광여행을 할 수 있었다.

동서독간 통로는 1952년 12개소가 있었으나 동독에 의해 일방적으로 8개소로, 그리고 4개소로 감소되었다. 동독의 이와 같은 1961년 8월 13일의 차단조치 후에 동독 주민들은 서독으로의 여행을 금지 당했다. 1964년말부터는 연금수급자들이 1년에 한번 4주 동안 서독이나 서베를린을 방문할 수 있었다. 통행조약에 의해 기타의 경감조치가 마련되어 1년에 최대 30일간 서독으로의 수차례의 여행을 할 수 있었다. 매년 약 4만 명의 동독 시민들이 정년을 맞기 전에도 긴급한 가족 관련사로 서독으로 여행할 수 있는 기회를 얻을 수 있었다.[87]

1974년 4월 25일에는 서독의 브란트 수상에게 정책자문을 하던 구일라우메(Günter Guillaume)가 동독의 스파이로서 체포되고 이로 인해 동년 5월 6일 브란트 수상이 사임하게 되었음에도 불구하고 동년 5월 2일에는 동베를린에 서독의 상주대표부가, 서베를린에는 동독의 상주대표부가 개설되었다. 1974년 9월 4일에는 미국과 동독이 외교관계를 맺었다.

한편 1975년 8월 1일 33개국의 유럽국가(서독과 동독이 포함)와 미국 및 캐나다가 '유럽안보협력회의'에 참여하여 모든 국가의 평등성,

---

87) Fischer, a.a.O.(Fn. 1), S. 233.

국경의 불가침성, 무력의 포기, 내정에의 불간섭, 인권 및 기본적 자유의 보장에 대해 서명했다. 동방측은 이로써 그들의 현상을 그대로 존속시키려 했고, 서방측은 동방블록에서의 인권의 실현을 도모하고자 했다. 1976년 3월 30일에는 양독간에 우편 및 통신협정이 체결되었다.

그러나 동독 지도부는 외국과 적극적인 외교관계를 체결하는 것과는 달리 내독관계에서는 완고한 분리정책을 구사했다. 이는 양독간 긴장완화의 과정을 통제하고 동독 주민의 통독에 대한 희망을 방해하기 위한 것이었다. 일련의 조치, 그 중에서도 특히 최저교환액88)의 인상을 통해 동독 지도부는 동서독 주민의 접촉을 제어하고자 했다.89)

또한 브란트와 슈토프의 두 차례의 역사적 만남이 있고 나서 얼마 되지도 않은 1970년 9월 13일 동독의 독일사회주의통일당 정치국의 외교정책국원 헤르만 악센(Hermann Axen)은 동독은 그 자신을 제국주의적 연방공화국(서독)과 모든 분야에서 분리시켜야 할 의무를 지고 있다고 언급했다. 이 시기에 동독에서 핵심적 지위에 있는 사람, 가령 당간부, 국가간부 및 군인은 장래 서독의 주민을 포함한 외국인과 접촉하는 것이 금지되었다.

1971년 독일사회주의통일당의 정당대회에서 서기장에 등극한 호네커는 독일에 사회주의국가인 동독과 자본주의국가인 서독이라는 2개의 분리된 국가가 발전하고 있다고 주장했다. 그는 1972년 1월

---

88) 1964∼89년 사이에 동독에 존재했던 비사회주의 경제영역의 국민이 방문 목적으로 동독으로 입국하는 경우에 1인이 하루에 교환할 수 있는 방문 체류비의 최저금액으로서, 동독에 의해 지정된 장소(동독의 국립은행 등)에서만 교환할 수 있었다. 동독마르크화만이 유효한 지불수단이었으며, 사용하지 않고 남은 동독 마르크는 동독 국립은행 등의 계좌에 불입될 수 있었다.

89) Arbeitsgemeinschaft Jugend und Bildung e.V., Ein Rückblick auf die deutsche Teilung, Berlin 1990, S. 70.

6일 동독의 어느 인민군 부대를 방문하여 다음과 같이 언급했다.

"우리 공화국과 독일연방공화국은 상호 양 공화국이 각각 다른 제3의 국가에 대한 것과 마찬가지의 태도를 취하고 있다. 따라서 독일연방공화국은 외국이며, 더욱이 독일연방공화국은 제국주의적 외국인 것이다(Unsere Republik und die BRD verhalten sich zueinander wie jeder von ihnen zu einem anderen dritten Staat. Die BRD ist somit Ausland, und noch mehr: Sie ist imperialistisches Ausland).[90]

1974년부터 동독의 지도부는 그들의 시각에서 문제성이 있다고 느낀 '독일'이라는 용어 사용을 가급적 회피했다. 그리하여 1974년 1월 1일 동독항공기가 그 때까지 동독을 표기하던 'D'자 대신에 'DDR'로 표기하기 시작했다. 그리고 1974년 10월 7일의 동독헌법은 제1조에서 1968년의 4월 6일의 동독헌법[91]이 사용하던 '독일국민의 사회주의국가'라는 표현에 갈음하여 '노동자와 농민의 사회주의국가'라는 표현을 채택했다.

뿐만 아니라 서독의 신동방정책에 대해 동독은 국가안전기구 확대를 통해 대응하고자 했다. 국가안전부[92]의 예산은 1968년 5백80만 동독마르크였으나, 1989년까지 약 4백 퍼센트가 상승한 2천2백40만 동독마르크로 증가했다. 국가안전부의 정식 직원의 수는 1950년대 약 4천 명 정도였으나 1989년까지 10만 명으로 늘어났으며, 더욱 주목할만한 점은 긴장완화의 시기였던 1972년에서 1989년까지 두 배로 늘어났고, 특히 1970년대 후반에 가장 많이 증가했다는 점

---

90) Berliner Zeitung, 1972년 1월 8일자 1면과 2면 참조.
91) 1960년대 독일사회주의통일당의 권력은 1949년의 동독헌법을 사회주의적인 것으로 대체할 수 있을 만큼 강화되었다. 그리하여 이들은 동유럽의 인민민주주의의 헌법을 모델로 하여 제2차 동독헌법을 만들었고 이는 1968년 4월 9일 발효되었다.
92) 동독인민의회에서 만장일치로 1950년 2월 8일 창립되었다. 이의 구성과 기능에 대하여는 법무부, 독일 법률·사법통합 개관, 법무자료 제165집, 1992, 420면 이하 참조

이다.[93] 나아가 1975년 6월 19일에는 1896년의 독일 민법전에 갈음하여 동독의 신민법전이 제정되었다.

동독지도부는 사회주의가 서독에 관철될 경우 통독이 가능해질 것이라고 공공연히 주장했다. 예컨대, 사회주의통일당 서기장이자 국가평의회 의장인 호네커는 1981년 영국의 출판인인 로버트 막스웰과의 인터뷰에서 "노동자계급이 독일연방공화국의 사회주의적 개혁을 시작하는 한 양독의 통일에 대한 문제가 전적으로 새로운 조명 하에 놓이게 될 것"이라고 언급하기도 했다.[94]

이상의 서술을 요약하면, 1970년대 초반 동독이 서독과의 협정 또는 조약의 체결을 통해 의도했던 바는 동독에 대한 서독의 국제법상의 승인이었다. 슈토프 동독 총리가 양독의 정상회담에 응한 것은 동독을 소련의 위성국가가 아닌 별개의 국가로 사실상 인정해준 브란트의 동방정책에 고무되었기 때문인 것이다.

물론 이 시기에 미·소가 동서간 긴장완화의 정책에 관심을 가졌던 점도 서독정부가 신동방정책을 수행하는데 유리한 배경이 되었다. 동독의 시각에서는 독·독조약의 체결은 소련의 새로운 서방정책에 대한 순응이었다 하겠다.[95]

그러나 정상회담이나 독·독조약 체결이 기존의 양독관계를 획기적으로 바꾼 것은 아니었다. 다만, 만남 그 자체가 역사적 사건이었고 독·독조약의 체결이 상호 이해와 양독관계 진전의 계기가 되었다고 할 수 있다.

---

93) www.bpb.de/info-franis/html/body_i_250_2_html.

94) www.bpb.de/info-franzis/html/body_i_250_2.html. 이와 유사한 언급은 1981년 2월 16일의 사회주의통일당의 구대표자회의에의 호네커의 연설에서도 찾아 볼 수 있다. 이에 관하여는 통일원, 내독관계 발전사, 1990, 176면 참조

95) Friedrich, Wolfgang-Uwe: DDR Deutschland zwischen Elbe und Oder, Stuttgart u.a. 1989, S. 50.

2) 1970년대 후반 이후

1977~83년에는 군비증강에 대한 논쟁이 전개되던 시기이며, 1984~89년에는 양독의 협력이 두드러진 시기라고 요약할 수 있다. 이하에서는 보다 상세히 이 시기를 살펴보기로 한다.

영국(1979) 및 미국(1980)에서의 보수당의 총선 승리 이후 대처 수상과 레이건 대통령은 동방블록에 대해 강력히 대응하는 정책을 펼치고자 했다. 소련군은 1979년 12월 26일 아프가니스탄을 침공하여 이에 저항하는 이슬람세력과 싸움을 벌이고 있었고, 1979년 나토의 '이중결정'96)으로 미국은 전 세계적 차원에서의 전쟁을 계획했고 군사전략은 핵전쟁을 통해 승자가 될 수 있는가의 여부를 논의함으로써 핵전쟁에 대한 공포가 확산되고 있었다. 또 폴란드에서는 국가지도부와 노동조합간에 투쟁이 전개되어 1981년 전시국제법의 선포됨으로써 동서간의 새로운 긴장을 고조시키고 있었다.

이러한 여파로 분단독일은 불안정해졌다. 그러나 이러한 상황에서 양독은 내독관계에 미칠 부정적 영향을 저감시키려는 노력을 전개하여 본과 동베를린 사이의 접촉은 그대로 유지되었다. 이데올로기적 대립에도 불구하고 양독은 유럽의 안전과 평화에 기여할 것임을 강조했다.

당시 소련의 아프카니스탄 침공, 폴란드의 노조사태, 소련의 유럽

---

96) 1970년대 중반 소련은 서유럽을 겨냥한 그들의 중거리 핵미사일을 보다 강력한 최신의 SS-20-미사일로 대체하였다. 슈미트(Helmut Schmidt) 서독수상은 이를 통해 유럽에서의 전략적 균형이 깨졌다고 보았다. 그는 1977년 영국 런던에서의 한 연설에서 나토가 중거리미사일 분야에서의 소련의 양적·질적 우위를 조정하기 위한 대응조치를 취할 것을 촉구했다. 이러한 목표설정과 더불어 나토회원국의 외무장관 및 국방장관은 1979년 12월 12일 브뤼셀에서 나토 이중결정을 하게 된 것이다. 이 결정은 중거리미사일의 감축에 관해 소련과 교섭을 할 것을 하고, 만약 이 교섭이 실패로 돌아갈 경우 미국은 4년 뒤인 1983년말에 역시 핵탄두중거리미사일을 유럽에 배치한다는 것이었다. 이러한 나토의 이중결정은 많은 서유럽국가에서 재무장화를 반대하는 평화운동을 촉발시켰다. 슈미트 수상의 출신당인 사회민주당(SPD)도 이러한 평화운동을 지지했기 때문에 슈미트는 수상으로서 지위가 불안해졌다.

핵무기 배치에 맞선 나토의 중거리핵탄두 서독 배치로 유럽에 다시금 긴장이 고조되는 상황에서 1981년 12월 11일 서독수상 슈미트[97]는 3일간 동독을 방문하여 그 동안 수차례 연기되었던 호네커와의 대좌가 성사되었다.[98] 미·소간의 관계악화로 직접적인 안보위협을 느끼고 있던 동서독은 양독관계를 유지 발전시키기 위해 정상회담을 추진했던 것이다. 양측은 공동성명을 채택했으며, 별도로 실무자급 회담을 열어 실질관계 개선에 대한 합의를 유도했다.

공동성명에서는 평화정착과 긴장완화가 선언적으로 강조되었고, 실무자급 회담에서는 청소년·체육·학술·문화·언론분야의 교류, 내독간 국경하수 보호, 기자들의 취재활동 편의보장, 여행·방문조건의 완화, 무역·경제·기술협력의 확대, 각료급 상호방문 등에 합의했다. 또한 서독측은 호네커를 공식 초청했고, 호네커는 이를 수락하여 제4차 정상회담 개최의 기틀을 마련했다.

한편 1982년 10월 1일 서독에서는 슈미트 수상에 대한 불신임 표결로 슈미트는 퇴임하고 기독민주당(CDU)/기독사회당(CSU)과 자유민주당(FDP)의 연합정권이 성립되었다. 기독민주당/기독사회당은 1970년대 사회민주당(SPD)과 자유민주당의 신동방정책에 대해 격렬히 투쟁한 바 있었다. 그러나 코올[99]수상은 독일정책에 있어 사

---

97) 슈미트(Helmut Schmidt, 1918~)는 사민당(SPD)과 자민당(FDP)의 연정으로 성립한 브란트 내각에서 연방국방관, 연방재무장관을 역임. 1974년 5월 16일 브란트의 사임으로 제5대 연방수상으로 선출됨. 1976년 연방하원선거에서 승리하여 제6대 연방수상을 지냄.

98) 슈미트는 1975년 8월 1일 헬싱키에서의 '유럽의 안전과 협력에 관한 회담'에서 동독의 호네커를 처음 만난 적이 있다.

99) 코올(Helmut Kohl, 1930~)은 1969~76년 라인란트 팔츠 주의 수상을 거쳐, 1982년 10월 1일 연방하원에 의해 독일연방공화국 제6대 연방수상으로 선출되어 1998년 선거에서 패배할 때까지 연방수상을 역임. 1984년 2월 13일 모스크바에서의 안드로포프 소련공산당 서기장의 장례식에 참석하여 그곳에서 동독의 최고권력자 호네커를 개인적으로 만남. 1990년의 통독을 주도함.

회민주당과 자유민주당의 연정에서 형성된 코스를 계속 밟았다.

브란트정권에 의해 수립된 신동방정책은 이제 정당을 초월하여 독일문제에 관한 기본원칙으로 자리매김하게 된 것이다. 심지어 기독민주당/기독사회당의 연방정부는 1983~84년 20억 마르크의 차관을 동독에게 제공하기까지 했다. 이러한 차관사업의 성사에는 아이러니컬하게도 야당시절 신동방정책에 대한 최대의 반대론자였던 기독사회당의 당수 스트라우스100)가 결정적으로 관여했다. 그 반대급부로서 동독은 1983년 10월 6일 양독 국경에 설치된 동독의 자동발사 총기시설(1984년 11월 30일 설치)을 철거했으며 1984년 7월 25일 여행왕래를 완화했다.101)

1983년 4월 28일 동독의 호네커는 당초 계획되었던 서독 방문을 취소했다. 그는 1984년 9월 4일에도 9월말로 예정된 서독방문을 취소했다. 1984년 4월 4일 본에서는 서독수상 코올과 동독의 사회주의통일당 정치국원이자 사회주의통일당 중앙위원회 비서이던 미탁102)이 호네커의 서독방문에 관해 사전조율까지 했었다. 호네커의 서독 방문 연기는 동독의 대형(大兄)인 소련이 허락하지 않았기 때문이었다. 1984년 7월 17일 소련의 공산당 기관지 프라우다는 "서독은 동독의 체제붕괴를 노려 정치·경제적 유대라는 미명하에 동독

---

100) 스트라우스(Franz-Josef Strauß, 1915~88)는 1945년 기독사회당 창당에 관여했고, 아데나워 내각에서 연방국방장관을 위시한 몇몇 부서의 장관을 역임하고, 대연정으로 성립한 키이징어 내각에서는 연방재정장관을 지냈으며, 브란트정권의 신동방정책에 대해 처음부터 강력한 비판을 제기했음. 1978~88년에는 바이에른주 수상을 역임. 1983년 동독을 비공식적으로 방문하여 호네커를 만남.

101) Arbeitsgemeinschaft Jugend und Bildung e.V., Ein Rückblick auf die deutsche Teilung, Berlin 1990, S. 96 참조

102) 미탁(Günter Mittag, 1926~94)은 1962~89년 동독사회주의통일당 중앙위원회 위원, 1966~89년 동독사회주의통일당 정치국 국원, 1984~89년 국가평의회 의장 서리, 1982~89년 동독사회주의통일당 중앙위원회 경제비서로서 국가방위위원회 위원 등을 역임한 동독의 정치인.

의 내정에 간섭하고 있다"고 비난하는 등 호네커의 서독방문을 비난했던 것이다.

호네커의 서독 방문이 있었던 것은 소련에 고르바초프 서기장[103] 이 등장하고 난 이후인 1987년이었다. 그 해 호네커는 9월 7~11일 공식적인 업무 수행을 위해 서독의 본을 방문했다. 고르바초프의 개혁정책으로 동서진영간 화해분위기가 지속되는 가운데 1987년 4월 고르바초프는 동독 방문시 호네커의 서독 방문을 양해했던 것이다.

서독에서는 호네커를 사회주의통일당에 의한 불법국가의 수장으로 항의하려고 했던 시위는 단지 잠시 허용되었다. 또 호네커를 '장벽살인자'로 칭하는 전단과 플랜카드는 일체 압수되었다. 서독은 호네커를 동독의 국기 게양, 국가 연주, 의장대 사열 등 국가원수로서의 예우를 갖추어 영접했다. 정상회담에서는 '원자력 안전을 위한 정보와 경험교환 협정' 등 3개의 협정이 서명되고, 코올 수상의 동독방문이 합의되었다.

1984~88년 기간에도 내독관계에 상당한 진전이 있었다. 내독간의 무역에 관한 협정이 계속 체결되었으며, 문화협정 체결로 예술·문학 및 음악의 교류가 활기를 띠었다. 도시 간에 처음으로 자매결연이 맺어졌으며, 군의 기동훈련에는 양측의 감시자가 참관할 수 있었고, 동독 주민들의 서독으로의 방문 여행이 크게 증가했다.[104]

1989년 베를린장벽이 붕괴되면서 통독이 신속히 이루어졌다. "우리는 크리스마스 트리 앞에서의 어린아이처럼 앉아 있으면서 눈을 비비고 있었다"고 하는 쇼이블레[105]의 술회는 당시 동독정권의 붕

---

103) 고르바초프(Mikhail Sergeevich Gorbachov)는 1985년 소련 공산당 서기장에 취임하여 1991년 8월 보수강경주의자의 쿠데타에 의해 실각함.
104) Arbeitsgemeinschaft Jugend und Bildung e.V., Ein Rückblick auf die deutsche Teilung, Berlin 1990, S. 102.
105) 쇼이블레(Wolfgang Schäuble, 1942~)는 코올 수상의 오랜 자문인이었으며 특히 독

괴가 서독에 어떻게 비춰졌는가를 잘 표현해주고 있다.

2. 동서독의 스포츠교류

동독의 시각에서는 동독올림픽위원회의 전적인 승인과 더불어
스포츠분야에서 진일보가 이루어졌으나 정치분야에서는 그러하지
못했다. 따라서 기록향상을 위한 스포츠는 동독의 국제적 승인을 얻
기 위한 지도적 역할을 담당했다. 1970년대 동독스포츠에 있어서는
스포츠적인 것보다도 정치적인 면이 더욱 강조되었고, 동독 선수들
은 서독 선수들을 주된 라이벌로서 간주했다. 이것은 동독 스포츠가
국제스포츠에서 비약적인 성과를 보게 된 원동력이 되기도 했다.

동독이 1968년 그르노블과 멕시코에서 총 30개의 메달을 획득한
이후, 1972년의 뮌헨올림픽에 이목이 집중되었다. 동독은 서독과 분
리되어 처음으로 출전한 1968년 멕시코올림픽에서 서독의 4배에 달
하는 양호한 성과를 거두었고 이를 바탕으로 1972년 뮌헨올림픽106)
개막식에서 동독은 최초로 자신의 국기, 국가 및 휘장을 앞세우고
입장했다. 동독은 정치적·스포츠적 주적(主敵)의 심장부에서 자기의
국기와 국가로서 누가 독일 스포츠의 일인자인지 입증할 수 있는
절호의 기회로 생각했다. 1969년 4월 23일 독일체조스포츠연맹의
제10차 연방이사회는 뮌헨하계올림픽을 준비하기 위한 것이었다.
여기서 독일체조스포츠연맹 총재 에발트(Ewald)는 동독스포츠지도

일문제에 대한 자문을 했고, 1985년이래 동독과의 관계에서 서독측의 밀사 및 공식
대표로 활약했다. 1990년 동독과의 통일조약을 위한 교섭을 주도했고, 한 코올정권
의 황태자로 일컬어졌던 기독민주당(CDU) 출신의 정치인.

106) 동독과 소련은 오랜 시간 뮌헨의 하계올림픽 유치를 가리켜 '나치활동의 수도(首都)'
에서의 올림픽이라 비난했으나 당시 서독올림픽위원회 회장 다우메가 1980년 하계
올림픽의 모스크바 유치를 지원하겠다고 약속하자 이러한 비난은 자취를 감추었다.

부의 메달 순위에 매달리는 듯한 스포츠관과 대서독관(對西獨觀)을 다음과 같이 적나라하게 표출했다.

기본적으로 … 우리는 하계경기종목에서 가급적 항상 세계에서 4, 5, 6위의 지도적인 국가에 속한다는 방향을 설정하지 않으면 안 된다. 다양한 알려진 조건으로 말미암아 우리의 가능성이 적은 겨울에는 우리가 8, 9, 10위에 드는 점을 직시하지 않으면 안 된다. 그러나 뮌헨과 관련하여 또 멕시코에서 이미 달성되었고 또 서독제국주의와의 대결과 관련하여 그와 같은 일반적 방향설정은 불충분하다.[107]

동독은 철저한 계획과 엄청난 재정적 지원 아래 뮌헨올림픽을 준비했다. 심지어 사회주의통일당 중앙위원회 정치국에서도 1972년 뮌헨올림픽에서 서독팀을 타도하기 위한 전략과 전술이 논의되었다. 동독선수가 메달 획득 가능성이 있는 것으로 보이는 22개의 종목을 택해 집중적으로 투자했다. 그 결과, 동독은 뮌헨올림픽에 최상으로 준비되고 동기를 부여받은 팀으로 출전할 수 있었다. 선수들은 기대만큼의 성과를 올렸다. 이는 동독지도부를 고무시키기에 충분했다. 왜냐하면 시상식에서 동독의 국가가 수십 차례 울려 퍼졌고 또 서독의 국기와 더불어 게양되었기 때문이었다. 정치인과 매스 미

---

107) Im Grunde genommen … müssen wir eine Orientierung geben, in den Sommers-
portarten möglichst immer zu den vier, fünf, sechs führenden Ländern in der
Welt zu gehören. Im Winter, wo unsere Möglichkeiten auf Grund der verschiede-
nen bekannten Bedingungen geringer sind, müssen wir sehen, daß wir immer zu
den acht, neun, zehn Besten gehören. Aber in Hinblick auf München und in Hin-
blick auf das, was in Mexiko schon erreicht wurde und eben der Auseinandersetz-
ung mit dem westdeutschen Imperialismus würde eine so allgemeine Orientierung
nicht genügen.
Wortprotokoll der Schlußbemerkungen von Manfred Ewald auf der 10. Bundes-
vorstandssitzung am 23.4.1969, www.sport-ddr-roeder.de/kapitel_9_3.htm에 의해
인용.

디어에게 있어 동독의 이와 같은 성과는 커다란 충격이었지만, 서독
의 일반여론은 차라리 이를 부수적인 것으로 받아들였다. 스포츠계
의 기린아 동독은 다른 가치를 지향하는 서독 국민들에게 기대했던
것만큼의 감명을 주지 못했던 것이다.

　　그럼에도 불구하고 동독은 스포츠를 장려했고 1976년 오스트리
아의 인스부르크동계올림픽과 캐나다의 몬트리올올림픽에서 또다
시 메달사냥에 나섰다.

　　한편, 서독 브란트 수상은 이러한 동독지도부의 지나친 체제경쟁
적 태도와는 그 내용이 질적으로 전혀 다른 생각을 표명했다. 즉, 그
는 "동독 출신의 선수가 승리하면 우리도 항상 어느 정도 함께 승리
하는 것이다. 그들은 여하튼 우리 동족이기 때문이다"라고 했다.[108]

　　1972년의 기본조약은 그 제7조[109]에서 독일에서의 스포츠조직들
에 대해 스포츠 관계개선을 위한 새로운 계기를 마련해 주었다. 위
조약의 부속의정서 제8호는 "독일연방공화국(서독)과 독일민주공화
국(동독)은 이 조약이 서명된 후 스포츠관계의 촉진을 위한 협정을
체결함에 있어 해당 스포츠조직을 지원할 준비를 강화한다"고 규정
되어 있다.

　　뿐만 아니라 베를린에 관한 4대국협정, 통행조약 및 기본조약에
의거하여 독일스포츠연맹은 1972년 11월 내독간 스포츠교류의 활
성화를 위한 새로운 움직임을 보였다. 가령, 독일스포츠연맹은 회람

---

108) Fischer, a.a.O.(Fn. 1), S. 215에서 인용.
109) Artikel 7: Die Bundesrepublik Deutschland und die Deutsche Demokratische
　　Republik erklären ihre Bereitschaft, im Zuge der Normalisierung ihrer Beziehun-
　　gen praktische und humanitäre Fragen zu regeln. Sie werden Abkommen schlie-
　　ßen, um auf der Grundlage dieses Vertrages und zum beiderseitigen Vorteil die
　　Zusammenarbeit auf dem Gebiet der Wirtschaft, der Wissenschaft und Technik,
　　des Verkehrs, des Rechtsverkehrs, des Post und Fernmeldewesens, des Gesundhe-
　　itswesens, der Kultur, des Sports, des Umweltschutzes und auf anderen Gebieten
　　zu entwickeln und zu fordern. Einzelheiten sind in dem Zusatzprotokoll geregelt.

장을 통해 구성원인 각종 스포츠단체에 대해 동독 파트너와의 행사 개최를 위한 보조금을 신청할 것을 격려하기도 했으며, 당시 독일스포츠연맹 총재이자 서독올림픽위원회 회장 크레겔110)은 1972년 12월 9일 동독스포츠의 지도적 인사였던 에발트111)를 직접 만나기도 했다.112)

1974년 5월 8일에는 이틀간의 협상 끝에 독일스포츠연맹 회장과 동독의 독일체조·스포츠연맹 회장이 '스포츠관계 규정에 관한 의정서(Protokoll über die Regelung der Sportbeziehung, 이하 스포츠의정서로 약칭)'와 '내독 스포츠협상 공동성명(Kommuniqué über die Vereinbarung zwischen dem DSB und dem DTSB)'에 서명했다.113) 스포츠의정서에는 다음과 같은 사항이 규정되었다.114)

독일스포츠연맹과 독일체조·스포츠연맹은 다음의 사항을 확정한다는 데 합의하였다.

1. 쌍방은 매년 양 스포츠조직으로부터 위탁받은 대표자들이 수립하고 또 독일스포츠연맹 회장과 독일체조·스포츠연맹 회장의 확인을 요하는 스포츠행사의 개최에 관한 계획에 합의한다는 데 의견이 일치한다.

2. 쌍방은 스포츠관계를 국제올림픽위원회와 국제스포츠조직의 제반

---

110) 크레겔(Wilhelm Kregel)은 1966~70년 독일스포츠연맹의 부총재를 거쳐 1970~74년 독일스포츠연맹 총재겸 서독올림픽위원회 회장을 역임.

111) 에발트(Manfred Ewald)는 1961~98년의 17년간 동독의 체조·스포츠연맹 총재를 역임. 재임동안 1,700만도 안 되는 인구를 갖는 동독이 570개의 올림픽메달을 획득할 수 있도록 했으나 이는 동독선수들에 대한 도핑에도 그 원인이 있음이 밝혀지면서 2001년 독일연방대법원에 유죄확정판결을 받았다(Beschluß vom 5. September 2001-5 StR 330/01-. Karlsruhe, den 17. September 2001).

112) 이에 관한 상세는 Fischer, a.a.O.(Fn. 1), S. 219 ff.

113) 1974년 4월 6일 독일스포츠연맹이 동독 체조스포츠연맹과 맺은 독·독 스포츠교류계획(스포츠칼렌다)에 관한 합의에 독일축구연맹이 동의하지 않자 독일스포츠연맹 총재인 크레겔이 사임하는 우여곡절을 겪기도 했다.

114) Quelle: Deutscher Sportbund, Mitteilung vom 8. Mai 1974.

규정과 관례에 따라서, 그리고 서베를린에 관하여는 1971년 9월 3일자 4대국협정의 제반 규정에 일치하도록 규율한다.

3. 쌍방은 재정문제의 규율에 관하여 다음과 같이 확정한다:

a) 행사장까지의 여행에 소요되는 왕복여비 및 수하물과 스포츠기자재를 수송하는데 드는 경비는 피초청자가 부담한다.

b) 초청자는 합의된 참가자 수에 대하여 체재일 동안의 호텔숙박비와 식비를 부담하며 1인당 매일 10마르크(서독) 혹은 10마르크(동독)의 용돈을 지급한다.

수차에 걸친 행사의 경우 초청자측은 처음부터 마지막 행사장까지의 국내수송비를 부담한다.

그러나 스포츠의정서가 체결된 후에도 양독의 스포츠교류 확대는 별로 없었다. 양독간 스포츠교류에 관한 연간계획서에 확정된 만남은 매년 80～100건 사이를 오르내렸으며[115] 그나마 이들 중에는 국제경기가 적지 않았다. 즉, 의정서에 기초하여 이루어진 양독 간 스포츠교류의 3분의 2 이상은 동독 또는 서독에서 개최된 것이었지만 단순히 양독 간의 스포츠교류가 아니라 다른 국가들도 참가하는 국제적 스포츠교류였던 것이다.[116] 뿐만 아니라 대부분의 양독의 스포츠교류는 특정분야의 정상급 선수들 간에 이루어졌고 또 승리에만 역점을 둔 동독측의 방침으로 인해 스포츠 교류종목이 제한되어 있었다.[117] 독일스포츠연맹 사무총장을 역임한 독일문제의 전문가 기이젤러(Karlheinz Gieseler)는 1981년 '분단된 독일에서의 스포츠'라는 제하의 어느 회의석상에서 "우리는 의정서에도 불구하고

115) 1974년에서 1984년까지의 내독간 스포츠교류계획에 의한 양독의 스포츠교류 현황에 대하여는 통일원, 동서독 교류협력 사례집, 1993, 671면 참조

116) Fischer, a.a.O.(Fn. 1), S. 226, 236 참조

117) 통일원, 동서독교류협력 사례집, 1993, 671면.

충족될 수 없는 양독 선수들의 희망 속에서 분단의 결과를 매일 고통스럽게 경험하고 있다"고 토로했다.[118]

1983년 당시 서독 연방수상이던 코올은 분단독일의 상황에 관한 연방의회에서의 한 보고[119]에서 "스포츠분야에서의 독일스포츠연맹은 본인도 동의하는 바이지만 아직 미흡한 상태로 여기고 있다. 우리는 가급적 많은 스포츠인, 양독의 가급적 많은 청년들이 스포츠분야에서 교류하기를 간절히 희망한다"[120]고 말했다. 그러나 상황은 1989년 국경개방 전까지는 큰 변동이 없었다.[121]

한편 스포츠의정서는 스포츠 정상조직들의 내독관계에 오히려 부담으로 작용한 면도 있었다. 동독은 1974년 5월의 서독의 독일스포츠연맹과 동독체조·스포츠연맹간의 스포츠교류는 유엔의 규칙에

---

118) Fischer, a.a.O.(Fn. 1), S. 236에서 인용.

119) Bericht der Bundesregierung zur Lage der Nation im geteilten Deutschland von Bundeskanzler Dr. Helmut Kohl, Protokoll der 16. Sitzung des Deutschen Bundestages vom 23. Juni 1983. 여기서는 Bundesministerium für innerdeustche Beziehungen, Innerdeutsche Beziehungen, Die Entwicklung der Beziehungen zwischen der Bundesrepublik Deutschland und der Deutschen Demokratischen Republik 1980-1986, 1986, S. 148에 의함.

120) 이와 내용적으로 거의 동일한 보고가 1984년에도 행해지고 있다. Bericht von Bundeskanzler Dr. Helmut Kohl zur Lage der Nation im geteilten Deutschland, Allgemeiner Deutscher Nachrichtendienst. 여기서는 Bundesministerium für innerdeustche Beziehungen, Innerdeutsche Beziehungen, Die Entwicklung der Beziehungen zwischen der Bundesrepublik Deutschland und der Deutschen Demokratischen Republik 1980-1986, 1986, S. 175에 의했다.

121) 다만 1986년 4월 25일 서독의 프랑스와의 접경지역에 위치한 자아르로우니스(Saarlouis)라는 도시와 동독의 아이젠휘텐슈타트(Eisenhüttenstadt)라는 도시 사이에 최초로 이루어진 내독 도시간 자매결연(Städte-Partnerschaft)은 1989년 7월까지 총 56차례 체결되었다. 이러한 도시간 자매결연은 대부분 문화교류사업을 대상으로 했으며, 스포츠교류가 포함되어 있는 경우가 태반이었다. 스포츠교류에서는 전문스포츠인보다 양독의 일반시민의 참여를 촉진하고 친목을 도모하기 위한 청소년 또는 지역주민이 중심이 된 볼링, 축구, 탁구 등의 교류가 있었다. 그러나 자매결연에 의한 스포츠교류에 있어서도 서독은 사교나 정보교환에 중점을 둔 반면, 동독은 승리에 집착하는 경우가 많았다. 이에 관하여는 Pawlow, Nicole-Annette: Innerdeutsche Städtpartnerschften, Berlin 1990, S. 122 참조.

따라 이루어진다는 스포츠의정서의 문언을 들어 국제적 성격을 띤 것이라고 주장했다. 그리하여 동독은 '전독일(gesamtdeutsch)' '내독 (innerdeutsch)' '독·독(deutsch-deutsch)'이라는 개념의 사용을 철저히 거부했다. 무수한 기관과 조직들이 '독일'이라는 개념을 그들의 명칭으로부터 삭제해야 했다. 이러한 상황에서 자유민주당의 정치인이자 독일스포츠연맹 총재인 바이어[122]는 동독의 체조·스포츠연맹 총재인 에발트에게 "스포츠는 정치문제를 해결할 수 없으며, 또한 이를 통해 부담을 지워서도 안 된다. 나아가 우리는 장애가 되는 바를 서로에게 요구해서도 안 된다. 이와 같은 이유에서 나는 친선경기에 관한 일반적 국제관행을 따르고, 그 밖에 의정서 전체를 가급적 고려하지 않으며 또 국가의 행위로 하지 말 것을 권한다"는 내용의 서신을 보냈으나 회답은 없었다.[123] 그 대신 동독은 여러 경로를 통해 만일 서독이 동독의 국가성을 인정할 경우 양독 간 스포츠교류가 현저히 활성화될 수 있을 것이라는 언급이 수차례 있었다.[124]

1980년 모스크바올림픽은 소련의 아프가니스탄 침공에 대한 반응으로 미국과 서독[125]을 포함한 서방국가 30개국 이상이 보이콧한 가운데 사회주의국가만의 반쪽 잔치로 치러졌다. 이러한 서방측의 모스크바올림픽 보이콧은 양독 간의 스포츠교류에도 큰 부담으로 작용했다. 1980년 양독 간에 합의된 76건의 스포츠교류 중 21건의 교류가 불발되었던 것이다. 또 1981년은 양독 간 스포츠교류에서 사실상 최악의 상태였다. 그 해 합의된 스포츠교류는 76건에서 70건으로 감소되었으며, 그 중 순수한 내독 간 스포츠교류는 19건에

---

122) 바이어(Willi Weyer)는 1974년 5월부터 1986년 1월까지 독일스포츠연맹 총재 역임.
123) Fischer, a.a.O.(Fn. 1), S. 244.
124) Fischer, a.a.O.(Fn. 1), S. 244.
125) 서독올림픽위원회는 다른 서방세계와 마찬가지로 1980년 5월 15일 모스크바올림픽을 보이콧하기로 의결했다.

지나지 않았다.[126]

이듬해인 1982년에도 서독측의 모든 노력에도 불구하고 양독의 스포츠 정상간의 만남은 성사되지 않았다. 그리고 모스크바올림픽에 대한 서독의 보이콧에 대해 동독올림픽위원회는 4년 뒤 1984년 5월 10일 로스앤젤레스올림픽에 대한 보이콧으로 보복했다. 당시 동독의 정상급 선수들은 당과 국가에 밀접하게 결합되어 있었다. 이들은 수년간의 엄격한 훈련을 받았음에도 불구하고 미국에서의 올림픽경기에 대한 당의 보이콧 지침에 동의했다.[127]

한편 양독은 1986년 5월에 체결한 문화협정[128] 제10조[129]에 의거, 스포츠분야에서의 교류협력을 지원키로 합의한 바 있다. 이는 원래 1972년의 기본조약의 결과로 즉시 체결되어야 했던 것이었으나 14년이 지난 후에야 비로소 성사된 것이다. 그러나 이 규정의 단순프로그램적 성격은 보다 긴밀한 스포츠관계에 대한 제도적 보장을 기대했던 스포츠인들을 실망케 했다.[130]

1988년의 서울올림픽에서 다시 동서 간에 힘 겨루기가 전개되었다. 동독선수단이 그해 9월 17일 스타디움에 입장할 때만 해도 이것이 그들의 망치와 컴퍼스가 그려진 깃발 아래서의 마지막 올림픽 참가가 되리라고 정확히 예견한 사람은 아무도 없었다. 거의 모든 생활영역에서 침체되고 위기에 봉착해 있던 동독 출신 선수들은 모든 난관에도 불구하고 메달 사냥에 나섰다.[131]

---

126) Fischer, a.a.O. (Fn. 1), S. 238.
127) Ullrich, Klaus: Olympia geliebt und gehaßt, Berlin(DDR) 1986, S. 157 ff.
128) 정식명칭은 '문화적 협력에 관한 독일연방공화국의 정부와 독일민주공화국의 정부 사이의 협정(Abkommen zwischen der Regierung der Bundesrepublik Deutschland und der Regierung der Deutschen Demokratischen Repub- lik über kulturelle Zusammenarbeit)'임.
129) Die Abkommenspartner fördern die Zusammenarbeit auf dem Gebiet des Sports (협정 당사국들은 스포츠분야에서의 협력을 촉진시킨다).
130) Fischer, a.a.O.(Fn. 1), S. 245.

그러나 소련의 붕괴는 스포츠 영역에서도 동서의 대립을 무의미
하게 만들었으며 올림픽에서의 승리가 '사회주의 시스템의 우월성'
을 입증하는 것도 아니었다.

Ⅳ. 동서독 스포츠교류사 평가 및 시사점

1. 동서독의 스포츠교류사에 대한 평가

1980년대 후반, 동독에서의 '평화적 혁명'의 발발과 그 성공은 어
느 하나의 원인에서 찾을 수는 없을 것이다. 오히려 여러 원인의 총
체적으로, 그리고 다양한 계기가 동독 체제를 붕괴시키는데 기여했
다고 보는 것이 타당할 것이다. 가령 다음과 같은 요소가 중요한 것
으로 생각된다.

몇몇 동유럽국가에서 페레스트로이카(Perestrojka)로 대표되는 정
치개혁과 그와 결부되어 민주화 절차가 진행되었으나, 호네커 하의
동독 지도부는 계속하여 동독적(東獨的) 색채 아래서의 사회주의를
고수하려 했다. 즉, 동독 지도부는 세계사적 흐름을 제대로 파악하
지 못한 채 스탈린적 유래를 갖는 사회모델 유지에 집착했던 것이
다. 뿐만 아니라 내부적으로 다양하며 해결하기 힘든 구조적 문제를
안고 있었다. 즉, 생산시설 및 생산방식의 낙후성과 인프라의 미흡
으로 인한 경제위기, 관료주의적 기구들의 경직화가 그것이다. 여기
에 집권당(사회주의통일당)이 그의 존립을 위해 선거결과를 대량적으

---

131) 1988년 캘거리 동계올림픽과 서울올림픽에서 동독은 127개의 메달을 획득했다. 이는
소련의 161개에 이어 세계 2위를 차지하는 성과였다. 3위인 미국은 100개, 서독은
47개의 메달을 획득했다.

로 조작함으로써 국민의 신뢰를 완전히 상실하여 동독의 파멸을 초래한 또 하나의 중요한 원인이 되었다. 그 외에도 장벽과 차단에도 불구하고 수많은 동독 주민의 서독으로의 탈출을 이끌어낼 만큼 서독이라는 존재는 동독 주민에게 매력적이었다.

반면 통독에 있어 동서독의 스포츠교류가 기여한 바는 크지 않았던 것으로 평가된다.[132] 그 근본적인 원인으로서는 스포츠의 정치와의 불가분적 관계를 지적할 수 있다. 먼저 양독관계를 사회주의와 자본주의 사이의 대립의 일부로 파악했던 동독의 사회주의통일당은 스포츠도 그의 지휘와 통제를 받게 했으며[133] 스포츠를 항상 자본주의에 대한 사회주의의 우월성을 선전하기 위한 수단으로 이용했다.[134] 동독은 비록 1천7백만의 인구밖에 갖지 못하였음에도 불구하고 국제스포츠에서 두각을 나타낸 것이 사실이다. 1956년부터 1988년까지 동독 선수들은 세계선수권대회나 유럽선수권대회는 별도로 하더라도 올림픽경기에서만 총 5백78개의 메달을 획득했다. 그 중 2백3개가 금메달이었다.[135] 그러나 동독의 올림픽에서의 '성과'에 대한 집착은 당초부터 국가 및 당 지도부의 정치적 야망으로 각인된 것이었다. 어느 국가에서도 스포츠와 정치가 동독에서처럼

---

132) 가령 Fischer, a.a.O.(Fn. 1), S. 251.

133) 동독 스포츠에 대한 사회주의통일당 정치국 및 중앙위원회 비서국의 의결의 의미에 관하여는 Schumann, K.: Empirisch-theoretische Studie zu entwicklungsestimmenden Bedingungen des Leistungssports der DDR. Versuch einer zeitgeschichlichen Bilanz und kritischen Wertung vor allem aus der Sicht der Gesamtzielstellung, Leipzig 1992; Kluge, V.: "Wir waren die Besten"-Der Auftrag des DDR-Sports, in: Diekmann, I./Teichler, H. J.(Hrsg.): Körper und Ideologie, Bodenheim 1997, S. 169-216.

134) 이 점은 북한의 경우도 유사하다. 북한당국은 스포츠를 정치적 수단으로 인식하고 있기 때문에 1960년대 이후 30년에 걸친 남북체육교류 논의와 관련한 남북체육회담 과정을 보더라도 북한측의 태도나 입장은 정치적 협상이나 다름없는 접근형태를 뚜렷이 드러냈다. 이학래·김동선, 북한의 체육, 1995, 도서출판 사람과 사람, 282면.

135) Seifert, Manfred: Ruhm und Elend des DDR-Sports: keine Bilanz, Woltersdorf bei Berlin 1990, Anhang.

227

그렇게 밀접한 관련을 갖는 곳은 없었다. 스포츠, 특히 레크리에이션이 목적이 아닌 기록 향상을 겨냥한 스포츠는 1950년대와 1960년대 동독의 국제적 승인을 얻기 위한 투쟁의 수단이었다.

그러나 다른 한편 서독의 스포츠도 국내외 정세로부터 전적으로 자유로운 것은 아니었다. 양독의 스포츠교류는 대체로 변화무쌍한 국내외 정세에 민감하게 반응하면서 신장 또는 위축되었다.136) 때문에 양독의 스포츠교류는 동서독이 추구하는 기본적인 독일정책에 따라 좌우되는 경향이 있었다. 이를테면 동독이 국제적으로 아직 자주적 국가로서의 승인을 받지 못하던 때인 1950년대와 1960년대에 스포츠를 외교적 승인을 얻기 위한 수단으로 적극 이용하고 사회주의 체제의 우월성을 선전하며 또 1984년 로스앤젤레스올림픽을 보이콧한 반면, 서독정부도 1970년대 초반 이후 동독을 사실상 국가로서 인정하면서도 법적으로는 끝까지 인정하지 않았고137) 또 스포츠계는 정부 및 의회의 권고를 받아들여138) 1980년의 모스크바 올림픽을 보이콧함으로써 현실적으로 정치와 무관한 스포츠는 존립하기 힘든 것임을 알려주었다.

양독관계는 특히 미국과 소련 사이의 관계에 큰 영향을 받았다.

---

136) 유사한 평가로는 통일원, 동서독 교류협력 사례집, 1993, 662면 이하.

137) 통독이 있기 얼마 전까지 동독은 시종일관 서독을 외국으로 간주한 반면, 서독은 동독을 국제법상의 주체로서는 인정하지만 양독은 상호 외국이 아니므로 그들 간에는 '특별관계(besondere Beziehungen)'가 존재하는 것으로 이해했다. 이는 기본조약을 통해 서독이 동독을 국가로서 사실상 인정한 이후에도 마찬가지였다.

138) 1980년 1월 미국의 카터 대통령은 소련이 아프가니스탄으로부터 철수하지 않으면 미국이 모스크바올림픽을 보이콧하겠다고 경고했다. 크레믈린 지도부가 이 경고를 받아들이지 않자 미국은 보이콧을 실행에 옮겼다. 같은 해 4월 독일연방하원과 슈미트 정부는 모스크바올림픽에의 불참을 권유했고, 이에 따라 서독올림픽위원회도 모스크바올림픽의 보이콧을 선언했다(여기서 서독올림픽위원회 회장 다우메는 보이콧에 반대하는 입장이었고, 독일스포츠연맹 총재 바이어 찬성하는 입장이었는데 결국 표결 끝에 보이콧파가 승리를 거두었다). 이에 관하여는 서독올림픽위원회(Nationales Olympisches Komitee für Deutschland)의 2001년 12월 15일 현재 공식 홈페이지(www.nok.de/komitee/geschichte/ende.htm)도 참조.

독일스포츠연맹 회장을 역임한 바이어의 "우리는 분단된 독일스포츠에서 스포츠 역시 정치적 영향 아래 있고 또 스포츠가 정치에 대해 저항력을 갖지 못함을 너무나 자주 경험했다"고 하는 1980년의 술회는[139] 이러한 평가와 일맥상통한다. 뿐만 아니라 2000년 12월 8일 독일스포츠연맹 창립 50주년 기념식에서 현 독일연방대통령 라우[140]의 다음과 같은 언급도 이를 확인하고 있다.

오늘날 스포츠는 비정치적이라고 강조되지만, 이는 사실과 합치되지 못함은 주지의 사실입니다 … 스포츠는 그 자체로서만이 아니라 사회적·정치적 의미의 요소로서도 중요합니다.

2. 동서독 스포츠교류사가 우리에게 주는 시사

이상과 같은 동서독의 스포츠교류사에 대한 평가가 자칫 분단국에 있어서 스포츠교류가 민족의 화해와 협력을 위한 적절한 수단이 될 수 없는 것으로 비춰져서는 곤란하다. 그것은 스포츠교류가 단순히 스포츠를 넘어 정치·사회·경제적 영역과도 밀접히 연계되어 있으며 또한 민족의 화해, 동질성 회복, 나아가 민족역량의 결집에 이보다 효과적인 수단은 좀처럼 찾기 힘들기 때문이다. 가령 코리아 탁구단일팀의 여자단체전 세계제패[141]와 코리아 청소년축구대표팀

---

139) Fischer, a.a.O.(Fn. 1), S. 238에 의함.
140) 라우(Johannes Rau, 1931~)는 1978~98년 노르트라인 베스트팔렌 주의 총리를 거쳐 1999년 5월 23일 제8대 독일연방대통령으로 선출되어 동년 7월 1일부터 그 직무를 수행하고 있다.
141) 코리아 탁구단일팀은 1991년 4월 29일 일본 지바에서 열린 제41회 세계탁구선수권대회 여자단체전 결승에서 9연패에 도전하는 중국을 3대 2로 꺾고 우승했다. 이 쾌거는 TV를 통해 남북한에 중계됨으로써 우리가 한민족이라는 사실을 새삼 각인시켜 주었다. 이로써 우리는 남북이 하나가 될 때의 저력을 실감할 수 있었으며, 체제와 이념의 장벽으로 가로막혀 있던 한민족의 잠재력에 대한 새로운 확신과 기대를

의 세계 8강 진출142) 과정은 우리에게 한민족으로서의 동질성 회복과 민족역량의 결집에 대한 가능성을 여실히 보여주었다.

한편 동서독의 스포츠교류사를 볼 때 각각의 스포츠교류에 반드시 법규범의 후견적 개입이 있어야 그 효과가 보장되는 것도 아님을 알 수 있었다. 이는 또한 우리의 경우도 그러하다. 이를테면 6·15 남북정상회담이 성사된 지 꼭 석 달 만에 이루어진 2000년 시드니 올림픽에서 코리아기를 앞세우고 아리랑의 선율이 울려 퍼지는 가운데 남북의 선수들이 손에 손을 잡고 입장한 것이 그 좋은 예이다. 비록 여기서는 남북한간에 어떠한 명문의 조약이나 협정이 체결된 바 없지만, 남북단일팀은 전 세계에 대하여 남북한은 하나이며 언젠가는 통일되리라는 상징적 메시지를 전하기에 충분한 것이었다.

결국 분단국에 있어서 스포츠교류가 통일에 직접적 계기가 된다거나 커다란 기여를 한다고 판단하는 것은 곤란하지만, 통일을 위한 하나의 인프라로서의 의미를 과소평가하거나 독일의 경험을 절대시하는 것도 우리가 취할 바가 못된다고 하겠다. 그것은 남북의 통일과 관련된 제반 사정이 독일의 그것과 결코 동일하지 않은 까닭이며143) 또 바로 그 때문에 남북스포츠교류에 부여된 역할과 비중 또

갖게 되었다.

142) 1991년 6월 14일부터 보름간 포르투갈의 수도 리스본에서 개최된 제6회 세계청소년 축구대회에 남북 단일팀으로 참가한 선수들은 서울과 평양을 오가면서 두 차례의 평가전을 가진 후 코리아팀을 구성하여 합숙훈련을 통해 팀웍을 다졌다. 특히 코리아팀 구성 평가전은 남북통일축구 교환경기가 이루어진 후 7개월만에 전개된 남북 스포츠교류라는 점에서 또다시 우리 모두의 시선을 모은 바 있었고, 남북스포츠교류의 실현을 통한 인적교류의 가능성을 재확인할 수 있게 되었다. 이상과 같은 남북 스포츠교류의 중요성과 현실적 의의는 선수 개인들에게도 영향을 미쳐서 코리아팀으로 출전한 청소년축구 단일팀은 8강 진출이라는 위업을 달성하기도 했다. 코리아 청소년축구팀은 통일을 열망하는 7천만 겨레의 성원과 세계의 주목 속에 유감없이 싸워서 좋은 성적을 거둔 것이다.

143) 주지하는 바와 같이, 서독은 1990년의 통독 전에 적극적인 외교관계를 통해 인접국은 물론 소위 독일분단과 관계 있는 4대국(미·소·영·불)을 설득하여 확실한 지지를 이끌어냈을 뿐만 아니라 현재의 남한보다도 양호한 경제력을 갖고 있었다. 또 동서

한 달라질 수 있기 때문이다. 분단 이후 얼마 되지 않아 동족상잔을 경험하고 또 서로 다른 이데올로기와 체제 아래 오랫동안 적대관계로서 남북이 대치하고 있는 한반도적 상황에서는 상호신뢰의 구축 및 이질감144)의 해소를 위해 남북 스포츠교류에 독일보다도 더욱 적극적인 역할을 기대해 볼 수 있기 때문이다. 그리고 이는 한반도를 둘러싼 정세가 어떠한 방향으로 변화하든 지속적으로 추구되어야 할 과제의 하나라 하겠다.145) 비록 단기적으로는 큰 진전이 없더라도 스포츠교류를 통해 접촉을 계속해야 하고, 그러다 보면 남북 사이에 민족적 동질성의 회복에 기여하고 상호 협력을 가능하게 할 신뢰분위기를 쌓는데 밑거름이 될 수 있을 것이다.

한 가지 부언할 것은 남북스포츠교류에서 기존의 엘리트스포츠 위주에서 탈피하여 생활스포츠분야로 확대되는 계기가 마련되어야 한다는 점이다. 가령 독일에서 볼 수 있었던 도시간 자매결연을 통한 소규모의 일반주민의 스포츠교류 같은 방식이 대안이 될 수 있을 것이다. 스포츠가 체제우월성을 위한 경쟁수단으로 오용될 수 있는 여지도 그만큼 줄어들게 될 것이다.

독은 6·25와 같은 동족상잔의 비극을 겪지 않았으며, 통독 이전에도 다양한 영역에서 많은 교류와 접촉이 있었다. 나아가 동독 주민들 중에는 동독의 감시·억압체제에 염증을 느껴 서독의 자유민주주의를 동경하는 자들이 적지 않았으나, 북한 주민들은 오랫동안의 외부와의 격리정책으로 인하여 자유민주주의를 경험해 본 적이 없는 등 통일관련 제반구조가 상당히 다르다.

144) 북한은 집단주의정신과 혁명전사 양성이라는 정치적 목적과 직접적으로 연결된 '군중체육을 강조하면서 국가이익을 위한 도구와 수단으로 스포츠를 이용하고 있다. 이학래, 남북체육교류의 추진과제와 실천방안, 한국체육학회지 제38권 제1호, 한국체육학회, 1999, 664면.

145) 최근 남북스포츠교류는 소강상태에 빠져 있다. 2002년 한일 월드컵축구대회의 분산개최가 사실상 무산된 데 이어 기대를 모은 세계탁구선수권대회와 동아시아 경기대회에서의 단일팀 구성도 이루어지지 못했다. 더욱이 미국의 부시정권이 출범하면서 형성된 북·미관계의 악화는 이러한 상태를 당분간 지속시키는 하나의 원인이 될 것으로 전망된다. 그러나 2002년에 열릴 부산아시아경기대회와 2003년 대구 유니버시아드대회는 지금과는 다른 상황이 전개될 수도 있을 것이며, 그러한 상황의 급격한 변화의 가능성에 대하여도 대비해야 할 것이다.

전제되어야 할 남북체육교류의 7가지 원칙

제 성 호*

정용석 교수가 발표한 '남북체육교류의 정치적 종속성과 대응논리'라는 논문은 많은 유익한 정보를 제공하고 있다. 또한 앞으로 이 분야에 관심을 갖고 있는 초학자들에게 적지 않은 시사점을 제공하고 있다. 필자도 많은 것을 배웠다.

남한은 체육을 '인간의 성장발달 및 행위에 있어서의 모든 가치를 충분히 고려하여 선택되고 수행되는 신체활동에 대한 방법'이라고 정의하고 있다. 이 같은 정의에 따라 남한의 체육정책 목표를 신체활동을 통한 육체적·정신적·사회적 전인 형성에 두고 있다. 반면 북한은 체육을 '문화혁명의 중요한 구성부분으로서 건강증진과 체력단련을 위해 일정한 규칙에 따라 육체적 운동을 하는 것'으로 규정하고 있다. 북한의 『정치용어사전』에 의하면, 체육은 "신체의 발육과 건강을 증진시키며 정확하고 민활한 동작을 할 수 있도록 신체를 다방면적으로 발전시키며 집단주의정신과 혁명적 동지애, 굳센

---

* 중앙대 교수

의지, 규율준수에 대한 자각성과 책임성 등 고상한 사상과 도덕적 품성을 배양함으로써 국방력을 강화하고 사회주의, 공산주의 건설을 성과적으로 수행하는 데 이바지한다"고 명시하고 있다. 북한의 체육목표는 혁명과 건설에 이바지할 수 있는 정신적·육체적으로 강인한 투사형의 인간육성을 기본으로 하고 있다.

체육 내지 스포츠는 국민 개개인의 체력을 증진하기 위한 활동에 그치지 않고 전체적으로 국민적 통합을 위한 순기능을 수행한다. 특히 남북교류의 한 내용으로서 체육교류는 단일민족으로서의 정체성을 확인하는 한편, 반세기 동안에 걸쳐 남북한 주민들 간에 깨어진 또는 훼손된 민족동질성을 회복하는 유용한 수단이 되기도 한다.

그러나 다른 한편으로 남북관계에서는 체육교류가 남북간 체제대결의 한 수단 혹은 자기체제의 우월성을 과시하기 위한 방편으로 이용되고 있다. 특히 북한은 체육을 대남전략의 한 축으로 활용하는 태도를 보여 왔다. 그러기에 남북체육교류를 위장평화공세의 수단으로 이용하고 있는 것이다. 요컨대 남북체육교류에는 고도의 정치성이 개재되어 있다는 것이다.

그 동안 우리는 남북체육교류가 정치에 종속되어 왔다는 점 또는 남북관계의 굴절에 따라 일시적으로 꽃을 피웠다가 금방 사그러진 예를 여러 번 목격해 왔다. 필자는 논문에서 그러한 예를 잘 지적하고 있다. 여기서 토론자는 그러한 점을 다음 몇 가지로 요약할 수 있다고 본다.

첫째, 남북한은 남북대화가 시작되기 전이나 대화의 문이 열린 초기에 체육교류를 정치선전 또는 평화공세 차원에서 접근했다. 즉, 1990년대 이전에 남북한은 공히 실천가능성이 거의 없음에도 불구하고 체제의 우월성 선전차원에서 상대방에 대해 체육교류를 제의하였다. 또한 어렵사리 성사된 남북체육회담에서도 진정한 교류의

사가 없이 선전차원의 제안을 한 적도 있었다. 남한의 경우 1980년 대초 손재식 국토통일원장관이 소위 20개 시범사업실천 제의 중 비무장지대 내 공동경기장시설 마련 및 친선경기에의 이용 제의는 그 대표적인 예라 할 수 있다. 북한도 1984년 LA올림픽대회 단일팀 구성을 위한 남북체육회담에서 선발경기 장소는 남과 북의 지역 외에 비무장지대에서도 가능하다는 입장을 보인 바 있었는데, 이러한 제의는 실천의지가 수반되지 않은 일과성 제의에 그쳤다고 할 것이다. 작금의 남북관계에 있어서도 이 같은 측면이 완전히 불식되었다고 보기는 어렵다.

둘째, 남북한은 체육교류를 남북관계 개선의 가시적인 성과로 꼽음으로써 정권의 치적으로 삼는 태도를 보여 왔다. 남북한이 체육교류에 있어서 업적주의 내지 실적주의 지향성을 탈피하지 못하고 있다는 말이다. 다시 말하면 남북한은 당국간 대화를 통한 합의의 생산, 이산가족교류와 더불어 체육교류를 정권의 치적 홍보수단으로 접근했던 것이다. 이는 남북한이 체육을 민족통일이라는 대의명분 하에 정치적으로 이용하였음을 의미한다고 할 것이다.

예컨대 2000년 6월 평양 남북정상회담 개최 후 동년 9월 시드니 하계올림픽 개막식에 남북한 선수단이 공동입장할 수 있었던 것은 남북한간에 화해·협력의 분위기를 지속시켜 나가기 위한 정치적 의도의 산물이었다고 볼 수 있을 것이다. 다만 이러한 정치적 이용이 남북체육교류 성사에 언제나 부정적인 방향으로 작용했었던 것은 아니다. 정치적 판단과 결단이 남북체육교류 실현에 일조한 면도 있었기 때문이다.

셋째, 북한의 경우 남북한간에 태권도시범단을 교환하기로 약속한 제4차 남북장관급회담시의 합의를 미국의 대북정책(특히 북·미관계 악화) 등 한반도 주변환경을 이유로 그 이행을 거부 내지 지연시키고 있다. 가령 2001년 3월 김한길 문화부장관이 방북시 4월 26일부터 일본 지바에서 열리는 제46회 세계탁구선수권대회에 남북한이 단일팀을 구성하여 참가한다는 데 북한측과 구두합의를 했으나 결국 북한은 이를 성사시키기 위한 후속조치를 취하지 않았다. 이는 미국의 강경한 대북정책과 남북관계 진전의 부진 등 전반적인 한반도 기상도에 따라 남북교류를 제한한 대표적인 실례라고 할 수 있다. 바로 이러한 북한의 태도 역시 남북체육교류의 강한 정치적 종속성을 말해주는 부분이라고 하겠다.

넷째, 북한은 체육교류가 그들의 사회주의체제 변화에 미칠 수도 있는 부정적인 영향을 최소화하면서 아울러 북한체제의 상대적인 대남우위성을 대내외에 과시(?)할 수 있는 수단으로 이용하려고 시도하고 있다. 그러나 대부분의 스포츠경기에 있어서 우리의 수준이 북한을 압도하고 있다. 이런 점을 감안해서 북한은 남한보다 우월하다고 생각되거나 적어도 남북한이 비슷한 수준의 종목을 선정해서 교류를 하려는 성향을 보이고 있다.

앞으로 남북체육교류가 올바른 궤도 위에 올라서고 또한 남북관계 개선에 이바지하기 위한 수단이 되려면 다음 7가지 기본원칙에 입각해서 남북체육교류를 추진해야 한다고 본다.

첫째, 남북체육교류의 실천이 상호성과 대등한 입장이 보장되는 조건하에서 진행되어야 한다(상호 동등의 원칙 또는 상호주의). 특히 남북체육교류의 추진과정 및 결과에 있어서 어느 일방에게 정치적·경제적 불이익과 희생을 초래하는 것이어서는 안 된다(상호주의의 하위 원칙으로서 '형평성의 확보원칙').

둘째, 남북체육교류는 남북간 정치·군사관계 및 주변국제환경 등 정치적 요인에 영향을 받지 않고 추진되어야 한다(탈정치화의 원칙).

셋째, 남북체육교류의 내용은 서로의 미비점과 취약점을 보완할 수 있어야 한다(상호 보완성의 원칙). 즉, 남북한이 서로의 경기력 향상 및 민족체육의 공동발전에 이바지하는 것이어야 한다.

넷째, 남북체육교류가 남북간 평화공존을 지향하는 방향에서 추진되어야 하며, 상대방 내부문제에 대한 간섭 및 체제 붕괴를 초래해서는 안 된다(공존지향의 원칙).

다섯째, 남북체육교류의 성과가 남북화해협력 및 민족 전체의 번영에 도움이 됨으로써 장기적으로 민족통일을 촉진하는 것이어야 한다(상호 유익성의 원칙).

여섯째, 남북체육교류는 최대한 제도화시킴으로써 안정성을 가지고 질서 있게 이루어져야 한다(제도화의 원칙 또는 안정성의 원칙).

일곱째, 남북체육교류의 진행이 신중하고도 조심스럽게 또한 실현가능성 있는 것부터 단계적으로 추진되어야 한다(점진성의 원칙 또는 단계적 추진의 원칙).

이상의 원칙 중에서도 가장 시급하게 요구되는 것은 필자의 주장대로 남북체육교류가 탈정치화되어야 한다는 점이다. 이 같은 주장의 타당성에 아무도 이의를 제기할 수 없을 것이다.

문제는 어떻게 탈정치화할 수 있는가 할 수 있는가에 있다. 이와 관련해서 역시 필자의 주장대로 남북한 정부당국(특히 남북정상)간의 공동선언을 통해 민족동질성 회복차원에서 체육교류를 추진한다는 것, 또 다른 남북관계 진전과 연계하지 않고 독자적으로 추진한다는 것, 즉 탈정치화한다는 내용의 공동선언을 채택하는 방안을 적극 모색함이 타당하다고 하겠다. 이러한 합의에 근거하여 남북한의 민간기구(예컨대, 남북한의 올림픽위원회나 체육단체)들이 체육교류합의서를 채택하는 한편, 가칭 남북체육교류공동위원회를 상설적으로 설치 운영하는 것을 고려할 수 있다.

본인은 주제발표 논문에 명시된 북한이 남북행사에 통일을 의도

적으로 강조하는 이유에 대해 전반적으로 동의한다. 다만 노동자들
도 민족구성원의 일부로서 사실 상당한 부분을 차지하고 있다. 이들
이 통일문제에 관심을 갖는 것은 당연하다. 남북체육교류 과정에서
이들이 통일문제를 거론하는 등 일정한 정치적 행동을 완전히 금지
하기는 곤란하다고 생각된다.

　다만 민간통일운동의 수준과 범위를 합리적으로 제한하는 것이
바람직할 것으로 생각된다. 이를 위해서는 먼저 광범위한 사회적 합
의를 거쳐 정부가 남북교류협력법의 틀 속에서 규정이나 지침의 형
식으로 제도화하는 것이 필요하다고 보인다. 우리 체육인의 방북시
정부의 지침(가이드라인) 준수를 방북승인 조건으로 부과하는 한편,
이를 방북 안내교육에 반드시 포함시켜야 할 것이다. 나아가 그러한
행위준칙을 위반할 경우 일정기간 방북승인 유보 내지 금지, 남북협
력기금에 의한 지원 중단 등 적절한 행정적 제재를 가하는 것이 필
요하다고 하겠다. 이 같은 조치는 평양에서 개최된 '8·15민족통일대
축전'에서 발생한 돌출행동에 비추어 볼 때 매우 중요한 작업이라고
할 것이다.

　필자의 주장과 같이 중립지대인 DMZ 내에서 남북 공동의 스포
츠교류를 추진하는 것은 정치의 예속화를 막는 길이 될 수 있다. 이
와 관련, 2001년 8월 평양에서 열린 '8·15통일대축전'의 결과 남북
민간단체들이 2001년 10월경에 DMZ 내에서 민간교류 차원에서 평
화촌 행사를 개최하기로 한 것은 매우 의미 있는 일이다. 앞으로 이
러한 교류의 성과를 바탕으로 해서 남북한의 체육인들이 힘을 모아
DMZ 내에서 남북스포츠교류가 실현되고 또한 활성화되도록 배전
의 노력을 경주해야 할 것이다.

　2001년 3월 스포츠법학회에서 본인이 'DMZ 내에서 남북스포츠
공원의 설치·운영에 따른 법적 대응'이라는 논문을 발표한 바 있었

는데, 남북관계가 진전을 보일 경우 그러한 구상이 결코 환상적인 것에 그치지 않을 것이다.[1] 문제는 우리의 추진의지와 역량 결집에 있고 꾸준히 북한을 설득해서 남북체육교류에 호응해 나오도록 하는 것이 무엇보다 중요하다고 하겠다.

필자는 남북체육교류의 정치적 예속성을 극복하기 위한 방안으로 ① 정부 차원의 탈정치화 ② 스포츠 참가자들의 탈정치화 ③ 탈정치의 제도화 ④ 스포츠게임 개최지의 중립지대화를 제시하고 있다. 본 토론자는 여기에다 두 가지를 추가하고 싶다.

첫째, 남북체육교류의 양자적 접근 및 다자적 접근의 병행 추진이다. 남북간 직접 대화를 통한 체육교류는 북한이 아직까지도 체육교류를 정치논리에서 접근하고 있는 현실에서 어려움이 많은 것이 사실이다. 그러므로 중국 및 러시아, 일본 등 주변국가들과 함께 다자적인 틀 내에서 남북체육교류를 추진하는 것이 실현가능성이 더욱 높다고 할 것이다. 또한 그것이 직접적인 남북체육교류의 기반으로 작용할 수 있다는 점에서도 긍정적인 면이 있다. 그런 점에서 2002년 월드컵에 앞서 수 년 전 북경에서 열린 바 있는 남북간 및 중국·일본의 4국간 축구경기대회 개최를 적극 모색할 필요가 있다고 보인다.

한편 그 동안 남북체육교류가 주로 성인경기를 중심으로 이루어져 왔는데, 남북한, 재일거류민단, 조총련 및 조선족 초등학교 학생들의 한(조선)민족축구경기 개최와 같이 통일후계세대들이 만나는 기회를 갖도록 하여 통일의지를 북돋우고 또한 경기를 통해 사로 이해의 장을 마련하는 것도 매우 유익한 스포츠교류가 될 것으로

---

1) DMZ 내의 체육교류 등 평화적 이용에 관한 보다 자세한 내용은 제성호, 한반도비무장지대론, 서울프레스, 1997년, 제성호, 한반도 평화체제의 모색, 지평서원, 2000, 383~420면 참조

생각된다.

둘째, 남북한간에 체육교류와 사회·문화교류를 연결시켜 개최하는 방안도 적극 모색할 필요가 있다. 그 동안 남북체육교류는 단발성, 이벤트성의 행사에 초점이 맞추어졌었다. 그러나 앞으로는 실제 운동경기대회와 더불어 체육분야 학술세미나 개최, 체육분야 기술교류, 남북 체육인들 간의 인적교류 등을 함께 추진하는 것이 바람직하다. 그럴 경우 남북체육교류가 지속성과 안정성을 가지고 진행될 것으로 생각된다. 북한이 이미 우리측에 금강산지역을 개방한 만큼 이 지역에서 남북체육교류와 사회·문화교류(또는 관광교류)를 연계하여 개최하는 방안도 신중하게 고려할 필요가 있다. 이와 관련하여 현대측이 갖고 있는 북한 채널을 최대한 활용하는 것이 요망된다고 하겠다.

현실주의적 접근과 이상주의적 접근의 조화

김 경 민*

'남북체육교류의 정치적 종속성과 그 대응 논리'에 관한 정용석 교수의 주제발표는 남북교류가 단속적인 양상을 보이는 작금의 상황에서 대단히 의미 있고 가치 있는 제안을 해주고 있다고 본다.

2000년 6월 15일 남북정상회담이 성공적으로 개최되어 잠시나마 한민족은 통일의 짧은 꿈을 꿀 수 있었고 이산가족들은 50여 년 동안이나 만나지 못했던 혈육들을 만날 수 있으리라는 크나큰 기대감에 젖게 되었다. 그러나 미국의 부시 정권이 새로이 들어서서 대북 강경정책의 태도를 표명하자 북한은 한국의 의지와는 상관없이 남북대화를 일방적으로 단절시켰고 김대중 대통령의 평양 방문시 약속했던 김정일 북한 국방위원장의 한국 답방도 언제나 실현될지 예측하기가 매우 힘든 상황이 되어 버렸다. 주제발표에서 주장하는 것처럼 체육교류가 정치적 논리에 종속되듯 이산가족의 만남과 같은 인도적인 행사조차도 정치적 논리에 종속되어 이산가족의 슬픔은

* 한양대 교수

더욱더 가중되는 결과를 낳았다. 주제발표자의 견해처럼 민족통합을 전제로 한 체육교류라는 것이 정치적 색채를 조금이라도 띠고 있지 않다고 말하기는 매우 어렵다. 중국과 미국의 국교정상화를 되돌아보면 체육교류라는 것이 아무리 순수한 의도를 가졌다고 해도 정치적 색채를 띠지 않았다고 말하기는 쉽지 않다. 문제는 정도 문제이고 체육교류 그 자체가 정치선전을 목적으로 한 것이냐 아니냐의 문제일 것이다.

1949년 공산중국 건국이래 단절되었던 미국과 중국과의 국교관계는 닉슨정권 당시 키신저 미국무장관의 노련한 외교력으로 그 결실을 맺을 수 있었는데, 미국은 중국과의 대화 시작을 위해 민감한 정치적 접근보다 가벼운 스포츠교류를 통해 접촉의 물꼬를 텄다. 그 스포츠교류라는 것은 다름 아닌 에드가 스노우라는 중국통을 통한 탁구시합이었다. 핑퐁외교라 불리는 이 유명한 체육교류는 거대한 영토를 가진 지구상의 두 나라인 미국과 중국이 국교를 정상화하는 디딤돌 역할을 한 사실을 부인할 사람은 아마도 없을 것이다.

그러나 『NO라고 말할 수 있는 일본』이라는 세계적 베스트 셀러를 쓴 현 일본 동경도 주지사인 이시하라 신타로(石原愼太郎)씨가 주장하는 바와 같이, 핑퐁외교로 접촉의 물꼬를 튼 키신저 국무장관이 중국을 방문하여 그 당시 중국 최고지도자인 모택동과 주은래에게 중소 국경분쟁 상황을 촬영한 위성사진을 보여주고 중국에의 협력을 제안한 결과 국교정상화에 이르게 되었다는 것이다. 이 일화는 1999년 1월 미국 조지워싱턴대학에서 발간된 「키신저 대화록」에서도 확인을 시켜주는 내용이다. 다시 말하면 탁구시합이라는 체육교류가 강대국 미국과 중국이 국교를 맺는 안내자 역할을 하고 세계평화에 이바지한 역사적인 의미를 보여주고 있는 것이다.

이처럼 체육교류를 통한 국가간의 만남은 대단히 중요한 행사가 되어 버렸고 정치선전이나 정치종속보다는 전쟁과 갈등을 방지하고 평화와 번영을 구가하는 장(場)을 마련하는 중차대한 역할을 인정받기에 이른 것이다. 중국과 미국의 국교를 정상화하는데 실마리를 푸는 역할을 했던 탁구시합은 비록 남북체육교류가 지향하는 것과 같은 지속적인 행사는 아니었다 해도 체육행사가 얽혀 있는 정치의 사안들을 풀어내는데 매우 중요한 일을 해냈다고 평가할 수 있다.

주제발표자는 논문의 1~3장에서 인간을 정치적 동물이라 규정하면서 올림픽의 정치적 종속에 대한 역사적 사례를 매우 흥미진진하게 설명해 주고 있다. 순수한 체육활동이 정치적으로 이용된 사례를 세세하게 들쳐 내어 체육의 정치적 이용 및 종속의 폐단을 신랄하게 지적하고 있다. 아쉬운 점이 있다면 올림픽이 인류문명의 발전과 세계평화의 유지에 긍정적으로 작용했던 공헌과 성과를 구체적으로 비교하면서 순수 체육행사의 가치를 재발견하는 주장도 곁들였으면 체육행사가 전혀 정치적 색채를 배제할 수 없다는 인정론과 함께 어떤 상황 하에서도 체육행사 및 교류는 지속되어야 한다는 주제발표자의 논지가 더욱 돋보일 수 있지 않았나 하는 소견을 갖게 된다.

국제정치에 있어 통합을 논의할 때 크게 두 가지 접근방식과 이론적 틀을 갖고 비교하게 되는데, 그 하나는 현실주의적 접근이고 또 다른 하나는 이상주의적 접근이라 할 수 있다.

이상주의적 접근은 통합의 주체가 되는 양 국가간에 민감한 사안들인 정치적 문제들은 일단 접어두고 상호간 대화와 접촉, 그리고 교류가 쉬운 분야, 즉 경제교류나 스포츠교류 혹은 문화교류 등을 통해 교류의 중요성과 그 경험을 축적한 이후에 서로가 민감하게 생각하는 정치적 분야의 대화를 시도하여 결국에는 쌍방이 원하는 방향의 통합을 기대한다는 것이다. 다시 말하면 상호협력의 훈련을 통하여 통합은 실현된다는 낙관론적인 입장이다.

　이에 비해 현실주의론자들은 아무리 민간교류를 확대시키고 상호교류의 중요성과 그 경험이 축적된다고 해도 한 국가의 지도자가 리더십을 상실할 위기에 처할 가능성이 있다거나 권력의 영역을 침해받을 위협을 느낀다면 즉시 그 모든 교류가 철회될 것이기 때문에 통합은 일어날 가능성이 희박하다고 한다. 우리는 이러한 상충된 입장과 견해가 팽팽히 대립되는 가운데 꾸준히 민간교류를 추진해 온 독일의 통합과 통일이 이루어지는 역사적 사실을 목격했고, 독일의 경우를 경험하기 이전에는 현실주의론자들의 견해가 좀 더 설득력이 있었다. 그 이유는 독일의 경우처럼 상당기간 민간교류를 시행해 왔음에도 불구하고 통합의 조짐을 볼 수 없었기 때문에 이상주의자들의 입장은 설득력을 잃어갔고 이상주의론자들은 심한 좌절감에 빠져들었다.

　그러나 독일통일은 급기야 이루어졌고 정치적 분야 이외의 교류와 협력이 얼마나 통합에 필요한 전제적인 조건들인가를 실감하게 되었다. 따라서 체육교류와 같은 순수한 차원의 교류가 민족통일에 얼마나 중요한가를 실감케 되었으며 설령 한국이 원하는 방식의 통합이 이루어지는데 상당한 시간이 걸린다고 해도 교류 그 자체만으로도 대단히 중요한 의미를 지닌다고 하겠다.

　마지막으로 주제발표자는 정치적 종속의 극복논리에 대해 대단히 이상적인 제안들을 해 주고 있다. 순수한 체육행사 및 교류가 정치적 종속에서 벗어나야 한다는 주장은 여러 번 반복해도 옳은 주장일 것이다. 특별히 남북정상회담의 성공적 개최 이후 남북간 체육교류는 그 동안 정치적 색채가 없지 않았던 체육교류를 보다 순수한 민간차원의 체육행사로 승화시킬 수 있는 전기를 마련하고 있다.

　냉전체제 종식 이후 한반도를 둘러싼 국제정세는 많은 변화를 보이고 있는데 구 소련은 해체되어 독립국가연합으로 재창출되었고 일본은 전후 50여 년을 지나면서 정치력, 경제력, 군사력을 겸비한 국가로 탈바꿈하기 위해 헌법개정을 시도하는 등 실질적인 강대국으로 부상하려 하고 있다. 중국은 지난 10여 년간 두 자리 수의 국방비 증액을 통해 군사력의 현대화 작업을 대단히 빠른 속도로 진행하고 있어 주변국들은 중국의 급부상을 우려하고 있다.

특히 대만해협을 둘러싼 미·일과 중국과의 갈등관계는 언제 또 다시 불거질지 모르는 상황이다. 미·일 신방위협력지침으로 상징되는 대중국 견제정책에 대해 중국은 대단히 큰 불만을 갖고 있고 최근 발생한 미국 정찰기와 중국 전투기의 공중충돌 사건은 이러한 갈등 양상을 단적으로 보여주는 사건이라고 할 수 있다.

따라서 한반도를 둘러싼 국제정세는 19세기말과 유사한 역학구도가 재현되지 않을까 우려하는 목소리가 높아만 가고 있다. 한반도 주변관계에 있어 특별히 우려되는 갈등관계는 중국과 일본의 상호 불안론이다. 중국은 중국 나름대로 일본이 미국을 등에 업고 중국을 견제하고 있으며 군사대국으로 발돋움하려 하고 있다고 주장하는 반면, 일본 내에서는 '중국 위협론'이 비등하다. 중국이 중화사상을 바탕으로 한 패권주의를 겨냥하고 있다는 대단히 고착된 인식을 하고 있다. 동북아에는 유럽과 같은 안보기구도 없어 이대로 방치했다가는 갈등의 골만 심화될 위기에 처해 있다.

다행히도 한국의 국력이 지난날과 같지 않아 세력 대립의 구도가 형성되는 있는 동북아정세에 깊이 관여할 수 있는 힘과 외교력을 지니고 있어 이를 잘 활용하면 동북아의 평화와 번영에 큰 일조를 할 수 있으리라 사료된다.

앞서 논의한 바와 같이 체육은 정치의 장에서 대화와 접촉, 그리고 협력과 교류를 시작하는 계기로서의 기능을 훌륭히 수행해 왔고

부드러우면서도 영향력 있는 외교수단으로서 높은 평가를 받아 왔
다. 따라서 교착상태에 빠져 있는 남북관계를 체육활동을 통해서 대
화와 교류의 물꼬를 트고 체육행사의 저변 확대를 통해 남북간 상
호의존적 행사로 자리매김을 할 때 비로소 한반도의 평화는 물론
동북아의 안정과 번영에 귀중한 행위자로서의 역할을 할 수 있으리
라 생각된다.

이젠 비공식적인 스포츠교류 검토할 때

정 동 길*

1. 서론

역사적인 6·15남북공동선언 이후 국내에는 남북간의 화해와 단합을 강조하는 목소리가 커졌으며 일부에서는 통일이 멀지 않은 것처럼 뜨거운 열기마저 보이고 있다.

경제·사회·문화 등 비정치적 분야에서 많은 사람들이 북한을 방문했으며 행사를 개최하거나 합작사업 등 경제활동도 활발히 펼치고 있다. 김대중 대통령과 김정일 북한 국방위원장간의 역사적인 만남이 이루어진 이후 북한을 방문한 남한의 인사는 매년 숫자가 큰 폭으로 늘어나 1998년에는 3천3백17명이 방북했으나 1999년 5천5백99명, 2000년에는 7천2백80명으로 크게 증가했다. 2001년 7월말까지 5천5백65명이 북한을 방문한 것으로 집계돼 매년 방북 숫자가 매년 늘어나고 있음을 보여주고 있다.

_____

* 세계일보 정치부장

방북 숫자가 이처럼 매년 증가하고 있는 것은 정부에서 개인이나 단체의 방북에 대해 특별한 제한을 가하지 않을 뿐 아니라 지원을 아끼지 않는데 원인이 있다. 현 정부에 들어서 방북을 신청한 건수가 2천6백67건에 이르는데 이 가운데 방북이 불허된 경우는 7건에 불과해 대부분이 신청한 대로 북한을 다녀온 것으로 밝혀졌다.

이와 같이 많은 사람들이 북한을 방문하고 있는데 반해 가장 많은 교류를 성사시켜 남북한 민간교류에 선도적 역할을 할 것으로 기대했던 스포츠분야의 교류는 아직까지 미미하기만 하다. 굳이 스포츠교류가 이루어졌다고 하면 서울과 평양에서 개최된 농구경기와 평양에서 열린 탁구경기가 있을 뿐이다.

농구경기와 탁구경기 교류도 스포츠단체들 간의 합의에 의해 성사된 교류가 아니라 남한의 현대그룹과 북한의 민간기구 형태를 띤 대외정책 전담기구인 조선아시아·태평양평화위원회간의 합의로 이루어진 일종의 스포츠이벤트로서 진정한 의미에서 스포츠교류라고 볼 수 없다. 게다가 농구경기는 6·15선언 이전의 일이어서 실질적으로는 탁구경기 개최가 유일하다.

2001년에 들어서는 김한길 문화관광부 장관이 평양에 가서 태권도시범단 교환, 경평축구(일명 통일축구) 부활 등 몇 가지 교류 문제에 합의했다고 발표했지만 아직까지 별다른 진전이 없다. 남북스포츠교류의 물꼬로 기대됐던 탁구경기는 단발로 끝났으며 남녀농구단 교류경기도 매년 지속적으로 실시하기로 합의했으나 양측에서 각각 한 차례씩 경기를 가진 뒤 특별한 이유 없이 중단됐으며 재개 여부도 확실하지 않다.

스포츠교류가 전혀 진전을 보이지 못하고 있는 와중에도 경제·사회 등 일부 분야에서는 끊임없이 교류관계를 유지하고 있다. 특히 남북한 정부간의 직접대화가 교착 상태에 빠진 상태에도 이 분야에

서는 많은 사람들이 북한을 방문해 지속적인 교류관계를 유지하고
있다. 가장 가능성이 큰 것으로 여겨졌던 스포츠분야가 일반적인 예
상과 달리 교류문제가 정치적인 움직임에 따라 명암을 달리하고 있
어 정치적인 영향이 가장 많이 받는 분야라는 사실을 다시 한번 입
증했다.

2. 체육교류와 스포츠교류

우리는 흔히 체육과 스포츠의 의미를 혼동해서 같은 의미로 사용
한다. 현대사회에서는 이들 용어는 개념적으로 분리해서 사용하고
있으며, 특히 남북간의 체육분야의 교류에서는 두 가지의 개념을 명
확히 정립할 필요가 있다.

체육은 지육(智育), 덕육(德育), 체육(體育)의 한 분야로 교육의 의미
로 학교교육과정에서 사용되는 개념이라는 성격이 강하다. 체육은
신체활동을 통해 신체적·정신적·사회적으로 완성된 건강한 인격체
형성이라는 목표 달성을 지향한다. 영어로는 'Physical Education'
으로 신체를 정상적으로 발달시키고 단련시키는 교육, 즉 인격형성
의 수단을 의미한다. 반면에 스포츠는 체육의 한 파생적 분야로서
건강한 신체를 바탕으로 경쟁상태에 있는 상대에 대해 정해진 일정
한 규칙에 따라서 서로의 기량을 겨루는 경기를 말한다.

한편 북한에서 체육은 공산주의형 인간을 양성하는 수단으로 이
용되고 있다. 즉, 체육을 통해 공산주의혁명을 완수하는데 필요한
정신적·육체적으로 완성된 인민을 만드는 작업과정이 바로 체육활
동인 것이다. 또한 체육의 가치는 집단주의정신 함양과 신체발전을
통한 노동력과 국방력의 강화 수단에 두고 있다. 특히 '지상낙원'인
공산주의혁명을 완수하는데 필요한 정신적·육체적으로 완성된 공

산주의형 인간 육성이라는 명분아래 노동력과 국방력의 강화를 최우선으로 하는 공산주의혁명의 근간으로 삼고 있다. 따라서 우리는 여기서 남북간에 개념적으로 큰 차이를 보이고 있는 체육과 스포츠를 구분할 필요가 생기는 것이다.

남북간의 체육교류라면 남북한간의 체육의 목표와 가치를 포함한 체육분야를 서로 교류한다는 뜻이 될 수도 있다. 즉, 남한의 완전한 인격체 형성수단으로서의 체육과 북한의 노동력과 국방력을 갖춘 공산주의형 인간 육성이라는 북한의 체육을 교류하게 된다는 의미가 될 수도 있다. 이와 같은 의미의 체육교류는 북한이 원하지 않을 것이다. 북한의 체육은 북한의 사회주의헌법, 김일성-김정일 교시, 국가체육지도위원회 강령 등을 살펴볼 때 정치에 완벽하게 종속되어 있기 때문에 체육교류는 바로 정치적 교류를 의미하게 된다. 또 북한 사회에서는 체육을 대중체육, 국방체육 등 일종의 사회를 유지시키는 근간으로 활용하고 있기 때문에 남한과의 교류를 통해 사회기틀을 조금이라도 훼손시킬 필요가 없는 것이다.

그렇다면 남한 체육의 경우는 어떤가. 남한 체육도 정치적 종속상태로부터 자유스러울 수는 없다. 수많은 남북회담에서 스포츠분야가 대화의 도구로 사용되었고 올림픽 유치, 프로스포츠의 탄생, 시드니올림픽의 남북한 선수단의 동시입장 등 정치적으로 중요한 역할을 했다는 사실이 이를 입증한다.

3. 스포츠와 정치의 상관관계

정치와 스포츠는 일반적으로 상호불가분의 관계를 유지할 수밖에 없다. 정치가는 자신의 정치적 목적을 위해서 가장 손쉬운 스포츠를 이용하고 재정적으로 취약한 스포츠는 그 자체의 목적을 위해서 정치가의 도움을 받는다. 특히 정치가는 스포츠를 이용하기 위해 예산이라는 금전적 뒷받침을 해주면서 영향력 확대를 꾀하고 있다.

특히 한국과 같이 북한과 군사적으로 대치해 있는 특수한 상황에서 이데올로기와 체제상의 대결까지 겹쳐 더더욱 정치에 종속되지 않을 수 없다. 그렇지 않아도 체육활동이 국가권력의 지배, 정부 예산의 지원, 행정기구의 뒷받침 등 피지배적 구조에서 벗어날 수 없는데 이데올로기 문제까지 겹쳐 남북간의 교류는 정치적으로 크게 영향을 받지 않을 수 없는 상태에 놓여 있는 것이다. 즉, 체육이 정치적 이해관계와 이념 및 체제에 따라 움직이게 될 수밖에 없는 것이다. 때문에 인간은 정치적 동물이기 때문에 국가에 소속하고 소속 국가의 정치적 상황에 따라 정치에 종속될 수밖에 없다는 주장이 설득력을 갖게 되는 것이다.

남북한은 분단된 후 6·25를 겪으면서 상호 증오와 대결, 그리고 불신의 대상으로 맞서왔고 언젠가는 둘 중 어느 쪽 하나가 소멸되어야 통일될 수 있다는 극단적인 대결양상을 지속해왔기 때문에 정치적으로 영향력을 받지 않을 수 없다. 특히 국가간의 교류의 정치적 종속은 앞에서 언급한 대로 정치적 상황에 따라 영향을 강하게 받는데 현재의 남북간의 교류는 금전적 지원문제까지 결부되어 있어 더욱 복잡한 양상을 띠고 있다.

그 동안 북한은 남한과의 교류를 외화벌이와 연계시키려는 경향을 보였으며 남한측은 북한의 이러한 의도에 따라 적지 않은 현찰과 물품이 제공되었다. 한때 남북간의 문화예술행사들이 봇물처럼 기획되고 추진되었지만 '충분한 돈' 뒷받침이 안 된 계획은 성사되지 못했다.

평양 모란봉교예단의 서울 공연에는 현금 3백만 달러, 텔레비전 수상기 2만 대를 제공했으며, 현철 등이 출연한 평양민족통일음악회 개최를 위해서는 현금 60만 달러를 평양봉수대극장의 대관료 및 북한공연단의 출연료 등 명목으로 제공되었다. 그러나 민주노총의 평양 남북노동자통일축구대회 같은 정치적 의도가 강한 행사에는 예외였다.

스포츠분야의 교류도 마찬가지여서 근본적으로 금전적 뒷받침여부가 성사의 주요 변수임을 알 수 있다. 현대와 삼성이 막강한 자금력과 양측의 정치적 이해득실이 맞아떨어져 통일농구대회와 통일탁구대회를 성사시킨 사실이 이를 입증하고 있다.

우리가 한국 스포츠사상 일대 획기적 사건으로 받아들인 시드니 올림픽의 남북한 동시입장도 사실 따지고 보면 남북간의 정치적 의도에 따라 이루어진 스포츠교류의 대표적 정치적 종속성 사건이라 할 수 있을 것이다.

4. 바람직한 교류 방향

북한은 남한과의 직접 교류에서 두 가지 실리를 취하려는 의도가 있는 것으로 보인다. 하나는 북한 주민들에게 김일성-김정일이 이끄는 사회주의체제가 우월하다는 인식을 확인시켜 주는 동시에 체제유지에 도움이 되어야 하고, 다른 하나는 최악의 경제적 환경을 개선하는 경제적 도움이 있어야 한다는 것이다.

이와 같은 북한의 의도에 따라 남북교류는 두 가지 측면에서 시행되었다. 정치적인 성격이 강한 교류는 공식적으로 시행되었고 경제적인 성격이 강한 교류는 비공식적으로 이루어지고 있다.

남북간의 스포츠교류도 기존의 교류 추진방식과 달리 이원화해 추진해야 성과를 기대할 수 있을 것으로 생각된다. 공식적인 추진과 비공식적인 추진이 그것이다. 공식적인 추진은 정치적·경제적 여건 등 많은 제약조건이 따라붙어 그만큼 성사 가능성이 낮아진다. 그러나 비공식적으로 교류를 추진하면 정치적 색채를 크게 배제할 수 있을 뿐 아니라 이러한 제약조건이 크게 완화될 수 있다.

정부에서도 남북교류를 촉진하기 위해 통일부에 남북협력기금을 조성해 놓고 직·간접으로 지원해주고 있다. 남북협력기금은 2001년도 1조원 이상이 조성돼 남북교류의 활성화에 지원했으나 스포츠계에서는 한 건도 신청하지 않아 혜택을 받지 못했다.

우리는 스포츠교류를 너무 축소해 단순한 스포츠교류로만 생각하는 경향이 있다. 현재까지 이루어진 남북간의 스포츠 교류는 스포츠를 매개로 하는 정치적 교류라고 보는 편이 타당하다. 그러나 일반적으로 그것이 정치적 교류가 아니라 순수한 스포츠교류로 오해를 하는 것이다.

스포츠교류에 있어서 정치적 종속에서 벗어나려면 비교적 정치적 영향을 덜 받는 비공식적 교류를 모색해 보는 방안이 훨씬 효과적일 것으로 판단된다. 따라서 스포츠교류도 경제교류처럼 비공식적으로 추진하는 방안도 강구해 볼 필요가 있다고 생각된다. 또 비공식 교류도 경쟁적 분야와 비경쟁적 분야로 나누어 추진하는 방안도 고려해 볼 수 있을 것이다.

단순히 양측의 경쟁심을 유발시키는 대표성을 띤 스포츠경기의 교류는 북한이 매우 부담을 느끼게 됨으로써 경기지도자간의 교류, 스포츠세미나 개최, 경기장 및 훈련장소 대여, 학교스포츠간의 자매결연 등 경기외적인 스포츠분야 교류도 우선 고려해 보는 것이 바람직할 것으로 보인다. 이럴 경우 남한은 교류라는 소기의 목적을 달성할 수 있으며 북한은 뒤떨어진 분야의 경기력의 향상방안을 마련할 수 있고 경제적 이득도 기할 수 있다.

북한은 김정일 국방위원장이 1986년 체육인과의 담화에서 "체육을 발전시키는 것은 혁명투쟁과 건설사업을 성과적으로 추진하며 나라의 위력을 강화하고 민족의 우수성을 키워 나가는 데서 매우 중요한 의미를 가진다. 우리의 체육인들이 국제경기에 많이 나가 우수한 성과를 이룩하고 공화국 깃발을 휘날리면 조국의 영예와 민족의 슬기를 세계에 떨칠 수 있다. 조국의 영예를 빛내며 세계 여러 나라들과의 친선관계를 발전시키기 위해서도 체육사업을 발전시켜야 한다"고 강조했다.

북한은 이러한 김정일의 교시에 따라 어떻게든 스포츠의 경기력을 향상시켜 국제대회에서 좋은 성적을 거두려 노력하고 있다. 지난 달 열린 베이징 하계유니버시아드대회에서 북한은 사상 최대규모의 선수단을 파견해 많은 메달 획득을 노린 것도 이와 무관하지 않다.

정성옥 선수가 1999년 스페인 세비야 세계육상선수권대회 여자마라톤경기에서 우승을 차지하자 북한은 그가 귀국하는 날 임시공휴일로 선포하는 한편 그를 국가 최고영예인 '공화국영웅'으로 추대하고 기념주화를 발행해 영원히 그의 공적을 칭송하고 있을 정도로 스포츠에 대해 중요성을 부여하고 있다. 북한의 '공화국영웅' 칭호는 김일성, 김정일 등 7명만이 수여받은 국가 최고훈장이다.

이처럼 남과 북은 스포츠 교류에 있어서 원윈(Win-win) 전략이 필요하다. 무턱대고 화해와 협력의 분위기에 편승해 교류에 덤벼든다면 현재까지 이어져 온 시행착오를 개선할 수 없다. 남북관계에서 획기적인 전환점이 된 금강산관광의 성사처럼 스포츠분야에서도 치밀한 계획과 계산에 따라 점진적으로 교류를 추진해야 한다.

북한은 남한측이 각종 교류를 서두른다는 사실을 피부로 느끼며 우리의 마음을 꿰뚫고 있다. 북한은 이러한 우리의 의도를 역이용하며 남북한의 교류에 실리를 얻으려 하고 있다.

남북간의 스포츠교류는 남한측의 의지가 크면 클수록 실패할 확률이 높아진다. 즉, 북한의 의도에 휘말려 교착상태에 빠질 위험성이 커진다는 사실이다. 앞서 지적한 대로 남북간의 스포츠교류에서도 예술분야처럼 많은 경제적 지원을 앞세운다면 교류는 일회성으로 끝날 가능성이 커진다.

2000년 연말에 남한의 각 방송사들이 경쟁적으로 추진했던 대중음악회의 평양 공연이 이를 잘 반증한다. 삼성생명탁구팀의 평양친선경기, 현대의 남녀농구팀의 남북교환경기가 생명력을 잃었듯이 평양대중음악회의 평양 공연행사도 단발성으로 끝나고 말았다.

남북은 국가체제가 다르고 이데올로기가 다르다. 판이하게 다른 집단과의 교류를 우리의 사고와 사상, 체계에 대입해 일을 추진한다면 그것은 필연적으로 실패를 가져오게 된다. 우리는 종종 우리측의 입장만을 생각해 밀어붙이려 한다든지 북한측의 의도를 제대로 파악하지 못한 경우는 없었는지 되짚어볼 일이다.

예를 들어 대한체육회장이 북한에 가서 2002년 부산아시안게임에 참가해 달라고 요청을 한다고 하자. 북한이 그의 요구를 순수하게 남북의 스포츠교류 차원에서 올림픽정신에 입각해서 받아들일 수 있겠는가. 북한의 국제대회의 참가, 특히 남한과의 관계는 북한 정부 차원에서 결정할 문제이지 스포츠단체에서 결정할 문제가 아닌 것이다.

또 각 경기단체에서 북한에 대회 참가 초청장을 종종 보내는 경우를 종종 보게 되는데 사전조율 없었다면 전시효과는 가져올지 몰라도 실질적으로는 전혀 성사 가능성이 없는 무의미한 시도라고 볼 수 있다.

남한에서 개최되는 국제대회의 북한참가 문제는 대한체육회나 경기단체가 독자적으로 초청장을 보내기보다는 국제연맹을 통해서 추진하는 편이 바람직하다. 그것은 남한과 북한이 똑같이 정부에서 결정할 문제이기 때문이다.

5. 결론

남북스포츠교류가 단발성의 이벤트 행사로 끝나지 않고 지속성을 갖기 위해서는 전시적인 정치행사로서 스포츠교류를 지양하고 실질적인 교류방안을 모색해야 한다. 남북간의 스포츠교류가 남북간의 이념의 장벽을 허물고 이해의 폭을 넓혀 궁극적으로 통일을 이루는데 기여하는데 있다면 북한 스포츠계를 실질적으로 변화시킬 수 있는 방안이 무엇인지 검토가 필요하다.

남북간의 스포츠교류는 다른 분야의 교류에서와 마찬가지로 많은 비용이 소요될 수도 있다. 스포츠가 그 자체의 속성상 전시적 성격이 강하다고는 하지만 이러한 경제적 비용을 최소화하고 정치적 종속성에서 어느 정도 벗어나기 위해서는 공식적인 교류와 비공식적인 교류를 나누어 추진해야 한다.

현재 각 분야에서 이루어지고 있는 남북교류가 경제적 도움의 성격인 강한 현실을 감안할 때 스포츠분야도 교류를 위해서는 현재의 교류의 관행을 원용해야 가능하다. 북한체육계도 다른 분야에 이미 관행적으로 이루어지고 있는 남한과의 교류에서 과실을 생각하지 않을 수 없을 것이기 때문에 혜택이 돌아가도록 배려를 해야 교류가 가능하다.

또 남북교류의 목적이 우월적 경쟁이 아니기 때문에 북한이 대내적으로 우월감을 가질 수 있는 방향으로 추진할 필요가 있다. '우리식대로'라는 자존심을 유별나게 강조하는 북한으로서는 남한에 뒤지는 스포츠종목의 교류는 북한 주민을 생각할 때 달갑지 않을 것임에 틀림없다.

냉전시대 남한과의 경쟁에서 항상 우월한 상태에 있다고 주민들에게 선전해온 북한으로서는 남한과의 스포츠교류를 통해 열등한 경기 내용을 북한 주민들에게 보여 줌으로써 '지상낙원'이라는 인식이 뇌리에 박혀 있는 주민들에게 김정일의 지도력에 흠집을 낼 필요가 없는 것이다. 따라서 북한과의 스포츠 교류에서는 우월감을 가질 수 있도록 도와주어야 한다. 공식적인 스포츠교류라면 북한이 우월한 스포츠종목부터 교류를 추진해야 성사 가능성이 높아진다. 비공식적인 교류에는 북한의 열세종목과 경기외적인 분야의 교류가 바람직하다.

북한 스포츠관련산업 실태 파악의 중요성

서 상 옥[*]

1. 프롤로그

오늘날 각 영역에서 나타나는 일반적인 트랜드(trand)는 보드레스 (boardless)이다. 동서독 간에 존재하던 보드는 전 세계인의 이목과 환호 속에서 사라졌다. 독일통일 이후, 세계 유일의 분단국으로 불려지고 있는 남북한에 존재하는 board(벽, 장막)는 언제, 어떻게, 누구에 의해서 없어질 수 있을지, 모두가 궁금하기 그지없다.

주제발표자인 김종 교수의 북한에 대한 폭넓은 정보 제공과 구체적인 사례 소개는 그가 스포츠마케팅 전문가로서의 행보를 잘 설명해주는 것으로 이해된다. 다만 본 토론자는 주제발표문의 구체적인 해석보다 북한스포츠에 대한 기초적 접근으로부터 시작했다.

솔직히 말해서 북한의 스포츠에 대한 접근은 대부분의 사람들에게 알려지지 않은 것이 알려져 있는 것보다 훨씬 많다고 생각한다.

---

* 상명대 교수

257

따라서 보다 구체적인 해석을 위해서는 선행연구에의 분석이 필요하다. 여기에서는 북한의 정보에 대한 일반적인 정보 현상과 북한스포츠관련 선행연구의 동향을 살펴보고, 북한관련 스포츠정보의 입수방안, 남북한 스포츠관련 용어의 통일작업, 그리고 스포츠산업에 대한 일반적인 견해를 피력하기로 한다.

2. 북한관련 정보에 대한 일반적 현상

1) 북한정보의 리테라시

우리들은 아직도 북한의 board를 넘지 못하고 있다. 어떤 이들은 직접 다녀와서 그들의 장님 코끼리 체험을 이야기하고 어떤 이들은 벽을 넘어서 잠시 동안 보았던 담 너머의 이야기를 한다. 그러나 우리들의 북한에 대한 정보 수집에는 '반공국시, 승공국시'라는 명목으로 차단되기도 하고 편향된 정보가 흘러나오기도 한 역사적인 배경이 있다.

이렇듯 잘 정제된 정보에 익숙해 있던 우리들에게 때로는 정제되지 않은 정보들이 무차별적으로 제공되어질 것이다. 과거와는 달리 스포츠에 관한 정보도 정제되지 않은 채 우리들에게 제공되어질 수 있다는 사실을 감안해 보면 현재 스포츠관련 전문가들이 할 수 있는 일과 해야 할 일에 대한 사려 깊은 판단이 필요하다. 이미 오래전부터 주장되고 있는 학제간의 연구가 북한연구에 있어서는 그 어느 영역보다도 더 성숙하게 이루어져야 한다고 본다.

체육인만의 모임이 아닌 남북문제를 스포츠라는 프리즘을 통해 다양한 각도에서 문제를 파악하고 그 문제가 안고 있는 과제를 어떤 방법으로 해결해 나갈 것인가 라는 문제의식을 갖는 것부터 시작하는 것이 좋을 듯싶다. 그러기 위해서는 무엇보다도 북한정보에 대한 리테라시(literacy) 키우기가 선행되어야 한다. 리테라시란 정보를 읽고 쓰는 능력이라고 해석되고 있다. 그 절차로서는 먼저 정보 수집이 중요하다. 지금 우리에게는 가장 우선되어야 할 정보 수집과정이 일천하고 양적으로나 수적으로나 부족한 것이 현실이다.

그리고 이 수집된 정보들을 어떻게 분석할 것인가 라는 문제에 대해 신중히 검토해야 한다. 그 분석에 있어서는 다각적인 노력이 필요하다. 우리들이 과연 북한정보를 분석할 수 있는 능력이 얼마나 있는지에 대해서도 연구가 필요하다. 물론 대학에서도 북한관련 학과의 개설, 관련연구소에서의 활발한 움직임으로 이미 다양한 노력들이 이루어지고 있다고 본다. 그럼에도 불구하고 스포츠계에 대한 정보 문제는 아직도 심화되고 있다고는 보기 어렵다.

또 이렇게 수집·분석된 정보를 어떻게 쓸 것이며 어떻게 전달할 것인지에 대한 준비도 함께 이루어져야 한다. 이는 국가는 물론 국민 개개인도 함께 책임져야 할 문제이다. 결코 함부로 다루어질 수 없는 문제이다. 이 문제에 대해서 본 토론자에게 있어서 구체적으로 언급할 리테라시의 부족을 안타깝게 생각할 따름이다.

2) 북한 스포츠에 관한 연구동향

지금까지 북한스포츠에 관한 연구 동향을 살펴보면, 1960년대의 북한스포츠의 실상이 잠시 기록되어져 있을 뿐[1] 1970년대에도 북한에 대한 연구는 사실상 이루어지지 않았다고 볼 수 있을 정도이다.[2] 1980년대에 들어와 북한의 스포츠현상과 정책에 관한 내용이 거론되기 시작하고[3] 연구의 양적·질적인 발전이 거듭되기 시작했

---

1) 조성식, 북한의 체육현실과 그 수준, 신사조, 1962년.
2) 국토통일원, 남북한 체육교류방안, 국토통일원, 1972년; 국토통일원, 북한의 체육분야 사업총화집, 국토통일원, 1973년.
3) 강영석, 북한의 체육조직과 체육지도자 양성체계에 관한 연구, 중앙대학교 교육대학

다. 이들 연구는 체육학자들에 의한 북한의 스포츠현상과 스포츠의 시각에서 본 향후 남북한의 발전방안을 제시한 내용이 그 주류를 이루었다고 볼 수 있다.

이외에도 남북체육교류가 갖는 정치·사회적 기능에 대한 연구,[4] 남북한의 국방체육에 관한 연구,[5] 또한 통일독일의 사례를 통해 스포츠의 측면에서 일어날 수 있는 미래전망을 제시하고[6] 통일한국의 스포츠현상에 대해 언급한 연구들이 나오기 시작하였다.[7] 북한 체육이 단행본으로 소개된 것으로는 이학래·김동선의 『북한의 체육(1995년)』과 정동길의 『북한체육, 스포츠영웅(2001년)』 정도이다.

최근의 동향으로는 스포츠관련 사이트와 각종 매스미디어에서 배출하고 있는 북한관련 정보에 스포츠특집이 제작되는 등으로 북한스포츠가 소개되고 있다.

그러나 아직 연구자 및 연구물의 수적 열세를 면하기 어렵다. 그리고 새로운 정보에 대한 검증작업도 아직은 미흡한 것이 사실이다. 스포츠가 스포츠만으로 사회에 존재하지 못하듯, 스포츠와 관련한 정보의 수집과 분석 없이는 북한스포츠를 제대로 이해하기란 쉽지 않다. 북한의 정보, 특히 스포츠정보를 제대로 수집할 수 있는 방안

원 석사학위논문, 1983년; 대한체육회, 북한스포츠자료집, 대한체육회, 1983년;서극성, 남북한 체육회담 소고, 체육, 1984년; 이광덕, 남북한 체육실태 비교연구, 한양대학교 대학원 석사학위논문, 1988년.

4) 이학래, 남북체육교류의 정치·사회적 기능, 한양대학교 체육과학회지 제13호, 1993년; 이학래, 북한의 스포츠 외교정책에 관한 연구, 한국체육학회지 제32권 제1호, 1993년.

5) 사공힐, 남북한의 국방체육에 관한 연구, 3사교 논문, 제42집, 1996년; 사공힐, 남북한 국방체육의 비교분석 및 발전방안, 경북대학교 대학원 박사학위논문, 1997년.

6) 임번장, 동서독 체육교류가 독일통일에 미친 영향에 관한 논찬, 대한올림픽위원회, 1992년; 송형석·안민석, 동서독 스포츠교류가 독일통일에 미친 영향, 한국사회체육학회지 제11호, 1999년; 이종길, 독일통일과 스포츠 그리고 스포츠과학, 스포츠과학, 2000년.

7) 김동선, 통일한국의 학교체육과 사회체육정책, 남북체육학회 세미나자료집, 1996년; 김동선, 통일한국의 체육정책, 한국체육학회지 제37권 제4호, 1998년.

이 모색되어야 한다. 그 방안에 대해 살펴보기로 한다.

3) 북한정보 입수방안 및 정보 유출방안

정보의 다양한 특성 중 쌍방향성, 다방향성이 남북한의 정보에서는 아직도 크게 적용되고 있지 못한 것은 아닐까. 북한은 아직도 일반국민이 인터넷을 하지 못하는 환경에 있다. 우리들은 이 점을 잘 이해해야 한다. 그리고 아직도 북한 정보는 우리들 가까이 있지 않다. 여기에서는 북한의 정보를 획득하는 하나의 방안을 제시하고자 한다.

우리들은 남북간 스포츠를 생각할 때 단순히 남과 북의 교류만으로 한정짓는 오류를 범하고 있지나 않은지. 본인이 일본 유학시절 느꼈던 추억을 되살려보면, 타국(일본)에서의 남한사람과 북조선에 가까운 우리의 중국 소수민족은 얼마나 가까운 사람인지, 경험해 보지 못한 사람들에게는 이해하기 어렵다. 첫대면에서의 어색함, 불안감, 이질감 등 예전에 느껴보지 못한 새로운 경험을 했다.

멀리 있지만 아주 가까운 형제, 불안하지만 매우 편안하게 지낼 수 있는 형제, 매우 가까우면서도 아주 먼 형제를 만나는 기분으로 그들과 만났다. "동무"라고 하는 언어에서 느끼는 묘한 감정을 어떻게 이해해야 할지.

우리들 주변을 잘 살펴보면, 북한을 잘 알고 있는, 그리고 북한 가까이 있는 많은 안테나를 볼 수 있다. 일본에서는 조총련, 중국에서는 소수민족인 조선족이 바로 그들이다. 그들을 통해서 우리들은 양질의 정보를 제대로 들어야 할 필요가 있을 것이다. 한국에서 입수 불가능한 그들만의 정보를 우리들이 제공받으며, 그리고 또한 우리들의 정보를 제대로 전달할 수 있는 가장 좋은 매체가 그들이 아닌가 한다.

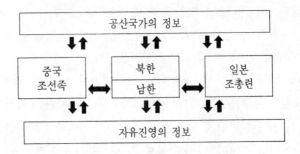

그림 1. 남북한 정보의 흐름(예상도)

4) 남북한 스포츠 관련용어의 통일작업

최근의 정보화 바람과 함께 북한의 IT산업에 대한 정보들도 조금씩 소개되고 있다.[8] 그런데 북한의 '장치기술'이 우리 나라에서는 무엇으로 표현되어야 하는지에 대해서 얼마나 많은 사람들이 알고 있을까. 그리고 우리 나라에서 쓰여지고 있는 키보드를 북한에서는 어떻게 쓰고 있을까. '장치기술'이란 하드웨어를 말하고, 북한에서는 키보드를 '건반'이라고 한다.

북한에서는 1966년부터 평양말을 표준어로 하여 "한자어는 한글 고유어로, 외래어는 민족어로 교체·발전시킨다"는 문화어정책을 실시함에 따라 스포츠용어도 '주체식 표기'로 고쳐 사용해옴으로써 국제용어를 있는 그대로 사용하는 우리와 많은 차이를 보여 왔다.[9]

그러나 '주체식 표기'로 인해 국제경기에 참가하는 북한 선수들의 의사소통을 저해하는 것은 물론 국제스포츠계에서의 고립 초래 등의 문제점이 나타나자 김정일 지시로 97년 1월부터 체육용어를 다시 국제공용어로 환원했으나 아직도 TV방송 등에서는 '주체식 표기'를 위주로 일부 국제공용어를 혼용하고 있는 상태이다. 북한이

---

8) 이영종, 북한 IT산업 어디까지 왔나, 경영과 컴퓨터, 2000년 3월호
9) www.s4ts.com.

사용해 왔던 주요 '주체식 표기'는 <표>와 같다.

최근의 자료에 의하면, 남북한간의 용어의 차이로 인하여 발생할

<표> 남북한의 경기용어 비교

종목	한 국	북 한
축구	골키퍼(goal keeper)	문지기
	롱패스(long pass)	긴 연락
	미들필드(middlefield)	중간 방어수
	센터링(centering)	중앙으로 찍어차기
	센터포드(center forward)	가운데 몰이꾼
	오버헤드킥(overhead kick)	머리넘겨차기
	오프사이드(off-side)	공격어김
	체스트패스(chest pass)	가슴연락
	트래핑(trapping)	멈추기
탁구	드라이브(DRIVE)	감아치기
	리시브(RECEIVE)	받아치기
	셰이크핸드그립(SHAKEHAND GRIP)	마구잡기
	스매싱(SMASHING)	때려넣기
	스카이 서브(SKY SERVE)	던져쳐넣기
	엣지볼(EDGE BALL)	모통이공
	커트(CUT)	깍아치기
	펜홀더그립(PENHOLDER GRIP)	쥐어잡기
권투	스트레이트	뻗어치기, 곧추치기
	어퍼컷	올려치기
	아웃복싱	이동공격, 원거리권투
	잽	앞손치기, 톡톡치기
	카운트	셈세기
	케이오승	완전넘어뜨리기
	훅	휘어치기, 돌려치기
야구	더블플레이	이중실격
	번트	살짝치기
	볼	부정확한 공
	스크라이크	정확한 공
	아웃	실격
	야간경기	등불게임
	주자	진격수
	홈	본진

수 있는 여러 가지의 문제에 대한 논의가 있었다. 특히 컴퓨터의 활용에 있어서도 발생될 수 있는 문제이기 때문에 다양한 각도에서의 문제 해결방안이 제시되어져야 한다는 주장이다.

스포츠와의 관련에서도 반드시 사전에 검토되어져야 할 사안이라고 생각한다. 그러기 위해서는 북한의 스포츠용어에 대한 정보의 수집이 필요하다. 이는 개인적으로 해결할 수 있는 문제가 아니다. 국가적인 서포트가 필요한 때이다.

5) 스포츠산업에 대한 일반적인 분석

스포츠산업에 대한 연구가 국내에 도입되기 시작한 것이 아직도 일천한 상태에서 북한의 스포츠산업을 논하기란 그리 쉬운 일은 아니다. 그러나 언젠가는 연구되어야 할 관점이라는 점에 대해서는 이의를 제기하고 싶지는 않다.

북한의 스포츠산업을 알아보기 위한 하나의 카테고리를 설정할 필요가 있다. 즉, 북한스포츠산업의 분류를 스포츠관련제조업, 스포츠시설업, 스포츠서비스업으로 규정할 수 있을 것인가. 북한 고유의 사회구조와 경제구조는 우리들과 어떤 차이가 있는지? 즉, 북한의 현상을 우리들의 현상과 비교할 수 있는 준거가 설정되어야 할 것이다. 북한은 우리들이 생각하고 있는 기본질서와는 상당히 다르다는 점을 먼저 인식하는 것으로 출발해야 한다고 본다.

북한의 흐름을 중국으로부터 보려는 주제발표자의 견해를 긍정적으로 받아들이면서도 북한만이 가지고 있는 스포츠현상을 우리들이 어떻게 분석하고 그에 대한 해결의 방안을 모색할 수 있을 것인가. 이것이야말로 주안점이다.

스포츠산업에서 다루어질 수 있는 문제는 아주 다양한 접근방법을 생각할 수 있다. 현재 국내에서 다루어지고 있는 선수 문제를 북한

선수의 스포츠산업, 혹은 스포츠비즈니스적인 측면에서 어떻게 다룰 것인가. 양규사 선수나 홍창수 선수의 사례에서 배울 수 있는 다양한 축적이 앞으로의 남북스포츠산업에 좋은 자료가 될 것이다. 그리고 북한이 가지고 있는 금전적으로는 환산할 수 없는 측면(예를 들면, 북한만의 대규모 매스게임 등)을 국내에서 활용할 수 있는 방안을 모색하는 것도 검토해 볼만한 일이다. 북한이 갖고 있는 공산주의사회와의 유대관계도 스포츠를 통한 산업외교로 충분히 이루어질 가능성이 높다.

3. 에필로그

과거에 비해 북한에 관한 정보는 우리들에게 상당히 가까이 와 있다고 할 수 있다. 이런 가운데 우리들이 안고 있는 하나의 과제는 이들 정보에 대한 리테라시 향상이다. 때문에 본 토론자는 북한 정보의 리테라시를 위한 정보의 수집방안과 우리들 정보의 유출방안에 대해 개략적인 방안을 제시해 보았다.

여기서 우리들이 생각해야 할 문제는 스포츠를 둘러싸고 있는 우리들의 환경이다. 그것이 때로는 정치적인 경우도 있고 경제적인 이유에도 있을 수 있으며 또한 단순한 자존심의 문제가 될 수도 있다.

혹자는 이렇게 말한다. 앞으로의 문제는 모두 북한의 선택에 달려 있다고. 그들의 선택에 따라 우리들이 대응해나가야 한다고 말이다. 물론 그렇게 말하는 충분한 이유가 있을 것이다.

우리들은 남북한의 문제가 우리 민족의 힘으로 해결되기를 바라고 있다. 그러기 위해서는 무엇보다도 지피지기(知彼知己)할 수 있는 능력이 필요하다. 남을 제대로 알고 북을 정확하게 알면 우리들이 바라는 이상도 현실로 가까워질 수 있을 것이다.

스포츠관련 산업의 실태파악을 위해서는 북한의 산업에 대한 전체적인 실상에 대한 파악이 우선되어야 함은 자명한 사실이다. 한국의 스포츠산업에 대해서도 아직은 전체적으로 완전히 규명되었다고 할 수 없다. 이러한 가운데 북한의 스포츠산업에의 접근은 시기상조라는 표현이 아닌가 하는 생각이 든다.

또 한 가지 간과해서는 안 될 점은 지금까지 축적된 많은 노력들이 현실세계에 적용되지 못하고 있다는 점이다. 연구자들의 노력이 헛되지 않도록 국가의 정책입안자들이 더욱더 관심을 가져야 한다고 생각한다.

체육교류와 북한 스포츠마케팅 활용의 의미

박 영 옥*

과거 학계에서는 한반도의 통일체제나 통일방법을 두고 무성한 담론이 전개된 바 있다. 상대방의 실체를 인정하고서도 상대방을 배제한 상태에서 이상적인 통일 이후 체제를 미리 구상하려는 시도는 의미가 크지 않다고 생각된다. 따라서 통일체육을 위한 과제를 도출하기에 앞서서 일종의 과도적 목표라고 할 남북체육교류협력의 활성화에 대한 고민이 선결되어야 할 것이다.

최근 북한체육에서 일어나고 있는 스포츠마케팅 활용에 대한 평가나 우리의 대처방안도 체육교류협력이란 보다 큰 틀에서 조율되어야 한다. 남북간의 체육교류협력은 '남북 사이의 화해와 불가침 및 교류·협력에 관한 합의서'와 '남북 사이의 화해와 불가침 및 교류·협력에 관한 합의서의 제3장 남북교류·협력의 이행과 준수를 위한 부속합의서' 그리고 '6·15남북공동선언서'에 근거해 볼 때도 현 단계에서 노력을 경주해 가야 할 부분이다.

---

* 한국체육과학연구원 수석연구원

남북체육교류가 통일의 도정에서 지속적인 사회문화교류의 장으로 발전되기 위해서 - 특히 '민족통일체육'이란 용어에 담긴 '체육고유기능의 구현을 통한 민족공동체 실현'이나 6·15공동선언 발표 1주년 기념 민족통일대토론회를 관통하는 정신인 '정서적·문화적 민족공통성 및 민족의 공동이익'의 실현에 기여할 수 있도록 - 단계별 교류사업의 목표를 설정하거나 그 영향을 평가할 틀이 필요하다.

이러한 분석틀은 체육교류를 규정하고 크게 영향을 주는 요인을 직시하게 함으로써 교류의 속도나 방향, 전략을 선택하는데 도움을 줄 수 있고 북한체육의 변화(예를 들면 큰 관심을 모으고 있는 스포츠마케팅 활용 등)에 대한 분석적 평가와 전망에도 유용하다.

남북체육교류는 다음과 같은 거시적 환경에 의해서 영향을 받을 수밖에 없다. 첫째, 남북관계 및 남북관계에 영향을 주는 북미관계 등 국제역학의 변화, 둘째 북한사회의 대외개방 및 남한사회에 대한 개방 및 교류에 대한 정책기조의 변화, 셋째 남북간의 공동합의서나 공동선언문 등 과거 협상의 결과로서 인정된 환경, 넷째 남북교류에 영향을 주는 남한과 북한사회의 법제도적 환경, 다섯째 북한스포츠의 정책, 특히 남북체육교류나 국제스포츠교류에 대한 정책변화가 그것이다.

한편 거시적 환경이 교류 활성화를 추구하는 우리의 행위를 제약하는 구조적 틀이라면 정책당국자, 체육학자, 전문체육인, 국민의 선택과 의지는 행위론적 요소로서 교류의 중요한 변수임은 두말할 것이 없다.

이를 분석적으로 구분하면, 첫째 체육교류 정책담당자 및 정책의 사결정자의 의지와 역량, 둘째 체육인, 체육전문가, 스포츠조직체의 교류의지와 실천력, 셋째 체육교류협력에 대한 국민의 의지와 지원을 들 수 있다. 물론 이상의 제 요인들은 점층법적 구조를 갖고 있으면서 상호 침투해서 영향을 주기 때문에 체육분야의 교류와 협력 확대를 위해서는 복합적 사고가 필수적이다.

이제까지 남북체육교류는 거시적 환경의 결정력이 크게 발휘되었다. 예를 들면 1991년 여름 일본 지바에서 열린 세계탁구선수권대회의 남북합동훈련과 단일팀 참가나 91년 포르투갈의 세계청소년축구선수권 남북단일팀 평가전은 91년 성사된 '남북 사이의 화해와 불가침 및 교류·협력에 관한 합의서'와 이듬해 9월 서명된 '남북 사이의 화해와 불가침 및 교류·협력에 관한 합의서의 제3장 남북교류·협력의 이행과 준수를 위한 부속합의서'가 합의된 당시 정치적 환경의 영향을 크게 받은 것이다.

또한 2000년 시드니올림픽의 남북선수단 공동입장은 2000년 6월 남북정상회담과 6·15공동선언문 정국의 결실이라고 볼 수 있을 것이다. 이 과정에서 해당 경기단체 등 체육단체나 전문가, 남북한 올림픽위원회나 국제올림픽위원회의 노력이 뒷받침된 점을 무시할 수 없겠지만 두 가지 상징적 남북체육교류사업은 거시적 환경이 훨씬 큰 영향을 미쳤다고 평가된다.

그러나 최근 들어 남북체육교류의 거시적 환경이 크게 변했다. 그 중 하나는 북미관계라는 복병이 있지만 국제정치 환경이 남북교류협력에 우호적으로 변화한 것이다. 둘째, 북한의 교류협력에 대한 정책기조가 급속히 변화했다. 남북한교류의 전 단계로서 의의가 큰 화해와 불가침에 대한 신뢰 구축이 92년 부속합의서 단계에서 6·15 공동선언단계를 거치면서 일대 진전을 이루었다고 평가된다.

최근 인터뷰 자료에 의하면 북한체육 전문가 사이에서도 남북한 정상간의 6·15공동선언의 의의를 높게 평가하고 그 틀 내에서 북한이 체육부문의 교류 및 협력을 추구해 가는 정책변화를 수용하고 있는 것이 확인되었다. 거시적 환경변화 중 중요한 부분은 북한의 개방과 대외교류의 정책이 정치적 힘으로 추동되는 것이 아니고 경제적 논리로서 검토되기 시작했다는 점이다.

김정일 위원장의 중국 푸둥지구 방문이후 IT산업 육성과 함께 추진하는 기술개건 사업의 추진과정을 보거나 개혁·개방에 대비한 북한 경제관리들과 무역일꾼, 학생들의 '학습형' 해외연수 및 시찰 노력은 이러한 변화를 잘 보여주는 사건들이다.

이에 따른 북한체육분야에서 정책변화가 긍정적으로 일어날 것으로 예상된다. 체육부문은 다른 어떤 부문보다 국제화가 진전된 분야이기 때문에 북한체육은 경제적 논리의 연장선상에서 변화된 북한의 정책기조가 다른 어떤 분야보다 먼저 나타날 것으로 예측되었다. 북한체육의 국제활동 증가와 스포츠마케팅의 활용이 이미 가시적으로 관찰되고 있다. 북한이 2001년 연초부터 시행한 신사고 캠페인을 체육부문 일꾼들이 스포츠마케팅사업 개발로 끌고 갈 개연성이 점쳐진다.

북한은 국제대회 개최 및 파견 빈도와 참가규모를 크게 늘렸다. 2001년 2월 실시된 평양빙상관의 백두산상국제피겨축전과 4월 만경대상국제마라톤경기대회는 전년대비 국제대회로서의 면모 일신을 보였다. 8월 15일 평양국제탁구초청경기에도 7개국 9개 팀이 초청된 것으로 알려졌다. 만경대상대회에는 25개국 5백 명의 외국 선수가 참가했다는 보도도 나왔다. 국제파견사업의 경우를 보더라도 6월에 상해4개국 국제축구대회에 참가했고 7월에는 아시아복싱선수권대회와 홍콩의 제1회 에이지수영선수권대회에도 대표단을 파견했다. 8월 북경의 유니버시아드에도 선수단을 파견했다.

거시적 환경이 변화했기 때문에 남북체육교류를 위한 행위론적 노력도 급증했다. 이 변화는 통일부 발표 자료에서 명확히 확인된다. 90년대 접촉성사 건수는 58건에 5백18명으로 집계되었다. 여기에는 99년 8월 통일염원 남북노동자축구대회에 남한에서 37명이 방북했던 것과 99년 9월 평양과 서울에서 번갈아 열린 남북통일축구대회가 포함되었다. 2000년에는 시드니올림픽 동시입장과 2001년 삼성물산탁구팀의 평양경기 등 남북 직접교류가 진행되었다. 금강산랠리도 인상적인 교류사업이었다.

행위론적 노력은 양적·질적으로 긍정적 변화를 보였다고 평가할 수 있다. 엘리트체육부문뿐만 아니라 생활체육교류도 포함된 셈이고 스포츠산업교류도 포함되었기 때문이다. 2000년 6·15공동선언 이후 전국체전에 북한 선수 초청을 특정 지방자치단체가 검토한다거나, 특정 대학이 대학간 교류사업을 제안하겠다는 것이나, 과시적인 체육교류사업 관련 언론보도가 있었기 때문에 체육교류가 체육인, 체육학자, 일반국민 수준으로 광범위하게 확산되고 있다는 생각이 언뜻 들 수 있다. 그러나 구체적 내용을 들여다보면 체육교류에의 의지나 역량이 크게 발전한 것으로 보기 어렵다.

현재의 성과에 만족하지 않고 교류를 발전시켜가기 위해서는 행위자의 역량을 키워나가야 할 것이다. 여기서는 체육인, 체육학자, 일반국민의 체육교류에 대한 관심과 의지를 중심으로 몇 가지 과제를 언급하고자 한다. 왜냐하면 남북체육교류 활성화에 대한 정부의 의지 표명(대통령의 2001년 문화관광부 업무지시 등)이나 남북한 문화관광체육장관회담 등의 결실은 정치적으로 결정되는 '큰 교류'이기 때문이다. 이는 92년 부속합의서 14조에서 합의되었던 남북사회문화교류·협력공동위원회의 구성과 실질적 가동이란 틀을 정비해 가야 할 문제이다.

일부에서 동서독간의 '스포츠관계의 규정에 관한 의정서'처럼 남북간 가칭 '남북스포츠교류·협력에 관한 의정서' 논의도 제기된 바 있다. 그러나 이미 합의된 '남북 사이의 화해와 불가침 및 교류·협력에 관한 합의서'나 '부속합의서'의 틀이 있기 때문에 어차피 정치적으로 결정되지 않을까 생각된다. 또한 월드컵조직위원회나 아시아조직위원회가 각각 2002년 대회에의 북한 참가도 정치적으로 결정되리라는 본다.

그러므로 체육인, 체육전문가, 체육단체, 일반국민으로서는 정치적 영향력을 비교적 덜 받을 수 있고 궁극적으로 민족통일체육의 형성에서 중요한 '작은 교류'에 관심을 가져야 할 것이라고 생각한다. 작은 교류는 체육인들이나 체육전문가, 일반적으로 스포츠를 사랑하는 국민들이 정서적·문화적 공통성을 확인하는 차원에서 공동의 이익으로서 남북한 체육발전에 서로 도움을 주기 위해서 민간차원에서 일어나는 교류로 정의될 수 있다.

예를 들면 통독 이전에 동서독 선수 및 생활체육인은 베를린장벽을 전후로 반경 수십 킬로미터 내에서 개최되는 각종 엘리트대회 혹은 생활체육대회에서 함께 뛴 것이 작은 교류의 모습일 것이다. 따라서 향후에는 이처럼 작은 교류를 중심으로 한 남북체육교류의 활성화가 기대된다.

체육교류의 역량을 키워가기 위해서는 다음과 같은 실천적 과제를 해결해야 할 것이다.

첫째, 체육인과 체육단체 사이에서 남북체육교류의 의의와 역할에 대한 방향과 목표가 공유되어야 할 것이다.

둘째, 체육교류가 보다 많은 구성원들의 지원과 조직적 노력으로 성취되어야 할 것이다. 체육교류가 일부 인사만이 정보를 독점하고 주도적 역할을 하는 것이라면 체육 본연의 기능을 구현시키는 민족통일체육과는 사뭇 거리가 멀어질 것이다.

셋째, 북한체육인과 체육단체에 대한 있는 그대로의 이해를 위한 연구와 정보 확산이 필요하다. 여기에는 내재적(內在的) 시각에서 본

북한체육에 대한 연구도 반드시 포함되어야 할 것이다.

넷째, 체육교류 전문가집단을 만들어가야 할 것이다. 교류 경험이 있는 전문가를 존중하고 이들의 노하우를 공유해가야 한다. 이를 위해서 남북체육회담에 참여했던 전문가나 최근 남북교류에 관계된 실무자 관리가 과제가 될 수 있을 것이다. 이들의 경험이 다른 종목과 다른 교류상황에서 활용될 수 있도록 정보가 관리되거나 워크숍 등을 통해서 실무경험과 시각을 확산시킬 노력이 필요하다.

다섯째, 탈북 체육전문가나 기존 실무경험자의 의견을 보면 꼭 직접 교류가 아니라 간접적 교류도 매우 중요하다. 남한에서 발행되는 종목 기술평가보고서나 스포츠과학 저널, 종목별 지도서 등 비교적 정치색과 무관한 분야의 저널과 서적 교류, 훈련에 필요한 장비나 용품의 지원, 학교체육 장비·용품의 지원을 작은 규모부터라도 시행해가야 할 것이다. 예를 들면 체육단체 임직원이 1만원 미만 단위의 잔돈을 모아서 용품구매 후 지원을 하는 등의 방식은 지원규모는 크지 않겠지만 남과 북이 인적으로 정서적 공동체성을 회복하는데 도움이 될 것이다.

최근 북한체육의 변화는 국제무대에서의 활발한 활동과 스포츠 마케팅의 도입으로 집약된다. 토론자는 북한체육이 스포츠마케팅을 활용한 것은 그 자체만 두고 평가되어서는 안되고 남북체육교류의 전망과 연관시켜 평가해야 한다고 본다.

북한의 스포츠마케팅 활용은 2000년 시드니올림픽부터라고 보는 시각이 지배적이다. 2001년 백두산상국제피겨선수권대회에서 경기장에 필라의 광고가 주목받은 이후 4월 15일 만경대상국제마라톤의 대회가 외국 기업의 스폰서를 받은 것으로 알려졌다. 동 대회는 「파이낸셜타임즈」란 해외 잡지광고에 게재된 것으로 확인되었다. 이외에도 북한의 스포츠마케팅 활동을 둘러싼 각종 소문이나 추측이 존재한다. 어쨌든 세계적 스포츠브랜드 기업체와 세계 굴지의 스포츠마케팅 대행사가 이미 북한 고위층, 내각, 체육지도위원회와 거래를 시작한 것으로 보인다.

향후에는 각종 대회의 개최 및 국제대회 파견 시에 국제스포츠브랜드나 스포츠마케팅회사의 제의를 더 활발히 수용해갈 것으로 보인다. 북한 국가대표팀에 대한 스포츠스폰서링을 추구하는 해외스포츠마케팅 대행사는 한두 군데가 아닌 것으로 전해지고 있다. 이와별도로 북한의 중앙급 체육단이나 국가대표팀의 선수들이 일본이나독일의 운동용품을 주로 써왔기 때문에 이러한 제품을 공급하던 해외스포츠 브랜드와의 거래도 지금부터는 스포츠마케팅 계약으로 발전할 개연성도 높은 것으로 예측된다.

북한체육의 재정적 어려움을 감안할 때 북한의 체육전문가나 대외사업 실무자들이 ISL 등 세계 굴지의 스포츠마케팅 대행사나 필라 등 스포츠브랜드들과의 거래에서 성공하기를 바라고 가능하다면정보 및 노하우 지원도 적극적으로 고려되어야 한다. 그러나 노하우전수에 대한 북한의 수용 의지는 자존심 문제와 주체사상 문제로실현성이 낮을 것으로 보인다.

남한의 스포츠마케팅회사나 광고대행사가 북한의 스포츠마케팅을 대행하는 시도는 공동이익 구현이란 측면에서 매우 바람직하다.그러나 이러한 시도가 실제 사업적 성과를 가져올 지 실패할 지가관건이다. 부정적 전망을 갖게 하는 근거가 많기 때문이다.

이제까지 북한은 대외개방과 국외자본 유치의 필요성을 갖고 있으면서도 외국 자본과 남한 자본에 대해서 비교적 이중적 태도를갖고 있는 것으로 분석되고 있다. 동일한 스포츠사업을 가정해보면북한은 자존심 문제로 남한 기업의 진출을 꺼려할 뿐 만 아니라 정치적 배경 때문에 외국기업보다 더욱 불리한 계약조건, 심지어 3백4

배의 더 높은 거래금액을 제시하는 등을 내세울 수도 있을 것이다.

다음에는 북한의 스포츠마케팅 활용이 초래할 부정적 측면을 지적하고자 한다. 남한은 금강산 랠리사업의 대가로 미화 100만 달러(한화 약 12억 원)를 지불한 것으로 알려졌다. 부산아시안게임을 남북체육교류의 장으로 활용하려는 남한 정책당국은 북한 선수단의 초청이나 백두산 성화채화 및 북한 봉송행사의 추진하는데 북한이 이러한 체육교류사업에 협력하는 대신 대가를 과다하게 요구한다는 설도 있다.

그러나 한편으로 생각하면 북한이 남한과의 스포츠교류에서 교류사업의 대가로 고액을 요구하고 그것이 통한다는 교류 관행이 만들어지지 않을까 우려된다. 문화분야 교류사업을 평가한 한 토론회에서도 북한이 '교류'라는 용어보다는 금전적 거래를 함축한 '협력사업'이란 용어를 사용하고 남북교류를 지나치게 경제적으로 이용하려는 태도가 비판되었다. 이는 남북체육교류가 정치적으로 이용되던 것에서 더 나아가 경제적 이익의 도구로 전락할 수 있다는 점에서 우려된다. 이러한 북한의 교류태도는 경제적 부담 증가로 남북체육교류의 빈도를 줄이고 앞서 중요하다고 지적된 작은 교류를 가로막으며 더 나아가서는 체육교류의 의미 자체를 크게 훼손시킬 수 있을 것이다.

남북체육교류의 도정에서 이러한 부정적 장애요인을 극복하기 위해서는 북한과 중국간의 조·중우호조약 정신을 담은 체육교류협정의 틀을 빌려올 수 있으면 좋겠다. 북한과 중국은 상호 선수단의 파견과 교류시에 피초청국이나 피방문국에서 방문선수단의 체재를 책임지고 훈련 및 경기장 사용에 대한 일체의 비용을 감수한다고 알려졌다(연변지역의 프로구단이던 길림오동축구팀의 경우 북한 축구선수를 1년간 무상 임대했다). 통독 이전 동서독 스포츠교류의정서의 핵심 내용

도 이러한 정신을 살린 것이다. 다시 강조하지만 북한의 스포츠마케
팅 활용이 교류협력의 궁극적 목표, 즉 정서적 유대강화와 남북한
체육의 발전 및 공동이익 구현에서 벗어나지 않도록 지켜보고 적극
적인 대처를 해야 한다고 본다.

경제적 관점에서 접근해야 할 스포츠산업

강 준 호[*]

1. 서론

전 세계에서 유일한 분단국가인 남북한의 관계는 김대중 정부 출범 이후 대북정책의 근본적인 패러다임이 바뀌면서 매우 급속한 변화를 겪었다. 김대중 대통령이 지속적으로 추진한 소위 햇볕정책은 6·15남북정상회담이란 가시적인 결과를 얻어냈다. 김대중 대통령과 김정일 국방위원장간의 만남 자체가 분단 반세기를 맞아 통일을 염원하는 남북한 국민뿐 아니라 지구촌 전체에 엄청난 충격을 주기에 충분한 것이었다. 그러나 이러한 햇볕정책은 미국의 공화당후보인 부시가 민주당후보인 고어를 누르고 대통령에 당선되면서 답보상태에 머물러 있는 것이 사실이다.

사실, 방법론에 차이가 있을 뿐 우리 민족 어느 누구도 민족통일의 당위성은 부정하지 않는다. 하지만 현실을 직시할 때 우리는 너무나 많은 변수들이 남북한 통일문제와 연관되어 있음을 쉽게 깨닫

---

[*] 서울대 교수

게 된다. 남북한 지도자들의 철학과 인식, 남북한 내부의 정치상황, 경제상황, 주변국가들의 이해관계 등이 복합적으로 작용하는 남북문제를 푸는 일에는 수많은 이슈들이 관련되어 있다. 이러한 복잡한 상황을 푸는 방법으로 김대중 대통령은 주변4강의 교차승인, 일괄타결, 햇볕정책 등을 적극적으로 추진했으나 이 역시 쉬운 일이 아님을 우리는 요즈음 목격하고 있다. 국민들의 정서, 남북한 보수세력의 협조, 미국의 국내 정치상황까지를 보다 세심하게 고려한 더욱 '현실적인' 접근이 필요한 것이다.

'현실적인' 접근이라는 관점에서 볼 때 민족통일과제에 있어서 스포츠의 역할은 활용하기에 따라 큰 차이를 낼 수 있다. 스포츠는 정치적 종속성이 상대적으로 적은 문화적 교류의 하나이고, 그 중에서도 가장 비정치적인 성격을 띨 수 있기 때문이다. 그리고 이러한 이유 때문에 많은 사람들이 남북체육교류의 필요성과 당위성을 역설하기도 한다. 그러나 스포츠를 스포츠 그 자체가 아니라 산업이라는 측면에서 접근할 경우 우리는 단순히 스포츠의 비정치성만을 가지고 논할 수 없게 된다. 왜냐하면 스포츠산업의 문제는 단순 체육교류의 차원을 넘어 경제교류의 차원으로 확대되고 이것은 자연히 정치적 종속성의 확대로 이어지기 때문이다. 따라서 스포츠산업을 민족통일과제와 연결시킬 경우, 스포츠산업의 문화적인 측면과 경제적 측면이 함께 고려되어야 한다.

2. 스포츠산업의 문화적 측면

스포츠산업이란 쉽게 말해서 스포츠에서 파생된 상품이 생산, 유통, 소비되는 산업을 일컫는다. 대한민국에서 스포츠산업이란 용어가 사용되고 주목을 받기 시작한 것은 비교적 최근의 일이다. 사실 우리 나라의 체육은 김영삼 정부가 출범하는 1992년까지도 정부가 주도했다. 물론 그 이전에도 프로스포츠가 있고 우리가 지금 말하는 의미의 스포츠산업도 존재했었다. 그러나 체육 현상의 무게 중심은 정부 주도하에 있었던 것이 사실이다. 군사정권시절 정부는 국위선양을 목적으로 집중적인 엘리트체육 육성정책을 펴왔고, 그 때문에 스포츠문화도 국가대표선수들의 성적과 그것이 국민들에게 주는 만족감이라는 차원에서 주로 형성되었다고 볼 수 있다.

그러나 세계적으로 냉전체재가 해체되고 국내적으로는 문민정부가 들어서면서 우리 나라의 스포츠문화도 급격한 변화를 겪게 되었다. 특히 탈냉전은 미국 주도의 신자유주의 물결과 세계화를 불러왔고, 그 결과 경제뿐 아니라 교육·문화에 이르기까지 사회 여러 분야가 시장경제원리에 영향을 받게 되었다. 스포츠도 예외가 아니었다. 우리 나라도 스포츠의 본격적인 산업화가 시작되었고 박찬호, 박세리로 대표되는 우리 나라 스포츠 선수들의 미국 스포츠산업으로의 성공적인 진출과 더불어 2002년 월드컵 개최는 국내 스포츠의 산업화를 더욱 가속화시키고 있다.

산업활동이란 간단히 말하면 공급자가 상품을 만들어 수요자의 욕구를 채워주는 것이다. 스포츠산업의 발전은 국민들의 스포츠에 관한 욕구가 공급자들이 스포츠와 관련된 상품을 제공함으로써 채워지는 것을 의미한다. 공급자들은 보다 많은 이윤을 남기기 위해서 수요자들의 스포츠에 대한 다양한 욕구를 만족시켜주려고 최대한 노력하게 된다.

소비라는 관점에서 보면, 국민들은 엘리트 선수들의 뛰어나 기량을 국가대표선수뿐 아니라 국내 프로야구, 일본 프로야구, 미국 프로야구 선수들을 통해서 원하는 대로 즐길 수 있게 되었다. 이렇듯 스포츠문화가 수요자의 소비행위라는 연장선상에 놓이게 된 것이다. 이것은 곧 스포츠문화가 국민들이 스포츠에 대해 진정으로 원하는 것들을 채워주는 형태로 진행된 것을 말한다. 일반인의 스포츠에 대한 참여 욕구가 높을 경우 이것을 채워줄 스포츠센터, 헬스클럽 등이 더욱 많이 나타날 것이고 보는 스포츠에 대한 욕구가 높을 경우 프로스포츠는·더욱 더 재미있고 질 높은 스포츠이벤트를 만들기 위해 노력할 것이다.

이러한 관점에서 북한의 스포츠문화를 이해하기에는 그들의 스포츠산업의 규모나 수준이 너무 미약하다고 할 수 있다. 북한에도 상당한 수준의 스포츠시설이 있고 스포츠문화가 존재하는 것이 사실이다. 그리고 몇 가지 프로스포츠산업의 기미를 보이는 협회(예컨대 프로권투협회)나 대회(예컨대, 공화국프로권투대회, 국제프로레슬링대회)들이 있기는 하지만 아직 진정한 스포츠산업으로 인정하기에는 힘든 수준이다. 그들의 스포츠문화는 우리의 과거 군사정권시절의 스포츠문화 형태와 오히려 더 유사하다. 시장경제체재가 도입되지 않은 북한의 스포츠문화를 북한주민의 스포츠 욕구를 반영하는 소비문화의 측면에서 이해하기는 다소 무리가 있는 것이다.

3. 산업으로서의 스포츠

스포츠산업의 문화적 측면이 수요자에 초점이 맞추어져 있다면, 경제적 측면은 공급자에 초점이 맞추어져 있다. 따라서 문화적 측면이 소비와 관련이 있다면 경제적 측면은 생산과 관련이 있다. 이 두 가지는 수레의 두 바퀴와 같다고 할 수 있다. 스포츠산업의 발전은 수요자 기반의 확충과 공급자의 공급능력에 달려있기 때문이다. 수요자 기반의 형성은 문화적인 측면에서도 언급한 것처럼 실질적으로 시장경제가 형성되지 않는 한 기대하기 어려운 것이다. 또한 문

화적 충격이 강한 스포츠산업을 위해 북한의 스포츠시장을 국제스
포츠산업 공급자에게 쉽게 열 것 같지도 않아 보인다.

결국 북한이 중국과 같은 시장경제체제로 변화하지 않는 한 수요
기반과 공급자가 공존하는 독립적인 스포츠산업이 발달하기를 기대
하기는 어려울 것이다. 현 상태에서 북한이 스포츠산업과 관련하여
관심을 가질 수 있는 부분은 스포츠산업의 공급 측면이라고 할 수
있다. 남한 또는 해외스포츠시장에 공급자 역할의 일부를 담당함으
로써 경제적인 이득을 얻을 수 있기 때문이다.

북한이 생각해 볼 수 있는 공급자의 역할로는 스포츠선수들의 해
외수출과 스포츠용품공장의 북한 유치, 그리고 스포츠대회의 유치
등을 생각해 볼 수 있다. 하지만 선수의 해외수출과 스포츠대회의
유치 역시 제한적이다.

프로스포츠산업의 경우, 제품이 아니라 사람이 현지에서 서비스
를 제공한다는 점에서 북한으로서는 되도록 많은 선수들을 해외로
내보내는 것이 부담스러울 수밖에 없을 것이다. 왜냐하면 통제된 사
회 울타리 밖으로 사람을 내보내는 것 자체가 외부세계와의 단절을
통해 사회를 통제하는 북한에게는 딜레마가 되기 때문이다. 또한 정
치적으로도 여러 가지 선결과제를 가지고 있다. 1998년 북한의 세
계 최장신 농구선수 이명훈(2.34m)은 미국 프로농구(NBA) 진출을 포
기했다. 그 당시 이명훈의 NBA 진출에 대해 6개 정도의 미국 프로
농구팀이 관심을 표명했으나 국무부가 적성국 교역법규정을 들어
이명훈의 본국 송금을 금지하는 바람에 협상이 결렬됐던 것이다. 그
다음 해 이명훈은 한국 프로농구무대로 진출을 시도했으나 역시 성
사되지 못했다.

또한 국제스포츠대회의 적극적인 유치는 북한사회의 개방을 전
제로 한다. 따라서 북한의 정책기조가 크게 바뀌지 않는다면 스포츠

대회의 유치도 제한적 또는 선별적으로 이루어질 것이다. 예를 들면, 강원도와 전라도가 치열한 유치경쟁을 벌이고 있는 2010년 동계올림픽을 북한과 공동개최한다고 가정할 경우 북한의 스키장시설 등을 활용할 수 있을 것이다. 그러나 대회 전체를 북한이 단독으로 유치하는 것은 곧 북한사회를 개방하는 것이 되기 때문에 오랫동안 외부세계와 단절해온 북한에게 부담스러운 일이 될 것이다.

따라서 스포츠산업과 관련하여 현재 북한이 적극적으로 추진할 수 있는 분야는 스포츠용품공장을 유치하는 정도가 될 것으로 예상된다. 스포츠용품공장의 경우, 제한된 지역에 공장을 지어놓고 북한의 값싼 노동력을 이용할 수 있기 때문에 북한 내부사회와 직접적인 접촉을 피할 수 있다. 지금 현재 북한 나진-선봉경제무역지대에 진행되고 있는 다른 산업의 제조공장과 같은 형태가 되는 것이다.

북한이 제한적이나마 남한에 대해 스포츠산업의 공급자 역할을 담당하는 것은 경제적으로 남북한 모두에게 득이 될 수 있다. 하지만 공급자에 국한된 형태는 남북교류에 대한 기여도라는 측면에서 볼 때 많은 아쉬움이 남는다.

스포츠산업이 남북간의 동질성 회복을 통한 남북통일에 역할을 다하기 위해서는 북한이 스포츠산업의 실수요자로서의 한 축을 담당하는 형태가 되어야 한다. 따라서 북한이 스포츠시장을 개방하고 키울 수 있도록 어떻게 유도할 것인가가 스포츠산업을 민족통일과제와 연결시킬 수 있는 중요한 이슈가운데 하나라고 할 수 있다.

4. 동북아시아 스포츠시장의 블록화와 남북교류

오늘날 세계경제는 세계화와 지역주의라는 큰 틀에서 이해할 수 있다. 한편으로는 WTO의 창설로 무역투자 장벽이 낮아지면서 국경의 의미가 약화되는 동시에 다른 한편으로는 자유무역지대 또는 관세동맹을 통한 경제블록화가 심화되고 있다. 경제블록화 현상은 4대 지역의 무역협정을 중심으로 주변국가들의 참여가 점차 확산되고 있다. 4대 경제블록은 유럽연합(EU), 북자유무역협정(NAFTA), 남미남부공동시장(MERCOSUR), 아세안자유무역지대(AFTA)을 말한다. 이런 추세와 함께 동북아시아지역 블록화의 필요성이 꾸준히 제기되어 왔다.

경제적 블록화는 곧 시장의 블록화를 의미한다. 북한은 그렇다 치더라도 한국과 일본, 그리고 이미 실질적인 시장경제체재를 추구하고 있는 중국은 적어도 경제적인 필요성을 느끼고 있다. 중국은 시장개방을 통한 경제개발을 지속해야 하며, 한국은 협소한 내수시장의 한계를 벗어나야 하며, 일본은 10년 이상 지속되는 장기불황으로부터 벗어나야 하기 때문이다.

그러나 동북아시아의 진정한 블록화는 미국의 견제, 과거의 역사, 동북아시아의 지정학적 구조와 정치, 외교적 역학관계 등 여러 가지 여건상 당장은 힘든 것이 사실이다. 하지만 정치적으로 덜 민감한 영역에서부터 느슨한 형태의 블록화는 시도해 볼 만하다. 이를 위해 가장 좋은 영역이 바로 스포츠시장의 블록화를 이루는 것이다. 이것은 표면적으로 문화적 블록화를 상징하지만 실질적으로 경제적 블록화를 의미하기도 하기 때문이다.

한국, 중국, 일본의 인구를 합치면 약 15억 명으로 세계 인구의 약 25퍼센트가 된다. 기본적으로 스포츠시장의 블록화는 상대적으로 미국, 유럽에 비해 열세에 있는 아시아의 스포츠시장을 획기적으로 발전시킬 수 있는 잠재수요를 갖게 되는 것이다.

이러한 시장의 블록화에서 파생되는 문화적·경제적 파급효과는 실로 엄청나다. 세 나라가 문화적 공감대를 형성할 수 있는 토대가 마련되며, 경제적으로는 프로스포츠산업, 관광산업, 라이센싱산업, 스폰서쉽마케팅산업, 스포츠시설산업 등 여러 가지 파생산업의 발전을 가져올 수 있다. 궁극적으로 스포츠산업은 물론이고 더 나아가 세 나라가 정치·경제·문화적으로 건설적인 관계를 구축하는 초석이 될 수 있는 것이다.

한국, 중국, 일본의 스포츠시장 블록화 추진은 자연스레 북한의 스포츠시장 개방을 압박하게 될 것이고 북한은 동북아시아지역 블록화에서 소외당하지 않기 위해 선택적 기로에 놓이게 된다. 북한을 둘러싼 세 나라가 스포츠시장을 블록화하는 데 북한이 어떤 반응을 보일 것인가는 누구도 예측할 수 없다. 하지만 북한이 실질적으로 의존하고 있고 또 발전모델로 삼고 있는 중국이 중요한 이해당사자가 되어 시장블록화의 혜택을 누리고 있는 상황에서 예전에 보여왔던 것처럼 핵무기를 이용한 줄타기 외교로 주변국가를 위협하는 생존전략을 계속 구사하기는 힘들 것이다.

이러한 상황을 비유하자면, 오랫동안 싸워왔고 또 다루기 어렵기로 소문난 아이와 관계를 맺고 개선하기 위해서는 그 아이와의 직접적인 접촉(당근정책이던 채찍정책이던)만을 추구하는 것보다는 주변의 다른 친구들과 같이 할 수 있는 놀이의 장을 마련하고 참여하도록 독려하는 것이 더 효과적일 수 있다는 것이다. 특히 그 아이가 어려워하고 그나마 말을 듣는 형님뻘 되는 친구가 그 놀이에 적극적으로 참여할 경우 이 아이는 훨씬 더 협조적이 될 확률이 높을 것이다.

물론 이것은 북한이 스포츠시장을 개방하겠다는 결심을 전제로 한다. 하지만 이러한 결심을 이끌어 내기에는 남북간의 직접대화보다는 동북아시아 스포츠시장의 공동체를 형성하는 것이 더 효과적일 것이다. 남북간의 직접대화나 교류를 꺼리는 북한에게는 좋은 명분을 제공하기 때문이다.

스포츠시장의 개방은 더 근본적으로는 북한이 앞으로 개방·개혁 정책을 적극적으로 추진하려고 마음먹을 때 가능하다. 다행히 북한의 개방·개혁정책 추진을 조심스럽게 기대해 볼 수 있는 징조들이 나타나고 있다. 세종연구소의 양운철 박사는 북한의 중국식 경제특구 개발 가능성에 관한 연구(2001)에서 다음과 같이 말했다.

남북정상회담을 앞둔 2000년 5월 29일부터 31일까지 북경을 방문한 김정일 국방위원장은 바쁜 일정 중 많은 시간을 할애하여 中關村을 비롯한 여러 산업시설을 둘러보았다. 그리고 김정일 위원장이 2001년 1월 15일부터 1월 20일까지 중국을 다시 방문했을 때 당시 김정일 위원장의 행보와 관련하여 보다 관심을 끈 것은 중국 개혁개방의 상징인 상하이에 주로 머물면서 산업시설을 관심 있게 둘러보았다는 점이다. 김정일 위원장은 1983년 방문 이후 근 20년 만에 다시 상하이를 방문한 후 '천지개벽'이라는 표현까지 사용하면서 상하이의 발전상과 이를 추진한 중국공산당과 인민들의 선택을 높이 평가하였다고 한다. 김정일 위원장이 중국 경제의 발전에 큰 관심을 갖게 된 것은 북한의 심각한 경제난이 한계에 봉착하여 개혁과 개방이 실현되지 않는 한 '조선민주주의인민공화국'의 유지도 어려울 것이라는 점이 작용하였을 것이다. 북한은 이미 2001년 신년 공동사설에서 '국가경제력'이라는 표현을 사용하였고 1월 4일자 로동신문에서 '새로운 관점'이라는 표현을 사용하면서 적어도 경제적인 면에서의 변화를 암시하고 있다.

중국식 모델을 밟아갈 가능성이 있는 북한의 개방정책이 실현된다면 이는 북한의 스포츠산업 발전과 그로 이한 민족동질성 회복의 청신호가 된다. 그리고 북한이 참여하는 동북아시아 스포츠시장의 블록화가 형성된다면, 스포츠산업의 성장과 남북교류의 장이 된다는 면에서 남북한 모두가 일석이조의 효과를 볼 수 있다. 더 크게는 한국, 북한, 중국, 일본 누구도 잃는 것이 없는 그야말로 확실한 윈-윈 게임이 되는 것이다.

결론적으로 스포츠산업은 단순한 남북체육교류 차원의 문제를 넘어 경제적인 관점에서 먼저 접근해야 한다. 그리고 그 결과가 남북교류를 확대하고 민족적 공감대를 확보하는데 기여할 수 있어야 한다. 스포츠산업은 체재문제와 경제문제가 얽혀있는 남북관계를 개선하는데 매우 현실적인 활용가치를 지니고 있다. 이러한 현실적 활용가치를 성공적으로 극대화하는 것은 결국 북한에 의지에 달려 있다.

남북체육교류의 평가 및 발전방향

손 환*

1991년 4월 29일 일본 치바(千葉)에서 개최된 제41회 세계탁구선수권대회 여자단체전 결승에서 '코리아 팀'은 9연패에 도전하는 중국팀을 물리치고 우승했다. 이 감격의 순간은 우리들에게 한민족의 무한한 잠재력을 일깨워 주었으며, 또한 나아가서 한민족의 저력을 전 세계에 유감없이 발휘하는 계기도 가져왔다.

한반도가 분단된 이후 남북한은 지금까지 약 30회에 걸쳐 남북단일팀 구성을 위해 부단한 노력을 전개해 왔으나 별로 기대할 만한 성과를 거두지 못한 것이 사실이다. 그러나 그 동안의 경험이 토대가 되어 1990년대에 들어오면서 그 양상은 일변해 1990년 제11회 베이징아시아경기대회에서 처음으로 남북한 공동응원이 이루어지게 되었다. 이것을 계기로 최근까지 대내적으로는 남북통일축구대회(1990년 10월)와 남북통일농구대회(1999년 12월)가 열렸으며, 대외적으로는 제6회 세계청소년축구대회(1991년 6월)와 제27회 시드니올림

* 중앙대 교수

픽대회(2000년 9월) 등 국제경기대회에 남북한이 처음으로 단일팀을 구성해 출전하고 동시입장하는 쾌거를 거두었다. 이와 같이 남북체육교류는 우리민족의 궁극적 목표인 민족통일이라는 대제를 위해 그 동안 수많은 좌절을 딛고 분단 40여 년 만에 처음으로 남북단일팀 구성이라는 결실을 보게 되었다.

때마침 올해 부산에서 개최되는 제14회 아시아경기대회에는 북한이 처음으로 남한에서 주최하는 국제경기대회에 참가하는 것이 결정되었다. 이러한 결정은 남북체육교류에 획기적인 전기를 마련함으로서 앞으로 남북한의 본격적인 체육교류가 이루어질 것으로 전망된다.

이러한 상황에서 '남북통일기반 조성을 위한 한민족체육학술대회'가 개최된 것은 시기적으로 적절하며 또한 매우 의미 있는 일이라고 생각된다. 본인은 이 기회를 빌어 남북체육교류의 평가와 발전방안에 대해서 몇 가지 견해를 제시하고자 한다.

첫째로 남북체육교류의 평가에 대한 방법론적 문제이다. 일반적으로 남북체육교류의 역사를 연대별로 나누어 평가하는데, 연대별로 나열하는 것보다 전체의 흐름 속에서 그 특징을 찾아 시기구분을 하는 것이 좋지 않을까 생각한다. 역사연구에 있어 시기구분은 매우 중요한 연구방법 중의 하나이기 때문이다.

예를 들면 남북한의 체육교류가 시작된 시기인 1945~63년을 남북체육교류 태동기, 남북한 단일팀 구성을 위해 체육교류가 활발히 전개된 시기인 1964~90년을 전개기, 남북한 처음으로 단일팀을 구성하여 국제경기대회에 참가한 시기인 1991~2000년을 정립기로 나누어 구분한다면 지금까지 전개된 남북체육교류의 전체상을 파악하는데 도움이 되리라고 생각한다.

둘째로 남북체육교류의 정치성에 관한 문제이다. 흔히 남한의 체육은 '비정치적'이고 북한의 체육은 '정치적'이라고 전제하는 경향이 많다. 그러나 실제로 분단 이후 첨예한 이데올로기 구조 속에서 양 체제간의 극단적인 대립구도 양상 하에 한동안 반공을 국책으로 정한 남한의 체육이 얼마나 정치적이었는지에 대해서는 굳이 부연설 명을 하지 않더라도 우리 모두 잘 알고 있는 사실이다. 그럼에도 불구하고 한쪽은 비정치적이고 다른 한쪽은 정치적이라고 한다는 것은 모순이 아닐 수 없다. 이러한 남북한의 '비정치적-정치적'이라는 2항 대립의 도식으로는 앞으로 진정한 남북체육교류의 발전을 기대하기 어렵다고 본다.

여기서 남북체육교류에 있어 정치적인 문제와 관련된 하나의 사례를 들면, 1973년 8월 서울에서 개최할 예정인 제2회 아시아지역 배구지도자 강습회에 남한은 북한을 초청한다고 했다. 그런데 이 초청장의 주소가 '조선민주주의인민공화국 배구협회'가 아니라 '북조선 배구협회'로 되어 있어 북한은 남한의 초청을 거부했다. 이와 같이 아무리 체육교류라고 하더라도 거기에 정치의 원칙론이 개입되면 장벽에 부딪치고 만다. 유감스럽게도 체육교류에 정치의 원칙문제를 바꿀 수 있는 힘은 없기 때문에 어디까지나 정치의 원칙에 따른 체육교류가 전개된다고 할 수 있다. 따라서 앞으로 남북체육교류의 발전을 통한 화합, 나아가 민족통일의 환경조성을 기대한다면 이러한 기본적인 사고의 문제해결이 선행되어야 할 것이다.

셋째, 남북체육교류의 단계적 발전방안에 관한 문제이다. 지금까지 남북체육교류의 전개과정을 보면, 남북한은 주로 올림픽을 비롯한 각종 국제경기대회에 남북단일팀을 구성해서 참가하자는 데 주안을 두었다. 그러나 앞으로는 남북단일팀 구성도 중요하지만 남북한의 체육교류를 다양하게 확대해나가는 것이 필요하리라 생각된다. 몇 가지를 제안하면, 먼저 남북한 국내경기대회의 공동개최 또는 순차개최를 검토해보는 것은 어떨까 생각한다.

현재 남북한에서는 독자적으로 각종 경기대회를 개최하고 있다. 그 중에서도 대표적인 것이 전국체육대회(남한, 1920년)와 인민체육대회(북한, 1959년)라고 할 수 있다. 전국체육대회는 주지의 사실과 같이 남북한이 분단되기 이전인 1920년 7월 조선체육회가 결성되고 나서 그해 11월 첫 사업으로 개최한 제1회 전조선야구대회를 그 기점으로 하고 있다. 그리고 인민체육대회는 조국 광복 후인 1959년에 제1회 대회를 개최한 후 현재에 이르고 있다. 이와 같이 남북한에서는 전국 규모의 체육대회를 각자 개최하고 있기 때문에 이를 '한민족체육대회'(가칭)로 명명하고 공동 또는 순차로 대회를 개최해 한민족의 공동체의식을 함양시키는 계기로 삼아야 한다. 그밖에 오랜 역사를 가지고 있는 경평축구대회의 부활, 태권도대회, 역전마라톤대회, 사이클대회 등 새로운 종목을 신설해 다양한 경기대회를 개최하는 것도 바람직하다고 생각한다.

다음으로는 남북한 국제경기대회의 공동유치 및 개최를 들 수 있다. 앞에서 언급한 것처럼 지금까지의 남북체육교류는 남측이나 북측의 제안에 의해 주로 남북단일팀 구성에 주안을 두고 이루어져 왔는데, 그 결과 정치의 원칙문제와 서로의 기득권 주장으로 인해 많은 좌절을 경험했다. 따라서 앞으로는 올림픽이나 세계선수권대회 등 각종 국제경기대회를 공동으로 유치하고 개최해서 민족통일의 기반을 조성하는 계기로 삼고, 나아가 국제스포츠계에 남북한의 위상을 제고해 나가야 할 것이다.

또 남북한 공동으로 한민족 고유의 전통스포츠를 발굴하고 활성화하는 것도 검토해 볼 과제이다. 우리 민족 고유의 전통스포츠인 씨름, 궁도, 무용, 놀이 등을 남북한이 공동으로 발굴하고 체계를 갖추어 한민족의 주체성 확립과 동질성을 회복하는 계기를 만들어야 할 것이다.

한 가지 덧붙인다면, 우리가 어떤 문제를 파악하고 판단할 때에는 주관적인 입장이 아니라 상대방의 입장을 충분히 고려하여 객관적인 입장에서 보는 것이 바람직하다고 생각한다. 지난 6월 중앙대학교에서 '북한체육의 현황과 문제'라는 제목으로 탈북체육인 초청 심포지엄이 개최되었는데, 여기서 나온 논의 중의 하나가 남북생활체육교류에 대한 문제였다. 그러나 실제로 탈북체육인의 이야기를 들어보면 북한에서의 생활체육은 운동용구의 부족으로 제대로 할 수 없는 실정이며, 주로 집에서 카드놀이나 낚시를 하는 것이 고작이어서 우리와는 너무 많은 차이가 난다고 했다.

이러한 이야기를 듣고 북한체육에 대해 전혀 기초지식이 없던 본인으로서는 새로운 사실을 알게 된 반면에 신선한 충격을 받았다. 앞으로 정말 남북체육교류의 발전을 생각한다면 먼저 북한체육에 대한 올바른 이해를 통해 북한의 상황을 고려해서 추진해 나가야 실질적인 효과를 거둘 수 있다고 본다.

남북체육교류에 관한 기존의 선행연구를 보면 대부분이 북한의 입장이나 상황을 고려하지 않은 채 우리의 입장에서 내용을 검토하는 경향이 많다는 것을 느꼈다. 물론 자료 수집의 제한이나 한계가 있지만 가능한 한 북한이나 일본(조총련, 일본학자)의 자료를 수집해 한쪽에 치우치지 말고 객관적인 입장에서 남북한의 체육문제에 대해 심도 있는 논의가 있어야 한다고 생각한다.

남북스포츠교류와 한반도기 사용

박 홍 렬*

남북한 스포츠교류에서 단일기 사용 논의가 본격적으로 시작된 것은 제11회 베이징아시아경기대회 단일팀 구성을 위해 열린 남북 체육회담(1989년)이었다. 남북한은 1990년까지 9차례 본회의와 6차례 실무접촉을 통해 단일기를 포함한 단일팀 구성을 위한 10개항 합의 직전까지 이르렀지만 협의 형식과 합의사항 이행보장문제에 대한 이견으로 결렬되고 말았다. 하지만 베이징아시아경기대회에서 남북한 공동응원이 이루어져 남북간 스포츠교류와 국제대회 단일팀 구성에 대한 분위기를 조성하는 계기가 되었다.

1990년 10월 남북통일축구대회를 계기로 남북체육장관회담을 갖고 남북체육회담 재개, 단일팀 구성 등 상호 관심사에 관해 공동합의문을 채택했으며, 그해 11월부터 이듬해 2월까지 국제경기대회 단일팀 구성·참가를 위해 4차례 열린 남북체육회담에서 양측은 '흰색 바탕에 하늘색 한반도 지도'를 단일팀 깃발로 한다는데 합의함으

---

* 통일부 교류협력심의관

로써 마침내 '한반도기'가 태동하게 되었다.

이러한 합의를 바탕으로 1991년 4~5월 일본 지바현에서 개최된 제41회 세계탁구선수권대회에서 한반도기가 마침내 그 모습을 드러내게 되었다. 이어 같은 해 6월 포르투갈 포르토에서 열린 제6회 세계청소년축구선수권에 분단 사상 최초의 단일팀으로 참가하면서 한반도기가 다시 선보였고, 그 후 1999년 8월 평양에서 열린 남북노동자축구대회, 같은 해 9월과 12월 평양과 서울에서 잇달아 개최된 통일농구대회의 응원에 쓰이기도 했다.

이후 2000년 6월 15일 남북공동선언이후 남과 북은 제27회 시드니올림픽에서 한반도기를 앞세워 공동입장함으로써 한반도기는 남북평화의 상징으로 세계에 각인되었다

최근에는 스포츠 행사 외에도 서울에서 처음으로 이뤄진 8·15남북통일행사에도 모습을 드러냈으며 2002년 9월7일 개최된 '2002남북통일축구경기'에 사용된 바 있고 제14회 부산아시아경기대회 개·폐회식에서도 남북이 동일한 단복을 입고 공동입장하는 모습과 함께 한반도기를 다시 볼 수 있었다.

이렇게 보면, 지금까지 남북은 공동응원, 공동입장, 단일팀 구성 등으로 스포츠교류·협력을 이루는 과정에서 한반도기를 사용함으로써 정치적으로 민감한 국기 사용문제를 피해나갈 수 있었고 결과적으로 스포츠의 탈정치화에 기여하는 효과를 가져왔다. 결국 남북스포츠교류에 있어 한반도기의 사용은 민족화합과 상호 이해 증진에 기여했으며, 정치적으로 민감한 국기 사용 문제를 피함으로서 통일의 당위성에 대한 국내외 여론 조성에도 기여했다고 볼 수 있다.

그런데 제14회 부산아시아경기대회 금강산 실무접촉에서 남북한은 개·폐회식 때 한반도기를 앞세운 동시입장을 합의함으로써 또한번 한반도기가 남북공동 체육행사에 사용될 전망이다. 그러나 부

산아시아경기대회에서의 한반도기 사용 합의에 대한 평가는 지금까지의 한반도기 사용에 대한 평가와는 사뭇 다른 양상을 보이기 시작했다. 즉, 한반도기 사용은 곧 대한민국 국기 사용의 포기로 인식하는 국민정서가 일어나기 시작했으며, 서울 상암동 통일축구대회에서는 이와 관련하여 남남갈등의 소지까지 보이게 되었다.

왜 이런 현상이 일어나고 있는가. 먼저 이와 관련된 여론을 살펴보기로 하자.

최근 한 여론조사 결과를 보면 국민 대다수가 제14회 부산아시아경기대회 개·폐회식 때 남북한 선수단이 동시입장과 한반도기 사용에 찬성하는 것으로 나타났다. 연합뉴스 보도에 따르면, 전국 20세 이상 성인 남자 1천 명을 대상으로 실시한 설문조사 결과 응답자의 83퍼센트가 개·폐회식 동시입장에 찬성하며, 특히 76퍼센트는 동시입장 시 한반도기 사용을 바란다고 응답했다.

이러한 국민 대다수의 의견과 달리 한반도기의 사용에 부정적인 여론이 있는 것이 엄연한 사실이다. 즉, 대한민국이라는 국가의 역사와, 국가가 지향하는 이념이 함축된 상징물인 태극기의 포기는 국가정체성의 훼손으로 이어진다는 우려가 그것이다.

부산아시아경기대회를 계기로 한반도기 사용에 대한 논란은 쉽사리 가라앉지 않을 것으로 보이며, 오히려 더욱 심화될 가능성도 없지 않기 때문에 이에 대한 보완 대책을 강구할 필요가 있다.

첫째, 남북한 체육인들 스스로가 스포츠분야 교류·협력과정에서 탈정치화를 위해 각별한 노력이 있어야 할 것이다. 한반도기 사용 그 자체가 목적이 되거나 한반도기 사용에 너무 교조적으로 집착해서는 안 될 것이다. 최근 들어 북한이 이런 경향을 보이고 있는 것도 사실이다.

둘째, 남북당국의 역할은 무엇보다도 중요하다고 할 것이다. 양측은 상호주의 원칙 하에서 각각의 국기와 한반도기 사용에 보다 대범하고 관대해질 필요가 있으며 가급적 제한을 두지 말아야 한다.

셋째, 국민들도 '스포츠는 어디까지나 스포츠'라는 인식을 가지고 한반도기를 바라보는 혜안이 있어야 할 것이다. 특히 부산아시아경기대회를 계기로 한반도기 사용에 대한 부정적 여론이 대두하고 있는 것은 6·29서해교전을 일으킨 북측에도 책임이 있지만 이를 정치적 의미로 확대해석하는 우리측 일부의 경직된 태도에도 문제가 있다고 할 것이다.

체육교류가 남북통일에 기여하는 의의와 방책

이 원 길*

　체육운동은 그 나라 국민 신체의 건강소질을 높이는 데 자못 큰 역할이 하는 것은 사실이다. 뿐만 아니라 그 나라, 그 민족의 정신문화 소질을 높이는 데도 다른 교양 못지않게 큰 역할을 하고 있다. 우선 체육운동은 민족의 긍지감과 자신감을 불러일으키면서 한 민족을 민족애와 애국심으로 단합시킨다. 한국에서 있은 월드컵경기대회가 좋은 사례가 된다.

　아마도 이때처럼 한국 국민들이 하나로 단합된 적은 없었을 것이다. 4천만이 일심으로 축구경기를 응원하고, 성공을 기대하고 축하하며, 경기에 지면 애석해 했다. 한국이 4강에 오르자 전 국민이 기쁨의 도가니 속에 빠져들고 '붉은 악마'의 붉은 물결, 기쁨과 환호의 물결이 온 한국을 휩싸인 것을 우리는 중국에서도 텔레비전을 통해 기꺼이 볼 수 있었다.

　한국민들의 월드컵경기에 대한 열렬한 관심과 거기에서 표현되

---

* 중국 중앙민족대학 교수

는 애국심은 중국의 축구선수들과 축구 팬들, 그리고 중국의 수많은 관중들을 크게 감동시켰다.

기실은 월드컵에서 한국의 승리, 4강 진입으로 희열의 소용돌이 속에 휩싸인 사람들은 한국민들만이 아니다. 중국의 조선족들도 텔레비전 앞에서 한국 축구팀을 기껏 응원했으며 골을 상대방 골문에 넣을 때마다 일어나서 환성을 올리곤 했다. 그리고는 중국 북경에 있는 한국 친구들에게 전화를 걸어 한국의 승리를 축하하곤 했다. 그런가 하면 음식점에서 식사를 하다가 다른 사람들이 "한국이 어떻게 4강이 다 될 수 있는가. 아무래도 모를 일이다"는 말을 듣고 그 사람과 언성을 높이며 다투기도 하고 심지어 주먹질까지 하는 일도 북경에서 발생했다.

중국 텔레비전의 아나운서가 한국팀에 대해 불리한 말을 했다고 중앙텔레비전방송국에 항의 편지를 쓰는 사람들도 있었다. 조선족으로서 중국의 유명한 축구선수이며 체육대학 교수인 한 분은 중앙텔레비전 아나운서가 한국팀에 대해 공평하지 못한 평가를 한데 대해 중국 국가체육위원회에 전화를 걸어 항의를 제출하고 한 시간 동안 의견을 제출하기도 했다. 그러다가 너무 격한 나머지 심장병이 발작하여 그 자리에서 쓰러져 일어나지 못했다고 한다.

중국의 조선족들만이 아니다. 북경에 와있는 북의 학자, 교수들, 전문가들도 마찬가지로 한결같이 이번 월드컵에서의 남쪽의 승리를 자기의 승리로 간주하며 기뻐했다. "글세, 남에서 이번에 4강에 들었더군요. 16강에 들어도 세다고 했는데 4강에 들 줄이야 정말 생각도 못했어요. 우리 조선이 하나로 합치면 세상에 두려울 게 없겠는데 … 우리도 전에 8강에 들었지요." 이것이 연회석에서 그들이 한 말이었다. 그때는 연회석에서 술을 마시면서도 그저 이런 화제들이 대부분이었다. 그 말에서는 남북간의 간격이라는 것을 느낄 수 없을 정도였다.

　체육운동은 이렇게 이념과 무관하게, 정치와 무관하게 한 민족의 마음을 한데로 쏠리게 하고 하나로 뭉치게 한다. 어쩌면 국도와 이데올로기, 정치와 군사, 그리고 다른 그 어떤 이해관계와 무관하게 서로 감정을 소통시키면서 거대한 응집력으로 민족의 단합, 나라의 통일을 촉성할 수 있는 것은 체육교류 이상이 없을지도 모른다. 체육은 민족의 단합과 나라의 통일에 있어서 무언의 언어이며 무한한 정이며 무형의 힘이다.

　이것은 한민족에 한한 이야기만이 아니다. 올림픽의 정신과 취지도 그렇지만, 체육운동은 전 인류를 화해와 화목으로 평화와 발전으로 나가게 하는 추동력을 갖고 있다. 서로 간에 모순이 심각한 나라들이라고 해도 체육운동으로 서로간의 이해가 증대되고 체육운동을 매개로 교류가 이루어지는 사례는 적지 않다.

　중국과 미국은 2차대전 이후 랭전시대에 들어서서 여러 가지 력사적 원인으로 오월(吳越)의 사이로 국교가 없었다. 중국에서는 미국을 제국주의의 우두머리로 적대시하여 왔고 미국은 중국을 공산권 내의 주축으로 적대시하면서 봉쇄정책으로 중국을 세계적으로 고립시키려고 하였다. 그러나 이 두 큰 적대국은 닉슨 미국대통령이 중국에 와서 중국 정부와 같이 '상해공보'를 발표하면서 수교의 첫걸음을 내디디기 시작하였다. 지금 중국과 미국간의 내왕과 교류는 전례 없이 발전하고 있다.

　그런데 이 두 큰 적대국이 화해의 첫 걸음을 내디디고 내왕의 발단이 된 것은 다름이 아니라 자그마한 공 - 탁구공이다. 다시 말하면 탁구경기에서부터 시작되었다. 중국에서 미국의 탁구원 동원을 요청하는 데서부터 두 큰 적대국은 상호간 대문을 조심스럽게 열어보기 시작하였던 것이다. 이렇게 탁구경기라는 체육운동으로 풀리기 시작한 중미 양국간의 빙하가 드디어 전에는 생각할 수도 없었던 정도로 지금 발전하였고 미국과 수교가 되자 이어서 중국도 세계 모든 나라들과 수교를 하게 되었다. 이런 의미에서 중국은 체육운동, 그 중에서도 아주 작은 탁구공으로 세계의 큰 대문을 열었다고도 할 수 있다.

한국의 북과 남은 미국과 중국이 아니다. 한국의 북과 남은 외세에 의하여 인위적으로 갈라진 한 나라이다. 나라는 갈라지였어도 민족은 하나이다. 통일, 그것은 남과 북의 한결같은 공동한 념원이다. 그렇다면 두 큰 적대국인 미국과 중국도 화해하고 수교하고 래왕하는데 남북간 하물며 자고로부터 한 피줄을 이어받은 한 겨레, 한 민족, 한 나라에서 남과 북이 화해하고 래왕하지 못할 것이 무엇이 있는가.

남북간의 래왕과 화해에서 중요한 것은 국민들의 래왕과 화해이다. 국민들이 화해하고 래왕하면 남북간의 통일은 빨리 올 수 있다. 국민들 간의 내왕과 화해를 촉진시키려면 우선 남북간의 체육교류를 발전시켜야 한다. 체육은 앞에서 말하였다시피 리념과 정치를 떠난 그 민족 전체의 것이며 체육경기 속에 리해와 화해가 있고 체육경기 속에 민족의 통일이 오기 때문이다.

그런데 남북간 정치인들의 회담, 군인들의 회담 이산가족 상봉, 로동자조합 대표들의 방북 등은 있어도 남북간 공통주최로 되는 체육경기도 없고 남북간 체육인들의 상호 내왕도 있는 것 같지 않다. 우선 남과 북의 체육인들이 서로 오고가야 한다. 그래야 체육교류의 문이 열리고, 체육교류의 문이 열려야 남북간의 화해의 문이 진정으로 열리는 것이다.

체육은 정치에 이용될 수는 있지만 그렇다고 정치의 도구가 아니다. 체육은 이념과 정치를 떠나 독자적으로 존재할 수 있는 전 민족의 것이며 전 국민의 것이다. 체육에는 경기는 있어도 적대적인 투쟁은 없다. 한때 중국에서는 '경기 제1, 친선 제2'라는 총리 주은래의 말을 국제적인 체육경기에서 많이 쓰곤 하였다. 이 말은 운동경기에서 이기는 것이 목적이 아니고 운동경기를 통하여 나라와 나라지간의 친선을 강화하는 것이 목적이라는 말이다. 친선은 목적이고 경기는 수단이라는 것, 이 말에 도리가 없는 것은 아니다.

리념과 정치를 떠난 체육경기는 가장 용이하게 나라와 나라 사이 친선을 도모하는 작용을 할 수 있으며, 군체와 군체지간의 친목을 도모할 수 있으며, 민족 내부의 단합을 도모할 수 있다. 우리 북경에서는 2년마다 중앙민족대학 운동장에서 북경 조선족운동대회를 하는데, 북경 조선족들이 제일 많이 모이는 때가 이 때이며 가장 성황을 이루는 행사가 이 행사이다. 이것도 체육이 감당하는 민족에 대한 응집력을 말해주고 있지 않겠는가. 그렇기에 남북간의 화해와 교류를 확충시키려면 우선 남북간의 체육교류가 선행되여야 한다고 생각한다. 그런데 왜 그렇게 되지 못하는지 실로 안타깝다.

물론 지금 평양이나 서울에서 남이나 북이 공동히 참가하는 체육경기를 한다거나 체육에 관한 학술토론회의를 하는 일에는 여러 가지 인위적인 장애가 있다. 그러면 제3국을 선택할 수도 있지 않는가. 우리 북경중앙민족대학 조선언어문학학부와 조선학연구소에서는 여러 번 남과 북의 대표들이 다 같이 참가하는 어학에 관한 국제학술회의와 문학에 관한 학술회의를 가지였는데 남과 북의 대표들은 회의에서는 다 같이 열성적으로 발언하고 회의 후에는 사이좋게 이야기들을 나누군 하였다. 그리고 연회석상에서는 같이 앉아 즐겁게 술도 마시고 노래도 부르고 춤도 같이 추었다. 그런 가운데서 서로간의 리해가 많아지고 서로간의 우정도 커져갔다.

연변에서는 남과 북의 대표들이 거의 해마다 모여서 컴퓨터문자

처리에 대하여 토론하고 통일적인 방안을 모색하고 있으며 북경 중앙민족대학에서는 한국 국어연구원과 조선사회과학원 언어연구소가 한자리에 모여서 국어 어휘통일안 등을 토의하고 기본적인 방향에서 기본적인 합의를 보기도 하였다. 남과 북의 언어와 문학 등 학술분야가 이렇게 제3국에서 자리를 같이 하면서 사이좋게 토론하고 공동한 협의들을 하나하나 가지고 있는데 하물며 어린애들까지 자기 일로 간주하고 관심하는 체육이 왜 그런 남북간의 교류를 가지지 못하겠는가.

여기의 관건은 정부 차원에서의 중시가 부족한 것이 문제점이다. 무엇보다도 정부 차원에서의 각별한 중시가 특히 필요하다. 정치만 정치라고 해서는 안 된다. 통일은 정치만이 하는 일이 아니다. 통일은 종국적으로는 국민의 마음이 한다. 국민의 마음이 단합되고 통일되지 않는 처지에서는 정치적인 통일은 지난(至難)한 일이며 설령 그것이 이루어졌다고 하여도 튼튼한 기반이 없기에 확고할 수 없다. 그러기에 남북통일에서 체육경기와 체육교류가 가지는 의의를 정부 요인들이 깊이 알고 그것을 정치에 못지않은 국가 통일의 하나의 중요한 정책으로 삼고 밀고 나가야 한다.

정부 차원의 각별한 중시는 말로만이 아니라 실효를 볼 수 있도록 하여야 한다. 례를 들면 체육학술교류를 중국 북경이나 연변에서 하게 된다면 그에 상응한 국가적인 경비 지원이 있어야 할 것이다. 체육을 오로지 민간적인 차원으로 밀어버리는 것은 통일을 대비한 일에서는 바람직한 일이 못된다고 생각한다.

다음 북과 남의 통일을 앞당겨오려면 농업이나 공업 등 경제상에서도 북을 지원하여야 하겠지만 북에 대한 체육지원도 대폭적으로 증가하여야 한다. 그런데 지금 북에 대하여 식량지원, 비료지원이나 공업물자지원 그리고 기타의 물자지원 등은 하고 있지만 체육지원은 없는 것 같다. 내가 아는 상황에 의하면 북에는 체육자재들도 그리 넉넉하지 못하다. 애들이 놀 수 있는 축구공으로부터 학교 체육과에 소요되는 각종기재에 이르기까지 모두 넉넉하지 못하다고 알고 있다. 그런 사정에서 북에 대한 체육지원을 대폭적으로 하는 것이 어떤 의의가 있으리라는 것은 여러분들도 다 잘 알고 있으리라 생각한다.

남북한 체육학술교류의 모델과 실천방안

박 주 한*

1. 들어가는 말

엄동설한에 핀 철쭉꽃이 추위 속에서 외롭게 시들어 죽고 말았지만 봄을 기약하는 하나의 신호인 것같이 냉전체제가 종식된 후 시작된 남북한 체육교류가 중단되어 퇴조기를 맞이한 후 최근 다시 시작하는 모습에서 한 가닥 희망을 가지게 된다.

이인숙 교수는 주제발표 '남북한 체육학술교류의 의의와 추진과제'에서, 클린턴 행정부 당시 북한문제를 담당했던 스탠리 로스의 '대북 정책수립은 북한에 대해 우리가 알지 못하는 것을 인정하는 일로부터 시작되어야 한다'는 말을 서두에 언급함으로써 남북한 문제가 얼마나 풀기 어려운 문제인가를 상기시키고 있다.

그 동안의 남북한 체육교류가 정치적 종속에 의한 제로섬 게임식 교류에서 점진적으로 윈윈 게임식 교류로 전환되고 있다고 강조한

---

* 서울여대 교수

내용과 남북한 스포츠교류의 의의를 스포츠의 정치 외교적 역량의 성과, 스포츠의 사회 통합적 역량의 성과라고 강조한 내용에 전반적으로 동의한다. 단, 좀더 세부적으로 체육학술교류의 의의를 보충하여 설명하자면 ① 민족동질성 회복의 극대화 ② 실용적 차원의 상호 유익성 증진방안의 공동모색 ③ 역사적 연구를 통한 한반도의 국위선양과 민족의 자긍심 고취 ④ 합리적 분석으로 상호 차이의 확인과 극복방안 모색 ⑤ 국제사회에서 민족문제 공동대처방안 모색 ⑥ 스포츠경기의 공개적·경쟁적 성향의 극복 가능성 등을 들 수 있을 것이다.

그리고 이인숙 교수는 남북한 체육교류의 추진과제로 체육행정기구의 위상 강화를 통한 남북체육교류의 활성화 방안, 비무장지대 내 체육시설의 건설을 반대하고 기존 지역사회 체육시설 활용 및 민박을 통한 비용 절감과 현실적인 인적교류의 활성화 방안, 남북한 체육지도자 및 전공학생 교류 등을 제시했다. 이 또한 전반적으로 동의하고 지지한다.

특히 체육행정기구의 위상 강화에서 강조하고자 하는 것은 민족통일체육정책을 수립하여 집행할 수 있는 방향으로의 추진을 요구하고 싶다. 그리고 비무장지대 내의 체육시설 건설은 초기 교류단계에서는 체제에 미치는 영향을 고려하여 도움이 될 수도 있겠지만 한편으로는 이로 인해 상호 교류의 발전을 저해할 수도 있고, 건설경비문제도 부담이 될 수 있을 것이다.

체육학술교류의 추진과제로 제시된 남북한 체육지도자 및 학자, 전공학생 교류를 통한 활성화 방안을 비롯하여 체육학술교류의 추진과제와 실천방안을 좀 더 구체적으로 설명하고자 한다.

먼저 체육학술교류는 체육교류의 한 영역이기 때문에 체육교류의 차원에서 몇 가지 추진과제를 제시한 후 체육학술교류의 구체적 실천방안을 모색하고자 한다.

2. 남북한 체육학술교류의 추진과제

이미 많은 학자들이 제시한 것으로, 남북한의 교류가 본궤도에 진입하기 위해서는 몇 가지 선결되어야 할 과제가 있다. 체육교류의 입장에서 생각해 보면, 첫째 남북한체육교류의 원칙이 설정되어야 한다. 스포츠경기교류, 체육학술교류, 스포츠산업교류 등 모두 남북한이 이러한 원칙들을 존중하면서 추진할 때 신뢰가 형성되고 발전의 실마리를 찾을 수 있다. 그 원칙으로는 비정치성의 원칙, 체제불간섭의 원칙, 상호유익성의 원칙(전략적 상호주의), 상호동등성의 원칙, 상호보완성의 원칙, 비경쟁성의 원칙, 점진성의 원칙, 다양성의 원칙, 세계화의 원칙 등을 생각해 볼 수 있다.

남북체육학술교류에 있어서도 우선적으로 비정치적 순수성과 체제불간섭의 원칙이 지켜져야 한다. 현실적인 남북한의 정치상황과 남북한관계를 무시하는 것은 아니지만 상호유익성을 추구하기 위해서는 기본적으로 전제되어야 할 것이다. 이것은 남한보다는 북한이 지키기 힘든 것이 현실이다.

냉전시대의 이념이 빚어낸 인간 존재의 조건은 상반된 조건에서 출발했다. 인간의 존재가치를 개인을 전제로 하는가, 아니면 집단을 전제로 하는가의 양상에서 남한은 전자를, 북한은 후자를 기반으로 생존양식을 구축해 왔다.

그러므로 모든 것을 집단의 입장에서 고려하는 북한의 상황은 개인과 집단의 행동에 항상 민감할 수밖에 없으며, 다양하고 융통성 있는 접근에 도달할 수 없었다. 과거 팀스피리트 훈련과 비상경계조치(9·11 테러)를 이유로 남북대화가 중단된 사례는 이를 잘 설명하고 있다. 즉, 북한은 자신들의 체제 안정에 문제가 될 경우, 또는 정치적 목적을 성취하였을 경우, 남한의 실정을 이유로 지속되어야 할 남북한의 교류를 중단시켜 지속화, 정례화의 수준에 이르지 못하도록 개방의 속도를 조절해왔다.

2002부산아시안게임의 북한 참가도 상황적으로 볼 때 서해교전으로 인한 남한 사회의 보수화 방지, 경제개혁조치 이후 남한의 대북 지원 분위기 조성 그리고 미·일과의 협력방안 모색 등을 스포츠 문화의 공개적 특성을 이용하여 정치적 부담을 최소화하면서 최대의 효과를 성취하기 위한 북한의 대남전략이 고려된 선택이다.

중국은 개혁을 표방할수록 정권이 안정되었지만 북한은 정권 불안정의 요소들이 상존하고 있기 때문에 북한의 실정을 고려한 교류(점진성의 원칙)를 부정할 수 없다.

최근 북한이 취한 경제개혁조치는 당분간은 후속조치를 지켜보아야 확실하겠지만 그 동안 북한이 변화를 거부하다가 변화를 수용하는 것으로 보이고 있지만 만일 북한이 변화를 수용한다면 한·미·일을 포함한 국제간 협력이 절대적으로 필요하기 때문에 국제적 시각(세계화의 원칙)의 형성을 위해 노력해야 할 것이다. 특히 남북체육학술교류는 스포츠경기의 교류보다는 비경쟁적일 수도 있지만 주제에 따라 이념과 제도 또는 과학적 수준 등을 경쟁할 수도 있기 때문에 비경쟁성의 원칙을 고려한 주제의 선택이 고려되어야 한다.

둘째, '남북기본합의서'에 의하여 '남북한 체육교류의정서(협약서)'를 채택하고 남북 공동으로 가칭 '남북체육교류협력추진위원회'를 구성하는 것이다. 체육교류가 독자성을 가지면서 남북한에 유익한 교류가 되기 위해서는 체육교류에 필요한 방향과 방법에 관한 주요 내용을 규정하는 협약서를 남북한 고위관계자가 합의하여 만들어야 하고 이 협약서에는 위에서 기술한 9가지 원칙을 기초로 한, 단계적 실천모형이 제시되어야 하며 체육학술교류에 관한 내용도 포함되어 있어야 한다. 그리고 남북체육교류의 원활한 진행을 위해 가능한 민간(또는 민·관) 중심의 남북공동상설기구로 '남북체육교류협력추진위원회'의 구성이 필요하다. 이 위원회는 문제가 될 수 있는 요소를 사전에 조정하여 남북한의 갈등을 방지함으로써 상호 유익이 될 수 있도록 하고 체육교류가 단발성의 1회성 이벤트에서 탈피함과 동시에 정치·경제·군사적 교류의 보조 축에서 벗어나 어느 정도 독자성을 가지고 교류의 지속화와 정례화 단계에 진입할 수 있도록 한다.

셋째, 남한의 입장에서는 민족통일체육정책을 수립하여 적극적으로 운영한다.

① 민족의 동질성을 높이고 민족자긍심을 높이기 위하여 남한의 입장에서 민·관이 협력하여 모든 남북한의 체육교류에 능동적으로 대처하기 위해 법률적으로는 남북체육교류협력에 관한 법을 국민체육진흥법이나 남북교류협력에 관한 법률에 포함 제정·보완하여 국민적 의지를 확고히 하고, 이 법에 근거하여 제도적으로는 통일원의 기능을 문화관광부 또는 대한체육회로 위임하여 체육단체가 책임감을 가지고서 민족통일체육정책을 수립하여 다양한 체육교류를 추진할 수 있도록 남북한 체육교류지원체제를 <표>와 같이 구성하며 전담 부서의 신설도 검토한다.

② 민간체육단체에 대한 정부 및 국민체육진흥공단의 재정지원을 강화하고 체육교류기금의 조성이 요구된다. 남북한체육교류는 민간주도, 정부지원의 기조를 유지하는 것이 바람직하다. 회비나 후원금으로 운영되는 민간단체가 대북사업을 할 수 있는 만큼의 능력을 가진 단체는 거의 없다. 독일의 경우에 있어서도 민간이 주도적인 역할을 할 수 있도록 하고 정부는 뒤에는 적극적인 지원을 해주

<표> 남북한체육교류의 추진체제

·대한체육회 (남북스포츠교류위원회) ·문화관광부 (남북체육교류자문위원회) ·통일부 ·교육인적자원부	

⬇ 행정지원

| · KOC
· 대한체육회(각 협회)
· 국민생활체육협의회
· 초·중·고·대학
스포츠팀(클럽)
· 해양소년단
· 걸스카웃
· 보이스카웃
· 프로스포츠단
· YMCA YWCA
· 국선도협회
· 요가협회
· 무용협회 | 경
기
교
류
➡ | 남북체육교류협력
추진위원회

체육교류 | 학
술
교
류
⬅ | · 한국체육학회
· 민족통일체육연
구원
· 한국체육대학교
· 전국체육대학
(무용·체육)
· 종합예술대학교
· 체육과학연구원
· 국기원
(남북태권도연구소)
· 무용학회 |

⬆ 재정지원

· 국민체육진흥공단 (국민체육진흥기금) · 통일부 (남북교류협력기금) · 학술진흥재단 · 시도지방정부 · 민간체육교류기금

었다. 그러나 민간단체의 특성이 자율성에 있기 때문에 정부 지원으로 인해 정권에 예속되는 경우가 발생되지 않도록 노력해야 하며 남북체육교류 차원에서 이루어지는 경기에 대한 관중 수입금은 민간체육교류기금으로 조성하여 민간단체가 자율적으로 남북체육교류를 위하여 사용할 수 있도록 할 수 있다.

③ 체육분야의 대북 협상전문가를 육성하고 북한의 실정과 통일문제에 대한 체육인 교육을 강화한다. 남북한체육교류는 먼저 북한의 실정을 정확히 알고 추진되어야 한다. 북한의 정치적 상황은 남북한의 체육교류에 직접적으로 영향을 미치는 요인이다.

현재 북한은 경제침체에서 벗어나야 하고 한편으로는 체제안정을 기해야 한다. 그래서 중국식 개방이 필요하다는 것을 알면서도 체제에 미치는 영향을 고려하여 제한되고 통제된 개방정책을 추진하고 있는 것이다. 그리고 북한은 미국과의 관계개선에도 의지를 가지고 있다. 북한의 대미 비난과 러시아와 중국을 등에 업고서 주한미군의 철수를 주장하는 것은 대미협상 입지의 강화를 위한 것으로 볼 수 있다. 또한 최근의 서해교전, 북한의 경제개혁조치 이후 제7차 남북장관급회담에서 북한의 아시안게임 참가가 이루어진다.

그러므로 이러한 상황 속에서 남북한 체육교류를 추진할 수 있는 전략과 전술을 모색해야 함과 동시에 협상의 기술도 요구되기 때문에 협상전문가의 육성이 반드시 필요하다. 그리고 북한의 실정과 통일문제에 대한 지식과 정보 없이는 대북 교류의 의지를 적극적으로 표현할 수 없다. 그러므로 체육관련 단체의 직원, 대학의 체육학과 학생 등을 대상으로 한 북한 교육이 반드시 요구된다.

넷째, 서두르지 않고 인내심을 갖고서 포용적 자세로 대북 신뢰관계를 구축한다. 남북한 체육교류에는 인내심이 필요하다. 그 동안의 남북한체육교류는 정치적 동기에 의해서 진행된 것을 부인할 수 없다. 그래서 정치적 목적이 달성되면 1회성 이벤트가 되어 중단되고 말았다. 우리는 그 때마다 남북한의 교류가 이젠 활성화된다고 믿었지만 그것은 오도된 신념이었다. 물론 정치적 교류나 경제적 교류를 위한 분위기 조성으로 체육교류가 진행될 수도 있지만 지금까지는 스포츠를 이용했다는 말이 더 적합할 것이다.

남북한 스포츠교류를 서두르지 말아야 할 이유는 다음의 두 가지이다. 먼저 북한은 체제안정을 위해 남한이 북한사회를 개방시키겠다고 서두를수록 더욱 움츠릴 수밖에 없을 것이다. 상호 상대방의 체제를 존중하고 신뢰하는 수준이 되기 전까지는 북한체제에 자극을 주지 않는 상호교류의 전략이 필요하다. 물론 우리의 교류 목적은 북한의 개방화를 촉진시켜서 이질화를 극복하는 것이지만 북한은 체제에 불안요인이 작용한다면 지속할 수가 없다. 따라서 제3국 대회시의 아낌없는 응원으로부터 시작해서 주민접촉과 영향력이 적은 소규모의 제한된 지역(예, 금강산)에서의 교류 등을 성실하게 추진하면서 어느 정도 신뢰가 쌓여서 정치적 환경이 조성되면 체육교류의 발전을 모색할 수 있다. 또 북한의 전략에 넘어 갈 수 있다. 남북한 통일문제는 남한은 정권이 바뀌면 책임자가 바뀌지만 북한은 6·25 이후 계속 한 사람이 책임을 맡고 있다. 그리고 북한의 남한과의 교류 목적은 먼저 정치적 안정, 침체된 경제의 활성화이며 나아가서는 남한 사회의 분열, 반공사상의 완화 등으로 설명되고 있다. 따라서 남한이 남북한의 스포츠교류 자체에 만족하고 있을 때 북한은 자신들의 대남전략의 일환으로 활용할 수도 있다는 것이다. 최근의 남한 내의 남남갈등은 이를 잘 설명하고 있다.

다섯째, 남북한의 양방향 교류가 되어야 한다. 남측의 일방적인 북한 방문이나 북측의 일방적인 남한 방문보다는 상호 방문이 중요하다. 지금까지는 남측의 북한 방문이 많았다. 1989년 이후 2001년 12월말까지 신청 2백48건(1,151명), 승인 2백38건(1,111명), 성사 84건(612명)으로, 남한에서 북한을 방문한 인원이 6백12명인 반면에 북한에서 남한 방문은 2백11명에 불과하다. 따라서 남북한의 체육교류가 원활히 되기 위해서는 쌍방간의 교류가 되고 점차 그 교류범위(단체, 계층)가 확대되고 협력사업으로 발전되어야 될 것이다.

여섯째, 청소년분야의 교류가 교육적 차원에서 추진되어야 한다. 통일이라고 하는 사회·문화적 변동과정을 상정해 본다면 그 속에서 청소년계층이 차지하는 비중은 사회의 어떤 계층보다도 크다고 할 수 있을 것이다. 그렇기 때문에 미래의 통일 주역의 교류는 매우 중요하다. 남북한의 현실을 고려해 볼 때 성사의 가능성은 가장 낮을 수밖에 없을 것이다. 그러나 관광체험 교류, 선수 교류, 동아리 교류 등을 시작으로 하여 확대해 갈 경우 그 교육적·학술적 가치는 매우 높을 것이다.

남북한 체육교류 또는 체육학술교류에 있어서 이상의 과제가 먼저 고려되지 않는다면 남북한 체육교류는 항상 정치에 종속되어 그 한계를 나타낼 수밖에 없어 독자적이면서 지속적인 교류를 추진할 수 없을 것이다. 또한 북한과의 체육교류에 좀 더 적극적이고 능동적인 전략을 수립하여 대처할 수도 없을 것이다.

3. 남북한체육학술교류의 실천방안

① 학문적 교류모델을 다양화하고 실천을 목적으로 한 교류 전략을 수립하여 운영한다. 다양한 교류 목적에 따라 구체적인 교류 내용을 개발하여 남북한이 상호 이해가 되고 유익을 주는 분야부터 실천을 목적으로 한 교류를 시작으로 점차 그 범위를 확대해 간다. 예컨대, 실천을 목적으로 한 공동연구는 수익 창출을 위한 교류모델, 민족동질성 회복을 위한 교류모델, 자연과학 중심의 교류모델, 가치론적 교류모델 등이 있을 수 있다.

수익창출을 위한 교류모델의 경우, 남북 스포츠용품 공동브랜드 연구, 태권도 국제화(산업화)방안 연구, 남북한 스포츠산업 육성방안 연구, 여가·관광문화교류방안 연구(체육교류와 병행), 남북예술(무용 등)공연 교류방안 연구, 사이버스포츠(게임) 공동개발 연구 등이 있을 것이다. 최근의 북한 경제개혁 조치는 경제발전을 위한 세계적 시각의 형성이 필요하기 때문에 공동연구와 실천이 성사될 가능성이 높은 분야다.

민족동질성 회복을 위한 교류모델의 경우에는 민속놀이 공동연구, 체육인의 항일운동사 공동연구, 민속무용 공동연구, 민족통일체조 개발, 스포츠를 통한 민족 자긍심 형성방안 연구, 태권도 남북통합방안 연구, 스포츠용어 통일방안 연구, 남북 공동응원가, 응원동작 개발, 전국체육대회 통합방안 연구, 한민족체육대회 공동개최방안 연구, 국제스포츠경기·학술행사의 공동개최에 관한 연구, 남북한 청소년캠프 운영방안 연구 등이 있을 것이다. 물론 내용에 따라 이해관계가 다를 수 있으나 남북한의 화해와 협력수준에 따라 일부 항목은 어려움이 많을 수도 있겠지만 대체적으로 상호 교류가 가능한 분야다.

과학기술 중심의 교류모델의 경우에는 각 종목의 경기력 향상 방안 연구, 남북한 주민의 체격과 체력에 관한 비교연구, 체육시설의 설치에 관한 비교연구, 스포츠 전산시스템 운영방안 연구, 스포츠용품 개발, 트레이닝 방법론에 관한 연구 등이 있을 것이다. 북한의 경제와 과학기술의 발달에 도움이 된다면 상호교류가 가능하지만 상호비교로 인한 남북한의 격차가 심하게 나타나거나 정신적 자존심을 자극하는 분야는 교류가 어려울 수도 있다.

끝으로 본질 및 가치론적 교류모델로는 남북체육목표 비교연구, 체육·스포츠 인물사 연구, 스포츠의 미학적 연구, 스포츠의 윤리성에 관한 연구, 체육·스포츠의 개념에 관한 연구, 올림픽아카데미 남북한 공동개최방안 연구 등이 있을 수 있다. 하지만 이념을 기초로 한 개념은 항상 다를 수 있기 때문에 위의 다른 분야보다는 상호교류, 즉 공동연구가 어려울 수도 있다.

② 남북공동연구회를 구성한다. 남북교류는 상대측에 교류 파트너가 있어야 하고 나아가 양 대표기구간의 공동연구회가 구성이 되어야만 효율적인 교류가 될 수 있다. 예컨대, 남북공동스포츠산업연구회, 남북공동민속놀이연구회, 남북공동태권도통합방안연구회, 남북공동스포츠과학연구회 등 주제별 다양한 공동연구회를 구성하여 운영할 수 있다.

특히 남북 공동으로 가칭 '민족통일체육연구회'를 구성하여 통일 과정과 통일 이후 체육을 통한 남북한의 이질화를 극복하고 민족동질성을 높이는 것을 목적으로 '남북스포츠포럼'을 운영할 수도 있다. 남한은 민족통일체육연구원이 중심이 되고 북한도 이와 유사한 성격의 단체를 만들어 정기적으로 포럼을 개최하여 남북한의 체육교류가 원활히 진행되어 화해와 협력에 기여할 수 있도록 한다. 이러한 공동연구회가 활성화될 수 있도록 문화관광부, 대한체육회, 국민체육진흥공단, 통일원, 학술진흥재단 등의 행정적·재정적 지원으로 남북체육학술교류의 동기 부여와 활성화를 도모해야 한다.

③ 교류의 주체가 분명한 체육과학연구원과 체육대학교간의 교류를 모색한다. 1959년 설립된 북한의 체육과학연구원은 체육과학연구소, 약물연구소, 스포츠정보센터, 스포츠기자재연구소, 스포츠의학연구소 등 5개 연구소로 구성되어 있다. 또한 1958년 설립된 조선체육대학이 있다. 이러한 단체는 남북에 각각 존재하는 동일한 성격의 단체이기 때문에 상호간의 정보교환과 학자교류를 모색해 볼 수 있으며, 특히 체육과학연구원간의 교류는 체육대학간의 교류보다도 그 정치적 색채가 덜하기 때문에 상호 교류가 용이할 수도 있다. 이러한 교류를 시범적으로 실시한 후 남북한 지방 체육대학(학과)간의 교류로 발전을 모색해 볼 수 있을 것이다.

④ 한국올림픽성화회와 북한의 대학교수 중 선수 출신자(가칭 '조선올림픽성화회')와의 교류도 모색해 볼 수 있다. 국제대회에서 대면한 사람도 있기 때문에 상호간의 교류가 용이할 수 있다고 사료된다. 만일 성화회를 중심으로 한 남북한 상호 교환강의 등이 진행된다면 남북한 체육학술교류는 급물살을 타게 될 수 있을 것이다. 그렇기에 적극적인 남북교류를 위한 노력을 제안하고 싶다.

⑤ 극동지역체육학회 또는 동북아체육학회를 만들어 중국, 일본, 한국, 북한 등 각 나라를 순회하면서 학술행사를 개최하도록 한다. 이는 극동지역체육(축구)대회, 극동지역주니어경기대회 등과 병행하여 추진할 수도 있으며, 극동지역 문화의 학술적 교류를 통한 각국의 이해와 친선, 그리고 협력을 도모할 수 있다. 나아가 북한의 극동지역체육학회 참가는 아시안게임 학술대회를 비롯한 국제학술대회의 참가를 유도함과 동시에 북한의 개방화를 위한 시각의 국제화 또는 세계화에 자극제가 될 수 있다. 특히 주니어경기대회와의 병행은 남북한 청소년의 이해증진에 도움이 될 것이다.

⑥ 체육학술교류의 주체와 종류를 다양화한다. 민간학회간의 교류, 학교간의 교류, 코치·감독·심판간의 교류, 교사·교수간의 교류, 시설 건축가간의 교류, 용품 생산자간의 교류, 체육행정가간의 교류, 협회간의 교류, 학생교류 등 학술적 측면에서 다양한 개인과 단체가 주체가 되어 교류될 수 있다. 그리고 그 종류도 경기교류, 학술교류, 산업교류 등 다양하게 추진할 수 있고 필요시 병행하여 교류하는 것이 용이할 수도 있다. 특히 이러한 민간 중심의 다원화정책은 남북한이 정치적 갈등을 초래할 경우 완충적 역할을 할 수 있을 것이다. 그러나 창구 다원화의 부작용을 방지하기 위하여 문화관광부내에 민간 전문가를 중심으로 한 '남북체육교류자문위원회'를 설치하여 운영하며 이 위원회는 체육교류정책을 심의·조정하고 국내 민간

단체의 지원과 협력체제를 조성해 나간다.

⑦ 북한의 산업 활성화와 관련시킨다. 남북한체육교류가 북한의 경제적 발전에 도움이 된다면 북한은 남북한체육교류를 적극적으로 추진하게 될 것이다. 현대의 평양실내체육관 건설 지원이 통일농구대회와 관련이 있다는 것은 이미 주지된 사실이다. 물론 경제적 지원에만 관심을 가지고 체육교류는 수단으로만 여긴다면 체육교류의 발전에 한계가 있을 수 있다.

북한의 경기단체 지원, 단순교역, 위탁가공교역, 투자협력의 확대, 특히 스포츠와 관련된 교역과 투자협력의 확대방안 모색, 관광과 체육 병행교류 그리고 북한 선수의 남한 프로팀 입단 등 북한의 입장에서 절대적으로 부족한 운동기구 등을 포함한 스포츠산업의 지원은 남북한 체육교류에 북한을 유도하는 한 수단이 될 수 있을 것이다. 최근 북한이 개최한 국제대회에 자본주의의 상징인 상품광고판의 등장, 남한과는 다르지만 프로 개념이 생기기 시작한 것은 산업 활성화를 통한 체육교류의 가능성을 보여주는 것이며 최근의 경제개혁조치는 경제 중심의 남북관계 설정의 가능성을 나타내는 것이다. 따라서 북한의 경제적 수익성모델을 개발하여 지원하는 것은 남북한체육교류의 발전에 도움이 될 수 있기 때문에 협력사업의 공동연구형태로 학술교류를 시도할 수 있을 것이다. 그 동안의 교류 또는 회담 중심의 사업이 한 단계 높은 협력사업의 단계로 진입하게 되는 계기가 될 것이다.

⑧ 해외에 살고 있는 한인 학자, 학생들의 초청에 의한 남북한 체육학술교류를 생각해 볼 수 있다. 1996년 4월 18일부터 미국 버클리대학교 한국학위원회가 주최한 '제5차 코리아 평화통일심포지엄'이 한 예가 될 수 있다. 당시 남한에서는 서울대 총학생회장과 국제교류담당이 참가했고 북한에서는 김일성대 학생대표가 참가했다.

미국과 중국 등을 중심으로 한 이러한 형태의 교류는 90년대 이후 간헐적으로 실시되고 있으며 북한측의 입장에서도 비교적 부담을 적게 느끼는 교류 형태로 보인다. 왜냐하면 북한은 자국의 경제적 낙후성과 폐쇄적 사회의 모습이 공개되는 것을 꺼리고 있으며, 자유민주주의 사상이나 문화가 자국의 청소년에게 유입되는 것을 크게 우려하고 있기 때문이다. 그러므로 스포츠 평화포럼의 형태로 대학생, 교수 등을 중심으로 한 학술교류를 적극적으로 전개할 필요성이 있다고 사료된다.

⑨ 1997년 중국 북경에서 남한의 '남북신뢰회복추진협의회'와 북한의 '북한민족문제연구소' 공동주최로 열린 '한반도의 평화정착과 민족화합방안'이라는 주제의 학술대회와 같은 형식의 학술행사를 고려할 필요가 있다. 위 단체 외에도 남북한의 '민화협' 등을 중심으로 제3국에서부터 시작하여 남북한을 오가면서 개최될 수 있도록 하고, 특히 체육분야와 관련된 발표와 토론도 포함된다면 유익한 교류가 될 수 있을 것이다.

⑩ 도시간 자매결연을 통한 체육학술교류를 생각해 볼 수 있다. 동서독은 1980년 중반부터 도시간 자매결연을 맺어 체육교류와 협력사업을 추진했다. 또한 남북한의 두 지방자치단체(안산시, 남포시)가 국제환경기구가 주최한 학술연수에 공동으로 참석하여 교류한 경우도 있다. 이 방법은 먼저 제3국에서의 남북한교류에서부터 시작하여 남북한 지역간의 상호 교류로 발전시켜가야 할 것이다. 북한의 입장에서 북한주민 접촉으로 인한 부작용 때문에 소극적일 수 있다. 그러나 상호간의 지역문화교류(체육학술, 민속놀이, 민속무용 연구) 차원의 제한적 교류에서부터 시작하여 신뢰 관계를 쌓아가면서 교류 횟수와 범위를 확대해 가도록 노력한다.

⑪ 인터넷을 통한 사이버 교류를 위해 남북한 전문 홈페이지를

구축하여 운영한다. 21세기 디지털 정보화사회의 특성을 고려하여 남북한 사상의 차이를 극복하고 정서적 교감을 위해 인터넷상의 간접접촉을 통한 체육분야의 교류는 청소년은 물론 성인 등 모든 계층에서 가능하며, 체육관련 정보와 자료를 제공하고 게시판, 대화방을 통해 서로의 생각을 교환할 수 있는 장이 될 수 있을 것이다. 처음에는 많은 시행착오도 있겠지만 북한의 컴퓨터 보급정도에 따라 발전의 속도는 좌우될 것이다. 그리고 공동 홈페이지 구축으로 인터넷상의 통일도 가능할 것으로 사료된다.

4. 맺는 말

최근의 북한의 경제개혁조치, 즉 물가 인상, 월급 인상, 배급제도의 폐지(화폐경제), 외화환전표의 폐지 등은 아직은 성급한 판단이 될 수도 있겠지만 시장경제 메커니즘의 도입을 목표로 추진되고 있는 것으로 사료된다. 북한이 이러한 개혁을 지속한다면 인플레이션 문제 극복, 생산능력 제고, 화폐화의 지속적 추진, 외부 전문가나 국제금융기구의 도움이 필요하게 되어 한국, 미국, 일본의 지원은 매우 중요한 요소가 될 수 있다.

따라서 이러한 시기에 한국은 대북 정책(햇볕정책)의 3가지 기조 (무력도발 불용, 흡수통일의 반대, 화해협력의 추진)를 유지함과 동시에 북한을 정확히 알도록 노력하면서 남북한의 신뢰관계를 점진적으로 높여가야 할 것이다.

교류는 항상 상대방이 있는 것으로 한 쪽의 일방적 조치만으로는 소기의 목적을 달성할 수 없다. 8·15민족통일축제에서 보여준 북한의 태도(미군 장갑차 사건 언급, 일부 단체 불참문제 언급, 행사장 지각, 좌석 배치문제, 모든 연설 '김일성 장군' 명칭 사용 등)는 우리의 입장에서는 잘 이해가 되지 않는 측면도 많다. 그러나 일방의 가치보다는 상호간에 공존하고 있고 공감할 수 있는 공동의 가치와 규범을 찾기 위해 노력해야 한다. 남북한의 체육교류 또는 체육학술교류도 바로 이러한 측면을 고려하여 추진되어야 할 것이다.

먼 훗날 우리 후손들이 분단된 조국을 유산으로 주었다고 우리를 원망하는 일이 없도록 지금은 비록 고달프고 힘들지라도 현실을 인정하면서 이질화된 양 사회의 교류와 협력을 통해 통일조국을 만들어 나가도록 체육단체와 체육인 모두 노력해나가야 할 것이다.

중국 연변조선족 사회의 역할

오 노 균[*]

남북학술교류·협력을 위한 최근의 합의사항을 살펴보면 다음과 같다. 제3차 남북장관급회담이 2000년 9월 30일 제주도에서 개최되었는데 이 회담에서 남북 쌍방은 역사적인 6·15남북공동선언 발표 후 합의한 사항들이 성실히 이행되고 이의 실천에 대하여 긍적으로 평가하고 공동보도문를 발표한 바 있다.

이 보도문 제5항에는 "남과 북은 학술, 문화, 체육 등 제반분야에서 교류와 협력을 활성화하는 것이 중요하다는 인식을 같이하는 바탕 위에서 남측은 서울과 평양을 왕래하며 정기적으로 친선축구대회를 개최하는 문제와 시범적으로 교수, 대학생, 문화계 인사 등의 방문단을 상호 교환하는 문제를 제의하였고, 북측도 위의 제안을 포함하여 교류·협력문제에 대해 긍정적으로 연구 검토하기로 하였으며, 쌍방은 제4차 남북장관급회담에서 협의 결정하기로 한다"고 되어 있다.

---

[*] 충청대 교수

그러나 2001년 12월 평양에서 진행된 제4차 남북장관급회담이 개최되었으나 남북학술 교류는 추진되지 못하고 있는 상황에서 지난 5월 28일부터 6월 1일까지 평양의 태권도전당에서 '남북태권도 교류·협력학술회의'가 남북 분단 사상 최초로 남측 체육학자 11명과 북측의 체육학자 및 관계자 10여명이 참가한 가운데 '21세기 남북 태권도 진흥방안'이란 주제로 개최된 바 있다. 또한 지난 8·15민족통일대회가 서울에서 개최되었는데 체육분야는 아니지만 '독도 영유권 수호와 일본의 과거 청산을 위한 우리 민족의 과제'라는 주제로 남북 학자들의 학술협력회의가 개최되었다.

이러하듯 6·15남북공동선언이후 남북관계 중 학술교류협력회의는 더디지만 첫걸음은 시작된 느낌이다. 따라서 민간단체를 중심으로 주변의 재외동포가 참여하는 학술교류는 남북관계를 효율적으로 증대시키는데 큰 몫을 할 것으로 기대되고 특히 남북체육학술교류의 활성화 방편으로 중국 연변 조선족의 역할은 크다 하겠다.

남북의 문화가 공존하는 연변이야말로 남북한 체육학술교류의 장 또는 매개체로서의 적당한 장소로 여겨지며 민족대학인 연변대학의 역할에 더한층 거는 기대가 크다. 남북한 체육을 비교할 수 있는 여건이 이미 연변에는 마련되어 있고 남북한 체육문화의 이질성을 최소화하고 동질성을 확보할 수 있어 최종적으로 남북한 체육교류협력 등에 연변에 거주하는 동포가 큰 힘이 될 것이다. 중국 연변에 거주하는 동포 체육관계 학자 및 인사들이 남북한 체육학술 교류 및 문화진흥을 위해 할 수 있는 역할은 다음과 같다.

첫째, 중재 역할이다. 세계에 흩어져 사는 6백만 동포 중 2백만여 명이 중국 연변자치주에 거주하고 있다. 연변에 거주하고 있는 2백만여 명의 조선족 동포는 광복 후 50여 년간 거주국의 정치체제에 의해 한때 북쪽에 치우친 경향이 있었으나 조직적으로 남과 북으로 나뉜 적은 없었다. 이는 재중 동포가 정치·이념적으로 양극화되어 있지 않아 단일민족으로서 남북한간의 대화 및 협상에서 효율적인 중재 역할을 할 수 있음을 말한다. 연변지역 학계, 주요 인사, 동포들이 중재 역할을 하여 남북간 체육교류 진흥을 위한 화해·협력을 이끌어내는데 도움이 되는 역할을 충분히 할 수 있음을 뜻하기 때문이다. 이미 지난 몇 년간 연변대학의 주관으로 조선문학, 역사학 등 관련 학술회의가 개최된 바 있어 이와 연계하여 체육학술회의를 개최할 수 있는 기본여건을 이미 갖추고 있다.

둘째, 교류 역할에 따른 신뢰감이다. 연변 동포는 모국의 남북관계에서 6·25로 인한 적대감이나 불신의 풍조가 없다. 남북한 모두에 대해 다 같은 신뢰감을 갖고 있으며 동포애적 감정을 고스란히 가지고 있다. 이는 연변 동포가 남북 사이에 추호의 편견도 없이 다같이 포용할 수 있는 유리한 조건이다. 실제로 언어문화영역에서 연변지역은 10년 전부터 남북 학자들의 만남의 장소로 적합하여 인적교류, 자료교류, 학술교류가 이루어져 이질화 된 남북간의 언어통일을 위한 기본적 토대를 마련하고 있기도 하다.

셋째, 화해와 협력의 역할이다. 연변동포들에게는 남북한을 자유롭게 왕래할 수 있는 여건이 마련되어 있다. 이는 연변동포가 언제든지 마음만 먹으면 남북을 왕래하면서 남쪽의 성공한 체육문화를 북한에 전파하고 북쪽의 성공한 체육문화를 남한에 전파할 수 있는 유리한 여건을 갖고 있다. 특히 연변지역에는 축구, 태권도 등 남북한 체육문화가 공존하고 있기 때문에 연변지역의 체육관련 동포들은 이 분야에서 남북한간 조성되고 있는 신뢰관계를 더한층 배가시킬 수 있으며, 민족간 화해협력의 구조로, 이질적인 민족사회를 동질적인 민족사회로 변화시키는데 크게 기여할 것으로 기대된다.

넷째, 중국대륙에 대한 남북 체육문화의 전달자로서의 역할이다. 중국대륙에서 체육문화가 발돋움한 기간은 그다지 멀지 않다. 각 지방에 태권도 전문지도자와 단체들이 태권도 보급에 관심을 갖고 있는 가운데 월드컵의 4강 진출은 남한의 체육문화를 중국의 광활한 지역에 전파하는데 더 없는 기회가 되고 있다. 특히 연변지역의 태권도 수준은 중국의 다른 지역에 비해 높은 편으로 그 동안 중국대륙의 태권도 저변 확대에 많은 영향을 끼쳐 왔다. 이런 실정은 연변 지역의 동포가 중국 대륙에서 남북의 태권도문화를 보다 널리 보다 효율적으로 전파할 수 있는 기초를 갖고 있으므로 남북체육학술교류에 있어 중국 연변 조선족사회의 역할은 크다고 할 수 있다.

사실 이미 중국이나 연변에 거주하는 학자나 인사들의 접촉을 통해 북한의 주요 간행물이나 정보를 입수하고 있음은 주지의 사실로써 앞으로도 이들의 역할이 남북한 체육학술교류의 증진에 한몫을 차지하게 될 것이다. 특히 스포츠를 통한 남북교류는 향후 남북 평화통일에도 일정부문 기여하게 될 것이다. 천진에는 북한(북조선)의 국적을 갖고 중국에 거주하는 사람이 1만 명 이상으로 이들은 '북조선공민회'라 하여 남한(남조선) 교민들로 구성된 '한인회'와 긴밀한 관계를 유지하고 이들을 통한 남북 학자간 또는 한·중·조 학자간 체육학술교류는 21세기 남북문제를 해결하는데 크게 기여할 것으로 예상된다.

민족통일체육연구총서 2

남북통일체육의 정치적 과제

발행 2003년 1월 15일

엮은이 • 민족통일체육연구원
펴낸이 • 김성호
펴낸곳 • 도서출판 사람과 사람
주소 • 서울시 마포구 연남동 228-20
전화 • (02)335-3905, 6
팩스 • (02)335-3919
E-mail • P91529@chollian.net

값 15,000원

ISBN 89-85541-72-2
잘못된 책은 바꿔드립니다